———— 일단 합격 ————

TOPIK II

한 국 어 능 력 시 험

실전 모의고사

노병호 · 강은진 · 김현우 · 서태순 · 최현실 지음

동양북스

이 책의 특징

실전 모의고사 4회분 모두 실제 시험과 동일합니다. TOPIK II 시험을 보기 전에 꼭 풀어 보아야 할 문제를 아낌없이 수록하였습니다.

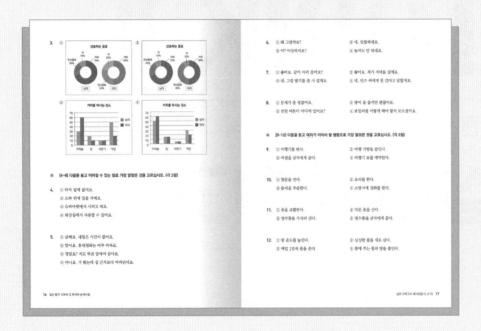

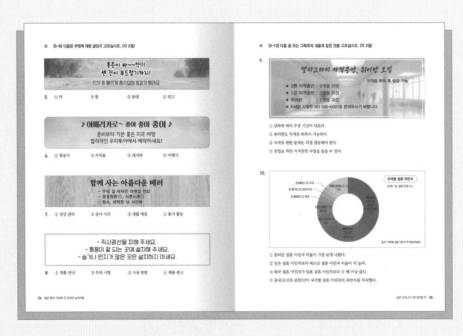

어려운 쓰기 문제도 혼자서 풀 수 있도록 쓰기 팁을 수록하였습니다. 예시 답안을 읽어보면서 쓰기 실력도 향상할 수 있습니다.

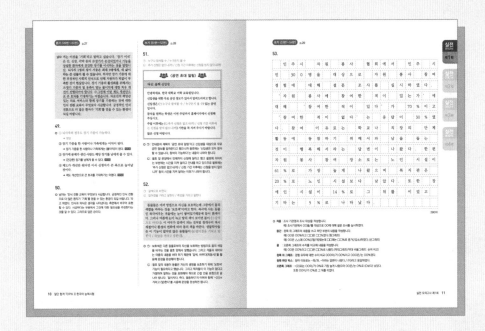

상세하고 꼼꼼한, 혼자서 공부할 때 궁금한 것을 모두 다 알려주는 답안지입니다.

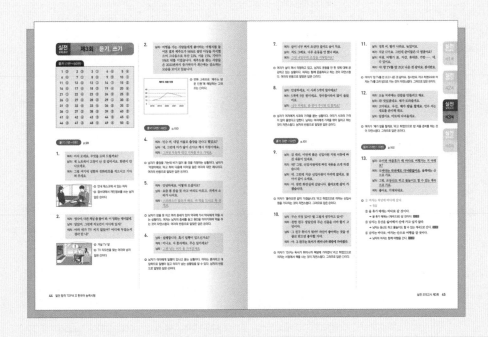

TOPIK II 시험 안내 (https://www.topik.go.kr/)

① 시험 목적

— 한국어를 모국어로 하지 않는 재외동포·외국인의 한국어 학습 방향 제시 및
   한국어 보급 확대
— 한국어 사용 능력을 측정·평가하여 그 결과를 국내 대학 및 취업 등에 활용

② 응시 대상

한국어를 모국어로 하지 않는 재외동포 및 외국인

③ 주요 활용처

• 국내 대학(원) 입학 및 졸업 • 정부 초청 외국인 장학생 프로그램 진학 및 학사 관리 • 국외 대학의 한국어 관련 학과 학점 및 졸업요건	• 국내/외 기업체 및 공공기관 취업	• 영주권 취득 취업 등 체류 비자 취득

④ 시험 수준 및 등급

TOPIK II	
3급	4급
120~149점	150~189점
5급	6급
190~229점	230~300점

⑤ 문항 구성

구분	TOPIK II		
영역	듣기	쓰기	읽기
문항 수	50문항	4문항	40문항
문항 유형	객관식	주관식	객관식
배점	100점	100점	100점
총점	300점		

· 쓰기 영역은 문장완성형(단답형) 2문항과 작문형 2문항(200~300자 설명문과 600~700자 논술문)이 출제됩니다.

듣기

대문항	소문항	평가 내용	질문 유형
1-3	1	담화 상황 추론하기	일치하는 그림 고르기
	2		
	3	세부 내용 파악하기	일치하는 도표 고르기
4-8	4	이어지는 말 파악하기	이어지는 말 고르기
	5		
	6		
	7		
	8		
9-12	9	이어지는 행동 추론하기	알맞은 행동 고르기
	10		
	11		
	12		
13-16	13	세부 내용 파악하기	일치하는 내용 고르기
	14		
	15		
	16		
17-20	17	중심 생각 추론하기	남자의 중심 생각 고르기
	18		
	19		
	20		
21-22	21	중심 내용 추론하기	중심 생각 고르기
	22	듣고 세부 내용 파악하기	일치하는 내용 고르기
23-24	23	화제 파악하기	화제 고르기
	24	세부 내용 파악하기	일치하는 내용 고르기
25-26	25	중심 내용 추론하기	중심 생각 고르기
	26	듣고 세부 내용 파악하기	일치하는 내용 고르기
27-28	27	중심 생각 추론하기	주장 근거 고르기
	28	세부 내용 파악하기	일치하는 내용 고르기
29-30	29	참여자 추론하기	담화 참여자 고르기
	30	듣고 세부 내용 파악하기	일치하는 내용 고르기
31-32	31	중심 내용 추론하기	중심 생각 고르기
	32	참여자 추론하기	화자의 태도 고르기
33-34	33	화제 파악하기	화제 고르기
	34	듣고 세부 내용 파악하기	일치하는 내용 고르기
35-36	35	참여자 추론하기	화자의 태도 고르기
	36	듣고 세부 내용 파악하기	일치하는 내용 고르기
37-38	37	중심 내용 추론하기	중심 생각 고르기
	38	듣고 세부 내용 파악하기	일치하는 내용 고르기

대문항	소문항	평가 내용	질문 유형
39-40	39	대화의 맥락 파악하기	담화 전후의 내용 고르기
	40	듣고 세부 내용 파악하기	일치하는 내용 고르기
41-42	41	중심 내용 추론하기	중심 생각 고르기
	42	듣고 세부 내용 파악하기	일치하는 내용 고르기
43-44	43	중심 내용 추론하기	화제 고르기
	44	중심 생각 추론하기	주장 근거 고르기
45-46	45	듣고 세부 내용 파악하기	일치하는 내용 고르기
	46	참여자 추론하기	화자의 태도 고르기
47-48	47	듣고 세부 내용 파악하기	일치하는 내용 고르기
	48	참여자 추론하기	화자의 태도 고르기
49-50	49	듣고 세부 내용 파악하기	일치하는 내용 고르기
	50	참여자 추론하기	화자의 태도 고르기

쓰기

문항	영역	평가 내용	질문 유형
51	문장 완성	실용문 맥락 파악 능력	빈칸에 알맞은 말 쓰기
52		설명문 맥락 파악 능력	
53	단락 쓰기	도표 내용 서술 능력	원고지 쓰기(단락)
54	장문 쓰기	장문 서술 종합적 능력	원고지 쓰기(장문)

읽기

대문항	소문항	영역	평가 내용	질문 유형
1-4	1	문법	문법 능력	빈칸에 알맞은 것 고르기
	2	문법	문법 능력	빈칸에 알맞은 것 고르기
	3	문법	문법 능력 (연결 표현)	의미가 비슷한 것 고르기
	4	문법	문법 능력 (종결 표현)	의미가 비슷한 것 고르기
5-8	5	어휘/표현	화제 고르기	화제 찾기
	6	어휘/표현		
	7	어휘/표현		
	8	어휘/표현		
9-10	9	어휘/표현	주제 파악 능력	일치하는 것 고르기
	10	어휘/표현		
11-12	11	내용 파악	세부 내용 파악 능력	일치하는 것 고르기
	12	내용 파악		

대문항	소문항	영역	평가 내용	질문 유형
13-15	13	순서 나열	글의 순서 파악 능력	순서에 맞게 문장 배열
	14	순서 나열		
	15	순서 나열		
16-18	16	내용 파악	세부 내용 파악 능력	알맞은 내용 고르기 (빈칸)
	17	내용 파악		
	18	내용 파악		
19-20	19	내용 파악	문장 흐름 파악 능력	알맞은 어휘 고르기 (빈칸)
	20	주제 파악	중심 주제 파악 능력	주제 찾기
21-22	21	내용 파악	세부 내용 파악 능력	관용 표현 찾기 (빈칸)
	22	내용 파악		일치하는 것 고르기
23-24	23	내용 파악	심정 파악 능력	심정 적합 표현 찾기
	24	내용 파악	세부 내용 파악 능력	일치하는 것 고르기
25-27	25	주제 찾기	함축 어휘 파악 능력	적합한 것 고르기
	26	주제 찾기		
	27	주제 찾기		
28-31	28	내용 파악	세부 내용 파악 능력	알맞은 내용 고르기 (빈칸)
	29	내용 파악		
	30	내용 파악		
	31	내용 파악		
32-34	32	내용 파악	세부 내용 파악 능력	일치하는 것 고르기
	33	내용 파악		
	34	내용 파악		
35-38	35	주제 찾기	중심 주제 파악 능력	주제 찾기
	36	주제 찾기		
	37	주제 찾기		
	38	주제 찾기		
39-41	39	흐름 파악	문장 흐름 파악 능력	문단 파악 능력 (문장 넣기)
	40	흐름 파악		
	41	흐름 파악		
42-43	42	내용 파악	심정 파악 능력	심정 적합 어휘 찾기
	43	내용 파악	세부 내용 파악 능력	작품 세부 내용 파악하기
44-45	44	내용 파악	세부 내용 파악 능력	알맞은 내용 고르기 (빈칸)
	45	주제 찾기	중심 주제 파악 능력	주제 찾기
46-47	46	태도 파악	세부 내용 추론 능력	필자 태도 고르기
	47	내용 파악	핵심 내용 파악 능력	일치하는 것 고르기
48-50	48	집필 의도	의도(목적) 파악 능력	집필 목적 고르기
	49	내용 파악	세부 내용 파악 능력	알맞은 내용 고르기 (빈칸)
	50	내용 파악	세부 내용 파악 능력	일치하는 것 고르기

⑥ TOPIKⅡ 시험 시간표 및 유의 사항

시험 수준	교시	영역	한국			시험 시간 (분)
			입실 완료 시간	시작	종료	
TOPIK II	1교시	듣기, 쓰기	12:20까지	13:00	14:50	110
	2교시	읽기	15:10까지	15:20	16:30	70

— 12:20 이후에는 시험실 입실이 절대 불가합니다.

— 쉬는 시간을 포함한 시험 시간 중에는 모든 전자기기를 사용할 수 없으며, 소지 적발 시에는 부정행위로 간주합니다.

— 시험 중, 책상 위에는 신분증 외에 어떠한 물품(수험표 포함)도 놓을 수 없습니다.

— TOPIK II 1교시 듣기 평가 시에는 듣기만, 쓰기 평가 시에는 쓰기만 풀어야 합니다.

토픽에서 인정하는 신분증: 기간 만료 전의 여권, 외국인등록증, 외국국적동포 국내거소신고증, 영주증, 복지카드(장애인등록증), 주민등록증(발급신청확인서), 운전면허증, 대학(원)생의 경우, 한국어능력시험 신원확인증명서 인정. 초·중·고등학생인 경우, 학생증, 청소년증, 한국어능력시험 신원확인증명서 인정.

⑦ TOPIKⅡ 평가 기준

TOPIK II의 등급별 평가 기준에 따라, 자신이 목표로 하는 등급이 어떤 수준의 능력을 요구하는지 알아야 합니다.

☑ 자신의 한국어 실력이 TOPIK II 각 등급의 평가 기준을 만족하는지 항목을 확인해 보세요.

등급	내용
3급	☑ 일상생활을 영위하는 데 별 어려움을 느끼지 않으며 다양한 공공시설의 이용과 사회적 관계 유지에 기초적 언어 기능을 수행할 수 있다. ☐ 친숙하고 구체적인 소재는 물론, 자신에게 친숙한 사회적 소재를 문단 단위로 표현하거나 이해할 수 있다. ☐ 문어와 구어의 기본적인 특성을 구분해서 이해하고 사용할 수 있다.

등급	내용
4급	☐ 공공시설 이용과 사회적 관계 유지에 필요한 언어 기능을 수행할 수 있으며, 일반적인 업무 수행에 필요한 기능을 어느 정도 수행할 수 있다. 또한 뉴스, 신문 기사 중 비교적 평이한 내용을 이해할 수 있다. 일반적인 사회적·추상적 소재를 비교적 정확하고 유창하게 이해하고 사용할 수 있다. ☐ 자주 사용되는 관용적 표현과 대표적인 한국 문화에 대한 이해를 바탕으로 사회·문화적인 내용을 이해하고 사용할 수 있다.
5급	☐ 전문 분야에서의 연구나 업무 수행에 필요한 언어 기능을 어느 정도 수행할 수 있으며 정치, 경제, 사회, 문화 전반에 걸쳐 친숙하지 않은 소재에 관해서도 이해하고 사용할 수 있다. ☐ 공식적·비공식적 맥락과 구어적·문어적 맥락에 따라 언어를 적절히 구분해 사용할 수 있다.
6급	☐ 전문 분야에서의 연구나 업무 수행에 필요한 언어 기능을 비교적 정확하고 유창하게 수행할 수 있으며 정치, 경제, 사회, 문화 전반에 걸쳐 친숙하지 않은 주제에 관해서도 이해하고 사용할 수 있다. ☐ 원어민 화자의 수준에는 이르지 못하나 기능 수행이나 의미 표현에는 어려움을 겪지 않는다.

⑧ 쓰기 영역 작문 문항 평가 범주

문항 번호	평가 범주	평가 내용
51-52	내용 및 과제 수행	☐ 제시된 과제에 적절한 내용으로 썼는가?
	언어 사용	☐ 어휘와 문법 등의 사용이 정확한가?
53-54	내용 및 과제 수행	☐ 주어진 과제를 충실히 수행하였는가? ☐ 주제에 관련된 내용으로 구성하였는가? ☐ 주어진 내용을 풍부하고 다양하게 표현하였는가?
	글의 전개 구조	☐ 글의 구성이 명확하고 논리적인가? ☐ 글의 내용에 따라 단락 구성이 잘 이루어졌는가? ☐ 논리 전개에 도움이 되는 담화 표지를 적절하게 사용하여 조직적으로 연결하였는가?
	언어사용	☐ 문법과 어휘를 다양하고 풍부하게 사용하며 적절한 문법과 어휘를 선택하여 사용하였는가? ☐ 문법, 어휘, 맞춤법 등의 사용이 정확한가? ☐ 글의 목적과 기능에 따라 격식에 맞게 글을 썼는가?

목차

MP3 다운로드 방법

① 동양북스 홈페이지에 들어갑니다.

https://www.dongyangbooks.com/

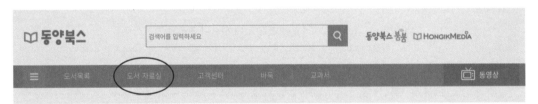

② 도서 자료실을 클릭합니다.

③ TOPIK Ⅱ 모의고사를 검색합니다.

④ 첨부파일을 다운로드 받습니다.

TOPIK Ⅱ 이렇게 공부해요

시간 관리 연습하기　TOPIK II 시험에서는 100분 안에 듣기와 읽기 영역의 모든 문제를 풀어야 하므로, 시간 관리가 매우 중요합니다. 시험 준비 과정에서 실제 시험 시간에 맞춰 모의고사를 풀어보며 시간을 관리하는 연습을 해야 합니다. 한 문제에 너무 오랜 시간을 투자하지 않도록 주의하고, 어려운 문제나 모르는 단어가 나오면, 일단 다음 문제로 넘어가고 나중에 다시 돌아오는 것이 좋습니다. 시계를 앞에 두고 모의고사를 풀어보는 것도 효과적입니다. 실제 시험에서는 답안지 마킹 시간을 고려해야 하므로, 90분 안에 모든 문제를 풀고, 남은 시간에 어려운 문제를 검토하는 것이 이상적입니다. 혼자 공부할 때도 항상 시간을 재며 연습하는 습관을 길러야 합니다.

듣기와 읽기 실력 강화하기　듣기와 읽기 영역에서 좋은 성적을 거두기 위해서는 TOPIK II에 자주 등장하는 텍스트를 자주 듣고 읽는 것이 좋습니다. 중요한 것은 단순히 듣고 읽는 것이 아니라, 내용의 핵심을 빠르게 파악하고, 문제 해결에 필요한 정보를 정확히 추출하는 연습을 꾸준히 하는 것입니다. 시험에서 시간을 효율적으로 관리할 수 있도록, 제한된 시간 내에 텍스트 속 핵심 정보를 찾아내는 연습을 하는 것도 큰 도움이 됩니다.

기출문제 여러 번 풀어보기　TOPIK II 실전 모의고사를 반복해서 풀어보는 것은 매우 중요한 학습 방법입니다. 이를 통해 시험에서 출제되는 문제 유형을 파악할 수 있습니다. 반복 학습을 통해 문제 해결에 대한 자신감을 키우고, 다양한 문제 유형에 익숙해지도록 합니다. 이 과정에서 틀린 문제는 철저히 복습하여 같은 실수를 반복하지 않도록 하는 것이 중요합니다.

어휘와 문법 확장하기　문제를 풀면서 모르는 단어와 문법을 표시해 두고 사전에서 그 단어 혹은 문법의 뜻을 찾아 정리하는 것이 좋습니다. 시험을 볼 때 해당 단어와 문법이 시험에 등장할 수 있습니다. 그래서 고득점을 위해서라면 단어와 문법을 많이 아는 것이 좋습니다. 본인의 단어장을 가지고 다니면서 매일 조금씩 단어와 문법을 외우면 좋습니다.

제1회 한국어능력시험 실전 모의고사

TOPIK II

1교시 | **듣기, 쓰기**
(Listening, Writing)

수험번호(Registration No.)		
이 름 (Name)	한국어(Korean)	
	영 어(English)	

유 의 사 항
Information

1. 시험 시작 지시가 있을 때까지 문제를 풀지 마십시오.

    Do not open the booklet until you are allowed to start.

2. 수험번호와 이름을 정확하게 적어 주십시오.

    Write your name and registration number on the answer sheet.

3. 답안지를 구기거나 훼손하지 마십시오.

    Do not fold the answer sheet; keep it clean.

4. 답안지의 이름, 수험번호 및 정답의 기입은 배부된 펜을 사용하여 주십시오.

    Use the given pen only.

5. 정답은 답안지에 정확하게 표시하여 주십시오.

    Mark your answer accurately and clearly on the answer sheet.

    Marking example   ① ● ③ ④

6. 문제를 읽을 때는 소리가 나지 않도록 하십시오.

    Keep quiet while answering the questions.

7. 질문이 있을 때에는 손을 들고 감독관이 올 때까지 기다려 주십시오.

    When you have any questions, please raise your hand.

TOPIK II 듣기 (1번~50번)

※　[1~3] 다음을 듣고 가장 알맞은 그림 또는 그래프를 고르십시오. (각 2점)

1.

①

②

③

④

2.

①

②

③

④

3.

①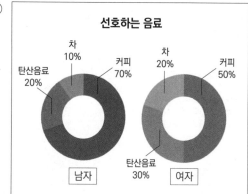

②

③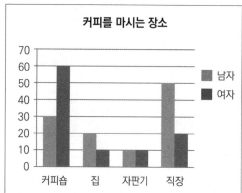

④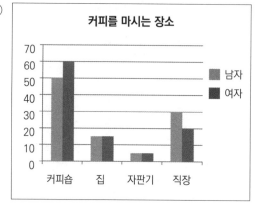

※ **[4~8] 다음을 듣고 이어질 수 있는 말로 가장 알맞은 것을 고르십시오. (각 2점)**

4. ① 탁자 밑에 없어요.

② 소파 위에 있을 거예요.

③ 슈퍼마켓에서 사려고 해요.

④ 화장실에서 사용할 수 있어요.

5. ① 글쎄요. 내일은 시간이 없어요.

② 맞아요. 휴대전화는 아주 비싸요.

③ 정말요? 저도 학교 앞에서 살아요.

④ 아니요. 가 봤는데 집 근처보다 비싸던데요.

6. ① 왜 그럴까요? ② 네, 말씀하세요.

③ 어? 이상하지요? ④ 눌러도 안 되네요.

7. ① 좋아요. 같이 사러 갈까요? ② 좋아요. 제가 저녁을 살게요.

③ 네, 그럼 딸기를 좀 사 갈게요. ④ 네, 민수 씨에게 못 간다고 말할게요.

8. ① 문제가 좀 생겼어요. ② 방이 좀 춥지만 괜찮아요.

③ 전원 버튼이 어디에 있어요? ④ 보일러를 어떻게 해야 할지 모르겠어요.

※ **[9~12] 다음을 듣고 여자가 이어서 할 행동으로 가장 알맞은 것을 고르십시오. (각 2점)**

9. ① 비행기를 탄다. ② 여행 가방을 맡긴다.

③ 여권을 남자에게 준다. ④ 비행기 표를 예약한다.

10. ① 창문을 연다. ② 요리를 한다.

③ 음식을 주문한다. ④ 소방서에 전화를 한다.

11. ① 옷을 교환한다. ② 다른 옷을 산다.

③ 영수증을 가지러 간다. ④ 영수증을 남자에게 준다.

12. ① 방 온도를 높인다. ② 싱싱한 꽃을 새로 산다.

③ 매일 2컵씩 물을 준다. ④ 꽃에 주는 물의 양을 줄인다.

13. ① 여자는 감기약을 먹었다.

② 두 사람은 모두 감기에 걸렸다.

③ 여자는 창문을 안 닫고 잠을 잤다.

④ 남자는 여자에게 약을 사 줄 것이다.

14. ① 오늘 날씨는 아주 좋다.

② 손님들은 비행기를 타기 시작했다.

③ 비행기는 9시 30분에 도착할 것이다.

④ 비행기에 문제가 생겨 출발을 못 했다.

15. ① 불이 나서 많은 사람들이 다쳤다.

② 경찰은 왜 불이 났는지 알아냈다.

③ 불을 끄는 데 1시간 이상이 걸렸다.

④ 학생들이 기숙사에 없는 오후에 불이 났다.

16. ① 남자는 김을 재배하고 있다.

② 남자는 김을 수출하는 일을 하고 있다.

③ 남자는 김의 맛을 좋게 하는 연구를 하고 있다.

④ 남자는 김의 수출량 확대를 위한 방법을 제시하고 있다.

17. ① 자동차는 예뻐야 한다.

② 자동차는 빠른 것이 좋다.

③ 자동차는 색깔보다 튼튼함이 중요하다.

④ 자동차의 색깔은 어두운 것보다 밝은 것이 낫다.

18. ① 제주도에는 안 가도 괜찮다.

② 제주도 여행은 돈이 많이 든다.

③ 제주도보다 풍경이 예쁜 곳이 많다.

④ 제주도는 한번 가 볼 만한 여행지이다.

19. ① 사과는 천천히 해야 한다.

② 잘못한 사람이 사과를 해야 한다.

③ 사과는 가능하면 빨리 하는 것이 좋다.

④ 걱정이 있는 사람이 사과를 하는 것이 좋다.

20. ① 안무가는 힘든 직업이다.

② 안무가는 공연을 마치고 박수를 받아야 한다.

③ 무용수들이 관객들을 만족시킬 때 보람을 느낀다.

④ 무용수들과 관객들은 공연에 중요한 역할을 한다.

21. 남자의 중심 생각으로 가장 알맞은 것은 고르십시오.

① 여행할 때는 잠자리가 편해야 한다.

② 하룻밤 정도는 보조 침대도 괜찮다.

③ 여행은 숙소가 좋은 곳으로 가야 한다.

④ 친한 친구와 함께 잠을 자야 여행이 즐겁다.

22. 들은 내용과 같은 것을 고르십시오.

① 보조 침대는 일반 침대만큼 편하다.

② 일본 여행을 갔다가 23일에 돌아온다.

③ 숙소는 일반적으로 방 하나에 두 명이 사용한다.

④ 남자는 여자에게 보조 침대를 사용하라고 제안하고 있다.

23. 남자가 무엇을 하고 있는지 고르십시오.

① 주민자치센터에 강좌 등록을 하고 있다.

② 주민자치센터에 신설 강좌를 요청하고 있다.

③ 주민자치센터의 조리실 위치를 확인하고 있다.

④ 주민자치센터의 프로그램에 대해서 문의하고 있다.

24. 들은 내용과 같은 것을 고르십시오.

① 이번 학기는 4개의 강좌가 열려 있다.

② 이번 학기는 강좌 등록을 다음 주부터 할 수 있다.

③ 이번 학기에 영어 강좌가 새로 열려서 관심이 많다.

④ 이번 학기에 대한 상세 내용은 이메일로 확인하면 된다.

25. 남자의 중심 생각으로 가장 알맞은 것을 고르십시오.

① 봉사활동은 생각보다 실천하기 어렵다.

② 지속해서 봉사활동을 해야 의미가 있다.

③ 소외된 사람들에게 꾸준한 관심을 가질 것이다.

④ 친구들과 봉사활동을 하면 어려운 일도 해낼 수 있다.

26. 들은 내용과 같은 것을 고르십시오.

① 남자는 '무료 급식소' 운영 책임자다.

② 남자는 올해 처음 봉사활동을 시작했다.

③ 남자는 친구를 통해서 봉사활동을 알게 되었다.

④ 남자는 봉사활동이 쉬운 일이 아니라고 생각한다.

※ **[27~28] 다음을 듣고 물음에 답하십시오. (각 2점)**

27. 남자가 말하는 의도를 알맞은 것을 고르십시오.

① 돌봄 서비스 필요성을 제안하려고

② 돌봄 서비스 문제점과 목적을 알리려고

③ 돌봄 서비스 내용을 설명 및 홍보하려고

④ 돌봄 서비스 신청 방법 개선에 대해 지적하려고

28. 들은 내용과 같은 것을 고르십시오.

① 여자는 뉴스 내용을 남자에게 들었다.

② 맞벌이 부부들은 돌봄 서비스를 잘 이용한다.

③ 돌봄 서비스는 일과 가정생활의 균형을 위해 만들었다.

④ 돌봄 서비스는 아이가 센터에 가야 혜택을 받을 수 있다.

29.   남자가 누구인지 고르십시오.

① 안경 판매원

② 안과 전문 의사

③ 스마트폰 개발자

④ 스마트폰 판매원

30.   들은 내용과 같은 것을 고르십시오.

① 안구 운동이 눈의 피로를 푸는 데 도움이 된다.

② 시력을 보호하기 위해 음식을 많이 먹어야 한다.

③ 스마트폰을 볼 때 눈이 건조하면 눈물을 흘리게 한다.

④ 시력을 보호하기 위해 주변을 어둡게 하고 스마트폰을 본다.

※   [31~32] 다음을 듣고 물음에 답하십시오. (각 2점)

31.   남자의 중심 생각으로 알맞은 것을 고르십시오.

① 간척 공사는 지역 경제에 영향을 미칠 것이다.

② 간척 공사는 신중히 생각한 후 천천히 진행해야 한다.

③ 생태계와 환경 보호를 위해 간척 공사를 하면 안 된다.

④ 생태계와 환경 보호를 위해 환경 전문가와 상의해야 한다.

32.   남자의 태도로 가장 알맞은 것을 고르십시오.

① 상대방의 감정에 호소하여 동의를 구하고 있다.

② 상대방의 의견에 부분적으로 인정하면서 반박하고 있다.

③ 상대방의 의견을 반박하면서 자신의 의견을 주장하고 있다.

④ 상대방의 의견에 동의하면서 자신의 의견을 덧붙여 말하고 있다.

33. 무엇에 대한 내용인지 알맞은 것을 고르십시오.

　① 고려청자의 독창성

　② 고려청자의 곡선미

　③ 고려청자의 명칭 유래

　④ 고려청자의 제작 장소

34. 들은 내용과 같은 것을 고르십시오.

　① 상감은 도자기 무늬에 같은 색 흙을 넣어 굽는다.

　② 고려시대 사람들의 생각을 고려청자를 통해 알 수 있다.

　③ 청자에 꽃무늬를 넣는 것은 다른 나라에도 있는 기법이다.

　④ 원 안과 밖의 학이 날아가고 있는 모습은 모두 한 방향이다.

※ [35~36] 다음을 듣고 물음에 답하십시오. (각 2점)

35. 남자가 무엇을 하고 있는지 고르십시오.

　① 불경기 때의 소비 심리에 대해 설명하고 있다.

　② 저렴하고 좋은 립스틱 판매처를 소개하고 있다.

　③ 불경기를 극복할 수 있는 방안을 제시하고 있다.

　④ 불황 때문에 투자가 줄어든 것을 비판하고 있다.

36. 들은 내용과 같은 것을 고르십시오.

　① 불경기 때는 모든 상품의 판매가 준다.

　② 경기가 불황일 때 소비자는 구매를 꺼린다.

　③ 립스틱이 팔리지 않으면 경기가 좋은 것이다.

　④ 고가의 제품을 구매해야 최대의 만족을 얻을 수 있다.

37. 여자의 중심 생각으로 가장 알맞은 것을 고르십시오.

① 여러 가지 능력이 있어야 취업할 수 있다.

② 신체가 건강한 사람은 대부분 일을 잘한다.

③ 승진 시험의 평가 요소 중 잘못된 것이 있다.

④ 업무 이외의 시간에도 일해야 승진이 가능하다.

38. 들은 내용과 같은 것을 고르십시오.

① 외국어 능력이 승진 평가에서 제일 중요하다.

② 퇴근 이후에 운동을 하는 사원들은 별로 없다.

③ 보다 더 많은 평가 요소를 넣어야 공정해진다.

④ 승진을 하려면 여러 가지 다양한 능력이 있어야 한다.

※　[39~40] 다음을 듣고 물음에 답하십시오. (각 2점)

39. 이 대화 전의 내용으로 가장 알맞은 것을 고르십시오.

① 도서관 사업의 단점

② 주민 소통 공간의 장점

③ 이용자들의 접근성 감소

④ 도서관 사업의 성공적인 결과

40. 들은 내용과 같은 것을 고르십시오.

① 독서를 하는 사람들이 감소했다.

② 정부 도서관은 비용이 들지 않는다.

③ 이 사업에는 개선해야 할 것이 있다.

④ 도서관의 기능은 독서 장소일 뿐이다.

41. 이 강연의 중심 내용으로 가장 알맞은 것을 고르십시오.

① 건강한 사람은 맛을 더 잘 느낀다.

② 맛은 혀를 통해서 느껴지는 감각이다.

③ 음식 냄새는 맛을 느끼는 데 방해가 된다.

④ 우리가 알고 있던 미각 관련 정보는 잘못됐다.

42. 들은 내용과 같은 것을 고르십시오.

① 혀의 각 부위에서는 정해진 맛만 느낀다.

② 혀는 맛을 느끼는 것에 관여하지 않는다.

③ 맛을 느끼는 데는 코도 중요한 역할을 한다.

④ 음식의 양이 많아지면 맛을 느끼기가 어렵다.

※　[43~44] 다음을 듣고 물음에 답하십시오. (각 2점)

43. 무엇에 대한 내용인지 알맞은 것을 고르십시오.

① 참을성과 학습 능력의 관계

② 음식의 종류와 인내력의 관계

③ 아동의 자제력과 성격의 관계

④ 정직과 대학 입학 비율의 관계

44. 이 실험이 유명해진 이유로 맞는 것을 고르십시오.

① 아이들이 대부분 못 참아서

② 오래 참은 아이들이 있어서

③ 두 부류에 대한 후속 연구가 있어서

④ 아이와 음식에 대한 최초의 연구라서

45. 들은 내용과 같은 것을 고르십시오.

① 예전에는 국수의 판매 가격이 쌌다.

② 잔치 국수는 쌀을 빻아서 만든 음식이다.

③ 최근에 국수는 다시 고가의 음식이 되었다.

④ 옛날에는 결혼식이 있는 날에 국수를 먹었었다.

46. 여자가 말하는 방식으로 알맞은 것을 고르십시오.

① 역사와 문화를 통해 설명하고 있다.

② 주제에 대해 자신의 견해를 증명하고 있다.

③ 글의 소재에 대한 변천 과정을 나열하고 있다.

④ 조사 결과를 근거로 자신의 의견을 제시하고 있다.

47. 들은 내용과 같은 것을 고르십시오.

① 낮은 출산율은 지방 소멸의 위기와 관계가 없다.

② 각 부처는 지방 소멸을 막으려는 대책이 아무것도 없다.

③ 소도시로의 인구 유입을 위해서는 시설 확충이 필요하다.

④ 대도시와 지방의 공공기관은 스스로 해결 방안을 찾아야 한다.

48. 남자의 태도로 알맞은 것을 고르십시오.

① 대도시의 인구 증가 문제에 대해서 우려하고 있다.

② 고령층에 대한 복지 혜택을 늘릴 것을 촉구하고 있다.

③ 특색 있는 지역 문화의 중요성에 대해 설명하고 있다.

④ 인구 감소 지역 관련 해결책의 문제점을 지적하고 있다.

49. 들은 내용과 같은 것을 고르십시오.

① 뇌사자의 경우도 장기 기증이 가능하다.

② 장기 기증을 한 사람이나 가족에게는 이익이 된다.

③ 장기에 문제가 생긴 사람도 해당 장기를 남에게 줄 수 있다.

④ 제도가 개선만 된다면 이식 신청자가 큰 폭으로 늘어날 것이다.

50. 남자의 태도로 알맞은 것을 고르십시오.

① 장기 기증의 불안정성을 우려하고 있다.

② 장기 기증 관련 제도 개선을 촉구하고 있다.

③ 장기 기증의 불합리성을 비판을 하고 있다.

④ 장기 기증에 대한 의식 교육의 필요성을 주장하고 있다.

※ **[51~52] 다음 글의 ㉠과 ㉡에 알맞은 말을 각각 쓰시오. (각 10점)**

51.

👥👥 〈공연 초대 알림〉 👥👥

대상: 올해 신입생

안녕하세요. 한국 대학교 어학 교육원입니다.

신입생을 위한 무료 공연 정보가 있어서 알려드리려고 합니다.

신입생은 (㉠   ) 있는 공연입니다.

참석을 원하는 학생은 이번 주말까지 홈페이지에서 신청해 주십시오.

주말 이후에는 (㉡   ) 기한을 꼭 지켜 주시기 바랍니다.

많은 신청 바랍니다.

㉠ : _____

㉡ : _____

52.

　동물들은 여러 방법으로 자신을 보호하는데, 그중에서 몸의 색깔을 바꾸는 것을 '보호색'이라고 한다. 북극에 사는 동물인 북극여우는 겨울에는 눈이 쌓여있기 때문에 몸이 흰색이다. 그러나 여름에 눈이 녹고 땅의 색이 보이면 몸이 (㉠   ). 이 여우가 갈색이 되는 것처럼 청개구리 역시 계절이나 환경의 변화에 따라 몸의 색을 바꾼다. 생물학자들은 이 기능이 없다면 많은 동물들이 (㉡   ).

㉠ : _____

㉡ : _____

53. 다음은 '자원 봉사 참여 경험'에 대한 자료이다. 이 내용을 200~300자의 글로 쓰시오. 단, 글의 제목은 쓰지 마시오. (30점)

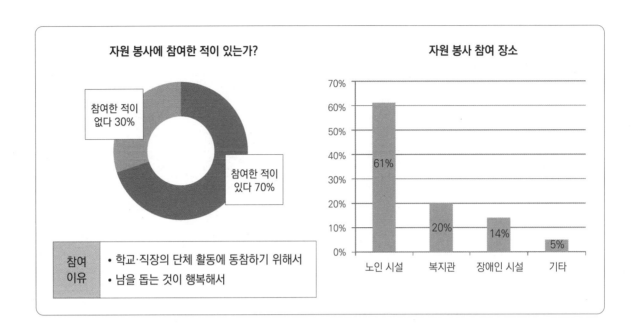

54. 다음을 참고하여 600~700자로 글을 쓰시오. 단, 글의 제목은 쓰지 마시오. (50점)

> 개인이 인간관계 및 집단, 사회와의 접촉이 거의 없고 고립된 상황을 사회적 고립이라고 한다. 사회적 고립은 특히 현대인들에게 두드러지게 나타나는데 아래의 내용으로 '현대인의 사회적 고립의 원인과 해결 방법'에 대한 자신의 생각을 쓰라.

- 사회적 고립의 원인은 무엇인가?
- 사회적 고립으로 인한 문제는 무엇인가?
- 그 해결 방법은 무엇이 있는가?

＊ 원고지 쓰기의 예

	저	는		음	악	을		자	주		듣	는		편	이	에	요	.	글	을		쓸		땐
재	즈	,	클	래	식		등	을		듣	습	니	다	.										

> 제1교시 듣기, 쓰기 시험이 끝났습니다. 제2교시는 읽기 시험입니다.

제1회 한국어능력시험 실전 모의고사

TOPIK II

2교시

읽기
(Reading)

수험번호(Registration No.)		
이 름 (Name)	한국어(Korean)	
	영 어(English)	

유 의 사 항
Information

1. 시험 시작 지시가 있을 때까지 문제를 풀지 마십시오.

   Do not open the booklet until you are allowed to start.

2. 수험번호와 이름을 정확하게 적어 주십시오.

   Write your name and registration number on the answer sheet.

3. 답안지를 구기거나 훼손하지 마십시오.

   Do not fold the answer sheet; keep it clean.

4. 답안지의 이름, 수험번호 및 정답의 기입은 배부된 펜을 사용하여 주십시오.

   Use the given pen only.

5. 정답은 답안지에 정확하게 표시하여 주십시오.

   Mark your answer accurately and clearly on the answer sheet.

   Marking example ① ● ③ ④

6. 문제를 읽을 때는 소리가 나지 않도록 하십시오.

   Keep quiet while answering the questions.

7. 질문이 있을 때에는 손을 들고 감독관이 올 때까지 기다려 주십시오.

   When you have any questions, please raise your hand.

TOPIK II 읽기 (1번~50번)

※ [1~2] (   )에 들어갈 말로 가장 알맞은 것을 고르십시오. (각 2점)

1. 한국어를 배워 (   ) 어렵지 않다는 것을 알았다.

① 보니까   ② 보든지   ③ 보지만   ④ 보거나

2. 어제 버스에서 자리를 양보해야 하는데 너무 피곤해서 (   ).

① 자는 편이었다   ② 자는 척했다

③ 자려던 참이다   ④ 잘 리가 없다

※ [3~4] 밑줄 친 부분과 의미가 가장 비슷한 것을 고르십시오. (각 2점)

3. 저는 한국 드라마를 <u>본 후에</u> 한국에 관심이 생겼습니다.

① 보는 반면   ② 보는 김에   ③ 보고 나서   ④ 보다 보면

4. 밥을 너무 급하게 먹으면 <u>체하기 마련이다.</u>

① 체한 셈이다   ② 체하는 법이다   ③ 체할 걸 그랬다   ④ 체하면 그만이다

**통증이 싸~~악!!!
센 것이 부드럽기까지!**

드신 후 빠르게 흡수되어 효과가 빨라요

5. ① 약   ② 물   ③ 붕대   ④ 연고

♪ 아메리카로~ 좋아 좋아 좋아 ♪

준비부터 기분 좋은 미국 여행
합리적인 우리투어에서 예약하세요!

6. ① 항공사   ② 커피숍   ③ 대사관   ④ 여행사

함께 사는 아름다운 배려
- 우리 집 바닥은 아랫집 천장
- 쿵쿵쾅쾅☹, 사뿐사뿐☺
- 청소, 세탁은 낮 시간에

7. ① 건강 관리   ② 공사 시간   ③ 생활 예절   ④ 봉사 활동

- 직사광선을 피해 주세요.
- 통풍이 잘 되는 곳에 설치해 주세요.
- 습기나 먼지가 많은 곳은 설치하지 마세요.

8. ① 제품 안내   ② 주의 사항   ③ 사용 방법   ④ 제품 광고

9.

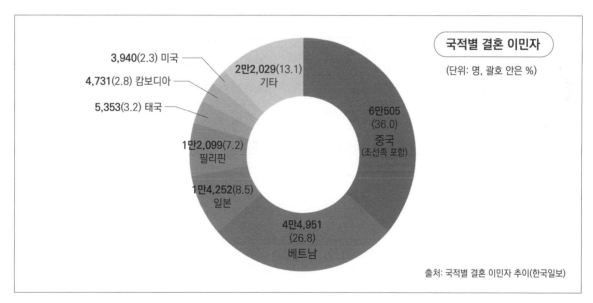

캘리그라피 자격증반, 취미반 모집

자격증 취득 후 창업 가능

◆ 2급 자격증반 : 2개월 과정
◆ 1급 자격증반 : 3개월 과정
◆ 취미반   : 1개월 과정
☎ 자세한 사항은 02) 530-0001로 문의하시기 바랍니다.

① 강좌에 따라 수강 기간이 다르다.

② 취미반도 자격증 취득이 가능하다.

③ 자격증 관련 문의는 직접 방문해야 한다.

④ 창업을 하면 자격증반 수업을 들을 수 있다.

10.

국적별 결혼 이민자

(단위: 명, 괄호 안은 %)

3,940(2.3) 미국
4,731(2.8) 캄보디아
5,353(3.2) 태국
1만2,099(7.2) 필리핀
1만4,252(8.5) 일본
2만2,029(13.1) 기타
6만505 (36.0) 중국 (조선족 포함)
4만4,951 (26.8) 베트남

출처: 국적별 결혼 이민자 추이(한국일보)

① 필리핀 결혼 이민자 비율이 가장 낮게 나왔다.

② 일본 결혼 이민자보다 베트남 결혼 이민자 비율이 더 높다.

③ 태국 결혼 이민자가 일본 결혼 이민자보다 두 배 이상 많다.

④ 중국(조선족 포함)인이 국적별 결혼 이민자의 과반수를 차지했다.

※ **[11~12] 다음 글 또는 그래프의 내용과 같은 것을 고르십시오. (각 2점)**

11.

> 최근에 한국 드라마가 전 세계적으로 인기를 끌며 관심을 받고 있다. 인기의 비결은 시청자들의 높아진 눈높이에 맞추어 만들어졌다는 점이다. 그밖에도 내용이 점점 더 흥미로워졌을 뿐만 아니라 배우의 외모와 뛰어난 연기력도 영향을 주었다고 한 대중문화 평론가는 말했다.

① 한국 드라마는 인기가 없지만 관심을 받았다.

② 한국 드라마의 배우는 연기력이 훌륭하지 않다.

③ 한국 드라마는 시청자들이 이해하기에는 꽤 어렵다.

④ 한국 드라마는 시청자들 수준에 맞게 제작되어 인기가 많다.

12.

> 지난 1월 3일부터 10일까지 성인 남녀 3,000여 명에게 설에 대한 설문 조사를 했다. 설날에 받는 가장 큰 스트레스가 무엇이냐는 질문에 1위로 45%가 명절 비용이라고 답했으며, 차례상 준비 등 가사 노동이 30%로 그 뒤를 이었다. 설날 주요 계획으로는 55%가 가족과 집에서 쉬겠다고 답했고 집에서 게임이나 영상을 즐기겠다고 한 사람이 20%, 기타 응답이 25%를 차지했다.

① 지난 1월 3일부터 10일까지는 설날 연휴여서 설문 조사를 했다.

② 가사 노동보다 명절에 드는 비용 때문에 받는 스트레스가 더 크다.

③ 집에서 게임이나 영상을 보고 싶어 하는 응답이 가장 높게 나왔다.

④ 명절에 드는 비용 때문에 스트레스를 받는다는 응답이 절반을 넘는다.

13.

(가) 그것은 들어가려는 힘과 바람을 바깥으로 밀어내는 힘의 크기가 같다는 것을 의미합니다.

(나) 태풍의 눈에서는 왜 바람이 불지 않고 조용할까요?

(다) 마치 두 사람이 손을 잡고 회전할 때 서로 같은 힘으로 상대를 밀어내는 것과 같습니다.

(라) 바람은 회전하면서 태풍의 눈 쪽으로 빨려들지만, 그 속으로는 들어가지 못하기 때문입니다.

① (가) - (라) - (나) - (다)　　　　② (나) - (라) - (가) - (다)

③ (가) - (나) - (다) - (라)　　　　④ (나) - (다) - (가) - (라)

14.

(가) 탈모를 방지하기 위해서는 외출 후 5분 정도 빗질해서 두피의 노폐물을 제거하는 것이 좋다.

(나) 봄에는 황사와 자외선으로 모발이 건조해져 두피에 노폐물이 많이 생긴다.

(다) 이 노폐물은 두피의 모공을 막아 탈모를 일으킨다.

(라) 두피가 깨끗해야 모발이 건강하므로 두피를 관리하는 것이 중요하다.

① (나) - (다) - (가) - (라)　　　　② (가) - (나) - (다) - (라)

③ (나) - (라) - (가) - (다)　　　　④ (가) - (라) - (나) - (다)

15.

(가) 만약 시간이 지나도 피가 멈추지 않으면 즉시 병원으로 가야 한다.

(나) 출혈이 멎으면 구강 청정제를 사용해서 세균 감염을 막는다.

(다) 혀를 깨물었을 때, 약간의 출혈이 발생할 때가 있다.

(라) 그럴 경우, 얼음 한 조각을 입에 물고 있으면 통증이 덜할 뿐만 아니라 출혈도 쉽게 멈춘다.

① (다) - (가) - (나) - (라)　　　　② (나) - (다) - (라) - (가)

③ (다) - (라) - (나) - (가)　　　　④ (나) - (가) - (다) - (라)

※ [16~18] (   )에 들어갈 말로 가장 알맞은 것을 고르십시오. (각 2점)

16.
　　우리가 삶을 살아가면서 부딪치는 많은 문제에 대한 답은 독서를 통하여 찾을 수 있다. 우리는 살면서 행복은 무엇인가, 사람들은 왜 종교를 믿는가, 사람은 왜 자는가 등에 대한 끊임없는 의문점들을 가지고 살아간다. 이러한 의문점들에 대한 (　　　　) 곳이 바로 책이라고 할 수 있다.

① 의심을 할 수 있는　　　　　　　② 문제를 볼 수 있는

③ 고민을 말할 수 있는　　　　　　④ 해답을 얻을 수 있는

17.
　　유아에게 책을 읽어 주면 언어 능력 향상과 더불어 부모와 아이 사이의 신뢰감을 깊게 하며 아이가 안정감을 느끼는 데 도움을 준다. 또한 아이에게 다양한 이야기를 들려 주는 것은 그들의 사회적 이해와 공감 능력을 키우는 데에도 도움을 준다. 아이가 부모와 정서적으로 친밀하면 부모와의 (　　　　) 되어 더 많은 자극을 받아 다른 다양한 영역의 발달에도 많은 도움이 된다.

① 상호 작용이 활발하게　　　　　② 일방적 대화가 활발하게

③ 다양한 발달을 이해하게　　　　④ 긍정적 영향을 이해하게

18.
　　요즘 홀로 사는 노인들이 외로움과 소외감 때문에 이성 교제에 대한 관심이 많아지고 있다. 그런데 이를 바라보는 사회의 시선은 곱지만은 않다. 그러나 노인들에게는 심리적인 지지와 믿음, 그리고 서로에게 기댈 수 있는 상대가 필요하다. 전체 노인 인구의 20%를 넘는 독거노인들에게는 (　　　　) 든든한 동반자가 더욱 절실히 요구된다고 한다.

① 따뜻한 잠자리와　　　　　　　② 홀로된 노인들의

③ 서로 믿고 의지할　　　　　　　④ 심리적으로 불안하고

　　많은 사람들은 비타민이 천연비타민이라고 잘못 알고 있지만 실제로는 많은 비타민 보충제가 합성으로 만들어진다. 또한 '비타민을 많이 먹으면 건강에 더 좋다'는 생각도 흔한 오해이다. 필요 이상으로 비타민을 섭취하는 것은 (　　　　　) 건강에 해로울 수 있다. '비타민 C 과다 섭취가 감기 예방에 도움이 된다'는 믿음도 널리 퍼져 있으나 감기 예방에는 큰 효과가 없다. 건강을 위해서는 균형 잡힌 식사를 통해 적절한 양의 비타민을 섭취하는 것이 중요하다.

19. (　　　　　)에 들어갈 말로 가장 알맞은 것을 고르십시오.

① 과연　　　　　　② 간혹　　　　　　③ 오히려　　　　　　④ 차라리

20. 윗글의 주제로 가장 알맞은 것을 고르십시오.

① 피로 회복에는 비타민제 섭취가 필요하다.

② 비타민제를 과용하면 건강에 좋을 수 있다.

③ 효능이 좋은 천연비타민을 골라 먹어야 한다.

④ 건강한 식단을 통한 비타민 섭취가 바람직하다.

> 쇼핑을 하면 우울했던 기분이 좋아진다는 사람이 많다. 즉 쇼핑 자체에 즐거움을 느낀다는 것이다. 보통 쇼핑하러 가기 전에 필요한 것만 사겠다고 (   ). 그렇지만 결심과 다르게 쓸데없는 물건까지 사게 된다. 이렇게 물건을 마구 사면 자신도 모르게 쇼핑 중독이 될 수 있다. 쇼핑 중독에서 벗어나기 위해서는 구매를 유혹하는 자극에서 거리를 두는 것과 신용카드를 없애는 것과 같은 실천이 중요하다고 한다.

21. (   )에 들어갈 말로 가장 알맞은 것을 고르십시오.

① 마음을 놓는다

② 마음을 먹는다

③ 마음에 걸린다

④ 마음이 통한다

22. 윗글의 내용과 같은 것을 고르십시오.

① 쇼핑 때문에 기분 전환이 된다는 사람이 많다.

② 쇼핑 중독이란 필요한 물건만 자주 구매하는 것이다.

③ 쇼핑할 때는 카드를 집에 두고 사용하지 않아야 한다.

④ 쇼핑 전에 계획한 대로 물건을 구입하는 사람들이 많다.

"우리도 마침 쌀이 떨어졌다."고 하면 펴들었던 쌀자루를 어떻게 다시 접어들고 돌아서서 나올까, 걱정걱정하느라고 걸음이 잘 걸리지 않는 것을 억지로 걸어서, 그 집 대문 앞까지 가서는 몇 번이나 들어갈까 말까하고 망설이면서 대문턱을 밀고는 돌아서고 또 가서 밀고는 돌아서고 하였습니다. 그럴 때는 그 집 대문이 무서운 경찰서나 감옥문같이 원망스러워 보였습니다. 해가 산머리에 질 때가 되도록 밖에서 망설이기만 하는데, 마침 그 집의 아저씨가 밖에서 돌아오다가 나를 보고 "너 학교에서 인제 돌아가니?"하고 묻고는, "왜 집에 들어가서 놀다 가지, 밖에서 그러니?"합니다. 별안간 어리둥절한 판에, <u>"아녜요, 쌀 꾸러 왔어요."하는 소리는 나오지도 않고 "아녜요, 얼른 가야 해요. 집에서 일찍 오라고 그러셨어요."하고는 그냥 꾸벅하고는 급히 걸어갔습니다.</u>

23. 밑줄 친 부분에 나타난 '나'의 심정으로 가장 알맞은 것을 고르십시오.

① 부끄럽다

② 안타깝다

③ 곤란하다

④ 미안하다

24. 윗글의 내용과 같은 것을 고르십시오.

① 나는 해가 뜰 무렵에 쌀을 꾸러 갔다.

② 나는 쌀을 꾸러 갔다가 아저씨를 보자마자 숨었다.

③ 나는 쌀 꾸러 간 집 대문 앞에서 한동안 서 있었다.

④ 나는 아저씨께 쌀을 꾸러 왔다고 큰 소리로 말했다.

※ [25~27] 다음 신문 기사의 제목을 가장 잘 설명한 것을 고르십시오. (각 2점)

25.

기술 유출 심각, 반도체 25건 핵심 기술 '콸콸'

① 핵심 기술을 유출해서 25개의 반도체를 만들었다.

② 반도체 25건을 개발하는 데 심각한 문제가 생겼다.

③ 반도체 기술을 유출하는 범죄가 25건이나 발생했다.

④ 물이 콸콸 나오게 하는 핵심 기술을 반도체에 적용했다.

26.

한우 싸게 판다고 '난리법석'...부상자도 발생

① 한우를 싸게 사려면 난리법석을 피워야 한다.

② 한우를 싸게 판다고 부상자도 구입하러 왔다.

③ 한우가 난리를 피우는 바람에 부상자가 발생했다.

④ 한우를 싸게 사려는 사람들이 많이 모여서 다치는 사람이 생겼다.

27.

통신비 부담에 소비자들 인하 요구....이통 3사 '우왕좌왕'

① 통신비가 너무 비싸서 통신사가 전화 비용을 인하한다.

② 통신비는 인하되었지만 통신 3사에는 비용 부담을 주고 있다.

③ 고객들이 통신비를 내리라고 하지만 통신사가 결정 못 하고 있다.

④ 이동통신회사 3곳이 통신비를 올려 소비자들이 우왕좌왕하고 있다.

28.

> 뇌-컴퓨터 인터페이스(BCI)는 뇌에 전극 칩을 심은 환자가 머릿속 생각만으로 컴퓨터를 움직일 수 있게 하는 의료기기로 그 임상 실험이 이제 막 시작되었다. 임상 실험 소식은 신기술의 신기함과 놀라움뿐 아니라 (   )으로도 언론의 주목을 받았다. 뇌의 겉부분에 전극을 심어 개별 신경세포의 신호를 수신하고 무선으로 전송하는 이런 기기는 이전에는 없던 새로운 기술이 적용된 것이다.

① 기존에 사용했던 방법

② 뇌에 전극을 심는 방식

③ 뇌를 컴퓨터로 바꾸는 실험

④ 컴퓨터 칩을 뇌로 바꾸는 기술

29.

> 동양 의학에서 중요한 약재인 동충하초는 곤충의 내장을 양분으로 삼아 기생하는 버섯으로 겨울에는 곤충의 상태였다가 여름에는 약초가 되는 특이한 버섯입니다. 곤충이 이 버섯을 먹게 되면 버섯의 세포가 곤충의 몸속에 들어가서 겨울을 지냅니다. 봄이 되면 몸 안에서 버섯 세포가 퍼져 곤충의 몸 안은 (   ) 버섯으로 가득 차서 죽게 됩니다.

① 알을 낳은

② 내장이 사라지고

③ 버섯을 많이 먹고

④ 죽은 후에 곤충이 먹은

30.

졸음 쉼터는 운전자가 급한 용무가 있거나 피곤할 때 잠시 쉬었다가 갈 수 있도록 고속도로나 국도에 설치한 휴게 장소이다. 졸음 쉼터는 이름 그대로 (   ) 만든 시설이다. 운전자가 충분한 수면을 취하지 못했을 시 발생할 수 있는 사고를 예방하는 차원에서 만든 시설이라고 할 수 있다. 졸음 쉼터에는 간이 화장실과 음료수 자판기가 설치되어 있고 차를 주차할 수 있는 주차 공간이 마련되어 있다.

① 졸음운전 방지를 위해

② 잠을 자면서 지낼 수 있도록

③ 다른 운전자들과 만나기 위해

④ 휴게소처럼 음식을 먹으면서 쉬려고

31.

컵라면은 뜨거운 물의 열에너지를 이용해 면을 익힌다. 컵에 뜨거운 물을 넣으면 위쪽에는 뜨거운 물, 아래쪽에는 조금 식은 물이 내려간다. 이 때문에 컵라면의 면의 모양은 보통 위쪽은 면발이 촘촘하고 아래쪽은 성글게 짜여있다. 면발이 컵라면의 그릇 모양과 비슷하게 깎여 있어 면이 많은 위쪽에는 뜨거운 물에 닿고 조금 식은 물이 닿는 아래쪽의 면은 양이 많지 않은 것도 (   ) 과학적인 원리가 숨어 있다.

① 열에너지를 최대한 활용하려는

② 건강에 좋은 라면을 개발하려는

③ 라면의 가격을 저렴하게 만들려는

④ 뜨거운 물의 열을 빨리 방출해 내려는

32.

> 음악 치료라고 하면 음악을 듣고 그저 조용히 감상하는 것으로 알고 있는 경우가 많다. 물론 기분이 안 좋을 때나 화가 났을 때 음악을 듣는 것은 마음을 진정 시키는 아주 좋은 방법이다. 하지만 음악 치료는 단순한 감상이 아니다. 음악 치료를 할 때 치료사는 환자와 함께 노래를 부르거나 악기를 연주하기도 한다. 노래를 만들어 부르거나 음악에 맞춰서 춤을 추는 것도 음악 치료의 한 방법이다.

① 가수나 음악가들에게 음악 치료가 필요하다.

② 음악 치료는 음악을 듣고 감상하는 방법이 가장 좋다.

③ 치료사는 환자들에게 여러 가지 방법을 통해 음악 치료를 한다.

④ 화가 났을 때는 음악을 듣는 것 보다 노래를 부르는 것이 더 좋다.

33.

> 디즈니랜드나 유니버셜 스튜디오 같은 놀이공원을 디자인하는 디자이너들이 있다. 그들은 놀이공원의 주제를 설정하고 그에 맞는 놀이 기구를 설치하며 관람객들이 편하게 움직일 수 있는 동선을 설계한다. 동선 설계는 놀이공원 디자인에서 가장 중요한 요소인데 동선을 어떻게 설계하느냐에 따라 관람객에게 설렘, 그리움, 긴장감, 편안함 등을 제공할 수 있기 때문이다. 놀이공원 입구가 작은 문으로 되어있는 것도 입장 전에 설레는 감정을 끌어올리기 위함이다.

① 놀이공원 디자인은 서로 비슷하다.

② 관람객들이 움직이는 동선은 중요하지 않다.

③ 놀이공원 입구가 작아서 관람객들은 입장이 힘들다.

④ 동선의 설계에 따라 관람객들이 느끼는 감정이 다르다.

34.

봄철에 흔히 볼 수 있는 민들레의 하얀 씨앗은 조금의 바람에도 쉽게 떨어져 날아간다. 민들레의 씨앗이 붙어 있는 둥근 공 모양의 부분을 꽃턱이라고 하는데 다른 식물들과 구별되는 모습이다. 민들레의 꽃턱이 공 모양인 이유는 무엇일까? 꽃턱의 모양은 공기의 흐름과 관계가 있다. 사각형이나 삼각형 모양보다는 둥그란 공 모양이 바람이 어느 방향에서 불건 꽃턱에 붙은 씨앗을 잘 날릴 수 있도록 설계된 것이기 때문이다.

① 공 모양 꽃턱은 작은 바람에도 씨앗을 잘 날린다.

② 민들레의 씨앗은 공 모양으로 생겨 잘 굴러다닌다.

③ 봄철에 보이는 민들레는 둥근 공 모양으로 꽃이 핀다.

④ 공 모양의 꽃턱보다 다른 모양의 꽃턱이 더 바람에 강하다.

※ **[35~38] 다음을 읽고 글의 주제로 가장 알맞은 것을 고르십시오. (각 2점)**

35.

화재가 발생하면 사람들은 공포에 사로잡혀 재빨리 대피하려고만 한다. 그러나 무조건 대피하는 것은 좋은 방법이 아니다. 아파트에 화재가 발생하면 현관문을 닫은 후 계단을 이용해 낮은 자세로 지상이나 옥상 등으로 신속히 대피해야 한다. 그러나 만약 우리 집에 연기나 불길이 들어오지 않을 때는 무조건적인 대피보다는 실내에 대기하면서 창문과 문틈 등 연기 유입 통로를 막고 안내방송에 따라 행동하는 편이 더 안전하다.

① 불이 나면 무조건 빨리 대피해아 한다.

② 화재가 발생했을 때 안내방송은 도움이 안 된다.

③ 화재 상황에 따라 대피하는 방법을 달리해야 한다.

④ 집에 연기가 들어오면 창문을 열어 환기를 해야 한다.

36.

　　연예인들의 모든 행동은 대중들의 관심거리이다. 얼마 전 유명 배우도 비밀리에 만나고 있던 연인의 개인 정보가 밝혀져 너무 많은 관심이 쏠리며 헤어지게 된 경우도 있었다. 대중들은 TV 밖에서의 연예인들의 생활도 궁금하긴 하겠지만 무차별적인 사생활 유출과 호기심은 지양되어야 할 것이다. 연예인의 사생활을 보호할 장치를 만드는 것은 현실적으로 불가능하겠지만 우리 사회에서, 대중들의 인식에서 공인의 인권을 존중해 주는 토대는 마련되어야 한다.

① 연예인들에게 관심을 가져서는 안 된다.

② 대중들은 연예인들의 인권을 존중해야 한다.

③ 개인 정보가 밝혀진 연예인들은 연인과 헤어져야 한다.

④ 사생활 유출과 호기심으로 연예인들은 더욱 인기가 많아진다.

37.

　　인터넷 사용자가 특정 웹사이트에 접속할 때 생성되는 작은 데이터 파일을 쿠키라고 한다. 수많은 기업이 사용자 선호를 분석할 수 있고, 사용자가 이전에 입력한 정보를 기억할 필요가 없는 이유 역시 쿠키 덕분이다. 하지만 이러한 쿠키는 오늘날 비난의 대상이 됐다. 개인정보를 유출하고, 사용자 동의 없이 저장되기 일쑤며, 컴퓨터 성능을 저하시키기 때문이다.

① 컴퓨터를 잘 사용하려면 쿠키를 없애야 한다.

② 쿠키는 개인정보를 유출하는 바이러스의 일종이다.

③ 쿠키를 생성하는 인터넷 웹사이트에 접속을 하면 안 된다.

④ 쿠키는 편리하다는 장점과 더불어 여러 단점도 가지고 있다.

38.

　　짧은 시간 동안 강렬한 자극을 주는 1분 내외의 짧은 영상을 숏폼이라고 한다. 숏폼을 보면 마약이나 알코올처럼 뇌를 자극해 쾌락을 느끼게 하는 신경전달물질 도파민이 분비된다. 그런데 유사한 자극이 지속되면 도파민 분비가 줄어들어 지속적인 쾌감을 느끼기 위해서는 더 강렬한 자극을 찾게 된다. 그 과정에서 중독 현상이 나타나는데, 중독을 유발하는 다른 자극과 달리 숏폼은 접근성이 높고 무한대로 이용할 수 있기 때문에 중독의 폐해가 더 심각하게 나타날 수 있다.

① 짧은 시간에 보는 영상은 도파민 분비에 효과적이다.

② 도파민 분비가 줄어들면 숏폼 중독에서 벗어나게 된다.

③ 숏폼에 중독된 사람은 마약과 알코올 중독에도 위험하다.

④ 숏폼은 강렬한 자극과 쉬운 접근성으로 쉽게 중독될 수 있다.

※ **[39~41] 주어진 문장이 들어갈 곳으로 가장 알맞은 것을 고르십시오. (각 2점)**

39.

> 보기
>
> 20년이 지난 지금 안동국제탈춤페스티벌은 한국을 대표하는 문화 관광 축제가 되었다.

　　안동은 유네스코가 세계유산으로 지정한 한국의 역사 마을로 약 800년 전부터 전승되어 오던 '하회별신굿탈놀이'가 있다. (㉠) 마을 공동체는 탈놀이로 마을의 안녕과 풍요를 기원했고, 별신굿을 통해 새로운 세상을 꿈꿨다. (㉡) 이러한 안동의 문화 자산인 하회별신굿탈놀이는 '안동국제탈춤페스티벌'로 승화되었다. (㉢) 안동의 다양한 문화 자원과 안동에서 탈과 탈춤이 가지는 문화 가치 지향점에 대한 철학을 바탕으로 1997년 안동국제탈춤페스티벌이 시작되었다. (㉣)

① ㉠　　　　　　　② ㉡　　　　　　　③ ㉢　　　　　　　④ ㉣

40.

그렇다면 졸릴 때 눈을 비비게 되는 특별한 이유라도 있는 것일까요?

   보통 하품을 하거나 눈을 비비는 것이 '졸리다'는 표시라고 합니다. 하품을 하는 이유는 뇌에 신선한 산소를 공급해 주기 위해서입니다. (㉠) 졸리기 시작하면 손과 발이 따뜻해져 오는데, 이것은 혈액을 손과 발의 피부 표면 가까이 집결시켜 혈액 속의 열을 방출시키고 체온을 떨어뜨리게 됩니다. (㉡) 이렇게 혈액이 피부에 모이는 현상이 눈 주변에서 일어나면 눈물샘 조직의 활동이 둔화되고 눈물의 생산량이 감소합니다. (㉢) 그래서 눈을 자주 깜박이게 되고 자꾸 비비고 싶어지게 되는 것입니다. (㉣)

① ㉠   ② ㉡   ③ ㉢   ④ ㉣

41.

우선 위대한 천재들이 자신의 생각을 어떻게 창작해 나갔고 익혔는지를 구체적으로 설명한다.

   이 책에서는 시대를 앞서간 천재들의 삶과 그들의 성과 속에서 인간의 가능성의 위대함을 보여주고 있다. (㉠) 이어서 창조력을 발휘하기 위한 도구로 저자는 13가지를 말하고 있다. (㉡) 그것은 바로 관찰, 형상화, 추상화, 패턴 인식, 패턴 형성, 유추, 몸으로 생각하기, 감정 이입, 차원적 사고, 모형 만들기, 놀이, 변형, 통합이다. (㉢) 이러한 도구들은 음식으로 따지면 재료와 양념으로 작용해서 이 세상에 선구적 음식물인 창조성을 만들어 왔다고 저자는 주장한다. (㉣)

① ㉠   ② ㉡   ③ ㉢   ④ ㉣

지독히도 더운 7월의 마지막 날이었다. 사람들은 연신 손부채질을 하며 얼굴을 찡그렸다. 아지랑이 뿜는 아스팔트 위에서, 삐쩍 마른 노인은 폐지가 가득 실린 낡은 리어카를 힘겹게 끌고 있었다. 노인은 전신주 아래 놓인 박스를 집어 들어, 리어카 한쪽 구석에 찔러 넣고는 다시 육중한 박스 더미를 출발시켰다. 흘러내리는 땀, 씩씩대는 숨소리와 함께 위태롭게 나아가던 리어카는 얼마 가지 않아 갓길에 멈춰 섰다. 뒤를 따르던 택시가 빠앙- 거리며 경적을 울렸다. 노인은 창문에 붙어 누가 가지고 갈까 봐 리어카를 주시하고 있었다. (중략)

"뭐 도와드릴 거 있습니까?" 청원경찰이었다. 노인은 말없이 밖으로 나가려 했지만, 친절한 청원경찰은 "물 한잔 드시고 가세요, 어르신." 하며 노인의 손을 잡아끌고, 은행으로 이어진 문을 열었다. 노인은 짧은 목례를 하고 물을 들이켰다. (중략)

노인의 이마에 식은 땀 한줄기가 흘렀다. 놀라 주위를 두리번거리다가, 가까운 버스정류장으로 뛰어가 사람들에게 소리쳤다.

<u>"누가 리어카 끌고 가는 거 못 봤소?"</u>

몇몇은 본 체도 하지 않았고, 몇몇은 작게 고개를 저었다. 구석에 앉아 쭈쭈바를 빨던 아이가 저쪽을 가리켰다.

42. 밑줄 친 부분에 나타난 '노인'의 심정으로 가장 알맞은 것을 고르십시오.

① 죄송스럽다　　　　　　　　② 불만스럽다

③ 당황스럽다　　　　　　　　④ 의심스럽다

43. 윗글의 내용으로 알 수 있는 것을 고르십시오.

① 노인은 다양한 종이를 생산하는 일을 한다.

② 리어카는 노인에게 대수로운 물건이 아니다.

③ 노인은 리어카를 가지고 간 사람을 못 봤다.

④ 은행을 이용하는 손님만 물을 마실 수 있다.

'실크로드'란 '비단길'이란 뜻으로 옛날 동방에서 서방으로 간 교역로를 의미한다. 아시아와 인도아대륙, 중앙아시아, 서아시아를 이은 교통망으로서, 세계에서 길이가 독보적으로 긴 교통망 중 하나이기도 하다. 당시 대표적인 교역물이 비단이라 그렇게 불리게 된 것이다. 이 무역로는 (   ) 교역 통로의 의미를 넘어서서 동양과 서양의 문화 교류의 창구였다는 역사적 의의를 지니고 있다. 세계 문명의 발전과 인류 사회의 진보를 촉진했다는 것에서도 그 가치를 찾을 수 있는 것이다. 최근 인주시는 실크로드를 통해서 유라시아 국가들과 교류한 고대 신라 사람들의 특유의 진취성과 포용력, 개방 정신이 지금의 인주시와 대한민국을 있게 만든 근원이라 생각하고 이를 기념해 문명 교류 전시회를 마련했다.

44. (   )에 들어갈 말로 가장 알맞은 것을 고르십시오.

① 조용하게 동물들만 오고가는

② 단순하게 물품만을 교환하는

③ 복잡하게 사람들이 지나가는

④ 자유롭게 방방곡곡을 여행하는

45. 윗글의 주제로 가장 알맞은 것을 고르십시오.

① 실크로드는 동서양의 무역 창구를 개척한 것에 가장 큰 의의가 있다.

② 비단길은 문화의 교류와 교통의 네트워크를 형성하는 계기가 되었다.

③ 실크로드는 거대한 문화 교류로써 인류 발전에 기여한 것에 가치가 있다.

④ 과거 한국인들의 비단길을 통한 무역 교류로 현재의 교통로가 발달되었다.

한 설문에 따르면 한국 국민 10명 중 8명은 대한민국이 '다문화 사회'라고 생각한다고 했다. 앞으로 다문화 국가가 될 것 같다는 응답도 77%에 달했다. 최근에는 한국에 입국하여 체류하는 외국인이 많아지면서 그들과 함께 온 아동의 수도 증가하고 있다. 이런 이주 배경 아동은 '이주'라는 경험에서 비롯된 언어 능력, 문화적 차이, 정체성 등에서 그렇지 않은 아동과는 다른 어려움을 겪는다. 이들은 특히 한국어보다 제1언어를 많이 사용하기 때문에 한국어 발달이 더디고 나아가 학교생활에도 적응하기가 힘들다. 즉, 소통의 문제가 발목을 잡고 있어서 학령기의 한국 아동들과 어울리지 못하게 되는 것이다. 이주 배경 아동의 교육은 공교육만으로 해답을 찾기에는 무리가 따른다. 인근 학교와 연계해 소통 능력을 배양하고 지역 다문화 공동체와의 협업 프로그램을 통해 문화 이해력을 높일 필요가 있다.

46. 윗글에 나타난 필자의 태도로 가장 알맞은 것을 고르십시오.

① 다문화 사회에 대한 문제를 예를 들어 설명하고 있다.

② 한국인과 이주민 사이의 갈등에 대한 원인을 분석하고 있다.

③ 이주 배경을 가진 아이들을 위한 교육 방향을 제시하고 있다.

④ 학령기 학생이 겪는 어려움에 대해 해결 방법을 제안하고 있다.

47. 윗글의 내용과 같은 것을 고르십시오.

① 이주를 한 아동과 하지 않은 아동 모두 같은 이유로 힘들어 한다.

② 한국으로 온 외국의 아동은 여러 가지의 프로그램을 배울 필요가 있다.

③ 한국에 입국하는 외국인의 수는 줄어드는 반면 아동의 입국은 늘어났다.

④ 한국이 다문화 사회라고 느끼는 사람은 응답자의 절반에 미치지 못한다.

'이미 굳어져서 쉽게 바뀌지 않는 생각'을 고정 관념이라고 한다. 사람들은 어떤 일을 하다 보면, 고정 관념이 생기기 마련이다. 그 속에 얽매이다 보면 다른 생각을 할 수 없는 지경에 이른다. 즉, (   ) 것이다. 영국의 수의사였던 던롭은 어느 날 아이의 말에 귀를 기울였다. "아빠, 이 축구공을 보세요, 아주 얇은 고무인데, 내가 올라가도 터지지 않아요." 그리고 그는 후에 공기압 타이어를 발명해 우리의 삶을 편하게 해 주었다. 또한 유명 자동차 회사를 설립한, 한 인물이 있었는데 그는 간척지 사업을 앞두고 난관에 부딪혔다. 유속이 너무나 빨라지는 곳이라서 공사가 어렵다고 모든 토목공학 박사들이 반대를 한 것이었다. 이에 그는 고철로 사용하려고 사 둔 23만 톤의 폐유조선을 끌고 와서 바다에 가라앉혔다. 그 결과, 유속이 잡히면서 방조제가 연결되고 공사비 280억 원을 절약하며 사업도 성공했다. 이처럼 발상의 전환은 문제를 해결하고 새로운 결과를 만들 수 있다.

48. 윗글을 쓴 목적으로 가장 알맞은 것을 고르십시오.

① 굳어진 생각의 위험성을 주장하려고

② 신제품의 탄생에 관한 원인을 분석하려고

③ 틀에 박힌 생각의 필요성에 대해 설명하려고

④ 참신한 아이디어가 문제를 해결할 수 있음을 알리려고

49. (   )에 들어갈 말로 가장 알맞은 것을 고르십시오.

① 업무의 가속성이 유지되는   ② 사고의 유연성이 없어지는

③ 의미의 유사성이 밝혀지는   ④ 제품의 탄력성이 증가하는

50. 윗글의 내용과 같은 것을 고르십시오.

① 공기를 넣는 타이어는 한 아이가 만든 것이다.

② 배가 바다에 가라앉아서 공사비를 낭비하게 되었다.

③ 고정된 생각은 새롭게 생각을 하지 못한다는 뜻이다.

④ 물살이 빠른 곳에서의 공사 작업은 그리 어려운 일이 아니다.

제2회 한국어능력시험 실전 모의고사

TOPIK II

| 1교시 | 듣기, 쓰기
(Listening, Writing) |

수험번호(Registration No.)		
이 름 (Name)	한국어(Korean)	
	영 어(English)	

유 의 사 항
Information

1. 시험 시작 지시가 있을 때까지 문제를 풀지 마십시오.

   Do not open the booklet until you are allowed to start.

2. 수험번호와 이름을 정확하게 적어 주십시오.

   Write your name and registration number on the answer sheet.

3. 답안지를 구기거나 훼손하지 마십시오.

   Do not fold the answer sheet; keep it clean.

4. 답안지의 이름, 수험번호 및 정답의 기입은 배부된 펜을 사용하여 주십시오.

   Use the given pen only.

5. 정답은 답안지에 정확하게 표시하여 주십시오.

   Mark your answer accurately and clearly on the answer sheet.

   Marking example ① ● ③ ④

6. 문제를 읽을 때는 소리가 나지 않도록 하십시오.

   Keep quiet while answering the questions.

7. 질문이 있을 때에는 손을 들고 감독관이 올 때까지 기다려 주십시오.

   When you have any questions, please raise your hand.

※ [1~3] 다음을 듣고 가장 알맞은 그림 또는 그래프를 고르십시오. (각 2점)

1. ① 　②

③ 　④

2. ① 　②

③ 　④

3.

①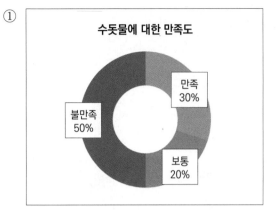

②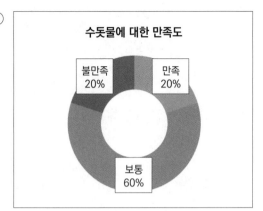

③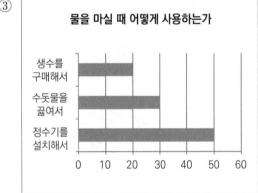

④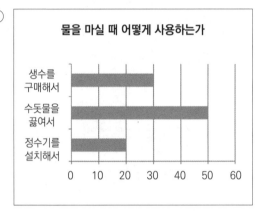

※ **[4~8] 다음을 듣고 이어질 수 있는 말로 가장 알맞은 것을 고르십시오. (각 2점)**

4. ① 네, 수요일 11시에 오시면 됩니다.

② 네, 수요일 예약을 취소해 드리겠습니다.

③ 죄송한데, 오후에는 예약이 꽉 찼습니다.

④ 죄송한데, 수요일 오전에는 진료가 없습니다.

5. ① 토요일마다 산에 가요.

② 직장 동료들하고 가요.

③ 좋아요. 같이 영화 봐요.

④ 저는 친구랑 공원에 가요.

6. ① 잘 드시고 푹 쉬면 좋아질 거예요. ② 많이 먹어서 배탈이 난 것 같아요.
   ③ 이번 주말에는 병원에 가야겠어요. ④ 밤에 잠을 못 자서 피곤한 것 같아요.

7. ① 네, 방문하시면 환불해 드리겠습니다.
   ② 네, 저희가 스웨터를 보내드리겠습니다.
   ③ 네, 영수증을 가지고 오시면 가능합니다.
   ④ 네, 1주일이 지나서 백화점에 오시면 됩니다.

8. ① 조금 맵기는 하지만 먹을 만해. ② 블로그에서 평이 좋은 곳을 찾아.
   ③ 그 집은 김치찌개가 제일 유명해. ④ 그래. 우리 지금 같이 식당에 가자.

※ **[9~12] 다음을 듣고 <u>여자</u>가 이어서 할 행동으로 가장 알맞은 것을 고르십시오. (각 2점)**

9. ① 보고서 작성을 한다. ② 회식 장소를 검색한다.
   ③ 회식 연기를 공지한다. ④ 과장님께 보고서를 전달한다.

10. ① 친구에게 물어본다. ② 이삿짐을 포장한다.
    ③ 이삿짐센터에 전화한다. ④ 포장 이사 비용을 계산한다.

11. ① 책을 대출하러 간다. ② 가방을 두고 온다.
    ③ 도서관에서 공부한다. ④ 머리 식히러 밖으로 나간다.

12. ① 현금을 준비한다. ② 선물을 사러 간다.
    ③ 친구에게 전화를 건다. ④ 친구하고 물건을 같이 산다.

13. ① 남자는 음식을 잘 챙겨 먹는다.

    ② 남자는 새로운 음식에 관심이 없다.

    ③ 여자는 본인이 먹는 음식에 만족한다.

    ④ 여자는 좋은 재료를 사서 만들어 먹는다.

14. ① 지하 주차장 공사를 시작한다.

    ② 차량은 모두 지상으로 이동해야 한다.

    ③ 이번 주 주차장 물청소는 2일간 진행한다.

    ④ 차량을 이동할 때 관리 사무소에 연락해야 한다.

15. ① 이 프로그램은 열흘간 신청자를 받는다.

    ② 국립공원에서 할인된 물건을 판매할 수 있다.

    ③ 행사 참여자는 여행 용품을 저렴하게 살 수 있다.

    ④ 국립공원 당일 여행자를 위해 만든 프로그램이다.

16. ① 남자는 호텔을 관리하는 사람으로 환경에 관심이 많다.

    ② 플라스틱으로 인한 오염이 사회 문제로 확대되지 않았다.

    ③ 남자는 일회용품 사용을 제한하는 이유에 대해 말하고 있다.

    ④ 50실보다 적은 방을 가지고 있는 호텔에 해당하는 규정이다.

17.　① 소형 카페는 어렵게 찾을수록 찾는 재미를 더한다.

　　② 소형 카페는 개인 취향의 분위기를 느낄 수 있어 좋다.

　　③ 대형 카페는 실내 인테리어가 화려하고 고급스러워서 좋다.

　　④ 대형 카페는 업무 처리의 체계성이 있어 상업적 느낌이 크다.

18.　① 마트는 오전에 가야 좋은 물건을 살 수 있다.

　　② 사람이 없는 오전에 가야 복잡하지 않아서 좋다.

　　③ 낮에는 일하고 늦은 시간에 장을 보는 것이 좋다.

　　④ 저렴한 물건 구입을 위해 폐장 시간에 가면 좋다.

19.　① 비를 맞으면 탈모에 영향을 준다.

　　② 비를 맞던 시간으로 돌아가고 싶다.

　　③ 공기 오염이 심해질 것 같아 우려가 된다.

　　④ 공기 오염으로 비가 적게 내릴까 봐 걱정이다.

20.　① 야외 활동은 혼자서 조용히 즐겨야 한다.

　　② 야외 활동은 여러 사람들과 함께 해야 한다.

　　③ 추운 날씨의 야외 활동은 건강을 이롭게 한다.

　　④ 추운 날씨에는 집 안에서 운동하는 것이 좋다.

21. 여자의 중심 생각으로 가장 알맞은 것은 고르십시오.

① 전통 한복의 디자인을 꿋꿋하게 지켜 나가야 한다.

② 한복의 장점과 인기를 젊은 세대들이 잘 알고 있다.

③ 한국 전통 옷의 의미를 깨닫고 대중화가 되면 좋겠다.

④ 한복의 실용적인 기능을 한 층 더 높여서 만들어야 한다.

22. 들은 내용과 같은 것을 고르십시오.

① 전통 한복은 요즘 젊은 사람들에게 인기가 많다.

② 생활 한복은 불편함을 줄이고 실용적으로 만들었다.

③ 생활 한복은 고유의 멋을 살릴 수 있지만 가격이 비싸다.

④ 서양 옷은 전통 한복에 비해 몸에 스트레스를 적게 준다.

23. 남자가 무엇을 하고 있는지 고르십시오.

① 케이밀크(K-MILK)의 유통 경로에 대해 소개하고 있다.

② 케이밀크(K-MILK)의 제조 과정에 대해 안내하고 있다.

③ 케이밀크(K-MILK) 인증 마크를 통해 국산 우유를 홍보하고 있다.

④ 케이밀크(K-MILK) 인증 마크의 제작 과정에 관해 설명하고 있다.

24. 들은 내용과 같은 것을 고르십시오.

① 인증 마크는 수입 우유도 한국 낙농육우협회에서 받을 수 있다.

② 인증 마크 우유는 수입 우유보다 유통 과정이 더 길어 안전하다.

③ 인증 마크 우유는 소비자에게 도달하기까지 꽤 시간이 오래 걸린다.

④ 인증 마크 도입 이유는 국산 우유의 경쟁력 강화와 우유 소비 증진이다.

25. 남자의 중심 생각으로 가장 알맞은 것을 고르십시오.

① 법은 사람의 권리를 보호해야 한다.

② 개인의 자유를 위해 경범죄 개정이 시급하다.

③ 사회 질서 유지를 위해서는 준법정신이 필요하다.

④ 법치 국가에서는 법률이 잘 시행되도록 해야 한다.

26. 들은 내용과 같은 것을 고르십시오.

① 우리 주변에서 경범죄를 찾아보기란 힘들다.

② 경범죄란 살인, 강도, 폭행 등 중대한 범죄를 말한다.

③ 사소해 보이더라도 사회 질서를 위반하면 경범죄이다.

④ 경범죄는 사회를 결속시키고 공동체에 편안함을 준다.

※ **[27~28] 다음을 듣고 물음에 답하십시오. (각 2점)**

27. 남자가 말하는 의도를 알맞은 것을 고르십시오.

① 복지병 개념에 대해 알려 주려고

② 복지병 개념의 변화를 알리기 위해

③ 복지병 해결 사례 의견을 제시하려고

④ 복지병 해결 방안 의견을 제시하려고

28. 들은 내용과 같은 것을 고르십시오.

① 복지 혜택을 받아서 취업 준비에 도움이 되었다.

② 혼자 열심히 살아가는 사람들도 복지병에 걸렸다.

③ 사회 복지에만 의지하여 살아가려는 것이 복지병이다.

④ 영국에서 시작된 복지병은 복지 정책에 좋은 영향을 주었다.

29. 남자가 누구인지 고르십시오.

① 결혼 상담가

② 뉴스 진행자

③ 사회학과 교수

④ 청소년 상담가

30. 들은 내용과 같은 것을 고르십시오.

① 결혼으로 인해 개인주의의 개념이 약해졌다.

② 이혼율 상승에 따른 사회적 조직의 변화가 필요하다.

③ 배우자를 선택할 때 신중하게 생각하고 결정해야 한다.

④ 개인의 행복보다 결혼 생활의 어려움을 극복하려는 것이 우선시 된다.

31. 남자의 중심 생각으로 알맞은 것을 고르십시오.

① 손쉽게 접근할 수 있는 책이 꾸준히 사랑받는다.

② 종이책을 볼 때는 환경에 미치는 영향도 생각해야 한다.

③ 개인의 상황과 성향에 따라 맞는 책을 사용하는 것이 좋다.

④ 전자책이든 종이책이든 꾸준히 많은 양의 독서가 필요하다.

32. 남자의 태도로 가장 알맞은 것을 고르십시오.

① 상대방의 의견에 전적으로 동의하고 있다.

② 상대방의 의견에 부족한 부분을 보충 설명하고 있다.

③ 상대방의 의견에 반박하면서 본인의 의견을 주장하고 있다.

④ 상대방의 의견에 일부 동의하면서 자신의 의견을 말하고 있다.

33. 무엇에 대한 내용인지 알맞은 것을 고르십시오.

① 초충도의 작품성

② 초충도의 상징성

③ 초충도 표현의 단순성

④ 초충도 소재의 창의성

34. 들은 내용과 같은 것을 고르십시오.

① 초충도는 자연을 세련되게 표현된 그림이다.

② 식물과 곤충을 생생하게 표현한 것이 특징이다.

③ 풀과 벌레를 소재로 상상해서 그린 작품도 있다.

④ 신사임당의 초충도는 왕의 명령을 받고 그린 작품이다.

※ [35~36] 다음을 듣고 물음에 답하십시오. (각 2점)

35. 남자가 무엇을 하고 있는지 고르십시오.

① 인격 함양을 위한 직장에서의 행동 지침을 강조하고 있다.

② 인격 함양을 위한 자아 성찰의 개념에 대해 설명하고 있다.

③ 인격 함양을 기반으로 한 지속적인 기술 연구를 요청하고 있다.

④ 인격 함양을 기반으로 한 사회적 신분 상승에 대해 말하고 있다.

36. 들은 내용과 같은 것을 고르십시오.

① 업무의 실적은 인격 함양에 기반을 두고 있다.

② 조직에서는 인격적 성장보다 업무의 실적이 중요하다.

③ 직장에서 긍정적인 태도와 조직 문화의 관계는 무관하다.

④ 인격 함양을 완벽히 갖춘 사람에 한하여 입사가 가능하다.

37. 여자의 중심 생각으로 가장 알맞은 것을 고르십시오.

① 표준화된 시험지 개발에 힘써야 한다.

② 시험 대비 사전 학습을 강화해야 한다.

③ 입시 제도의 근본적인 개혁이 필요하다.

④ 교육의 본질적인 문제가 다양하게 존재한다.

38. 들은 내용과 같은 것을 고르십시오.

① 현 입시 제도는 재능과 창의성 평가 방법을 강화하고 있다.

② 현 입시 제도로 인해 수험생들은 지나친 경쟁 시대에 살고 있다.

③ 현 입시 제도의 표준화된 시험지는 높은 평가 기준을 담고 있다.

④ 현 입시 제도로 인해 사교육의 격차가 점점 완화되어 가고 있다.

39. 이 대화 전의 내용으로 가장 알맞은 것을 고르십시오.

① 가축 분뇨를 재생 에너지로 사용 가능하다.

② 가축 분뇨가 환경 오염에 악영향을 미치고 있다.

③ 가축 분뇨는 정부에서 지속적인 관리가 필요하다.

④ 가축 분뇨 재활용은 환경 오염 해결에 도움이 된다.

40. 들은 내용과 같은 것을 고르십시오.

① 축산 농가의 경영 안정을 위해 축산 규모를 확대해야 한다.

② 환경 오염의 큰 요인이 가축의 분뇨였다는 것을 알고 있었다.

③ 가축의 분뇨는 기술을 적용시켜 농업 비료로 재활용할 수 있다.

④ 가축의 분뇨 처리 과정이 복잡하여 오염 농도 저감 조치가 불가능하다.

41.　이 강연의 중심 내용으로 가장 알맞은 것을 고르십시오.

　　① 산과 물이 공존하는 명당을 개발해야 한다.

　　② 현대의 풍수지리학의 개념을 재해석해야 한다.

　　③ 명당의 자연 긍정적 에너지는 우리 인생에 도움을 준다.

　　④ 풍수지리학에 입각해서 최적의 장소에 집을 지어야 한다.

42.　들은 내용과 같은 것을 고르십시오.

　　① 좋은 흙을 가지고 있는 땅을 명당이라 일컫는다.

　　② 명당이란 자연의 기운을 최소한으로 활용하는 곳이다.

　　③ 명당은 여러 조건 중 한 가지 조건만 충족이 되어도 된다.

　　④ 자연 환경의 기운을 최적으로 활용할 수 있는 곳이 명당이다.

※　**[43~44] 다음을 듣고 물음에 답하십시오. (각 2점)**

43.　무엇에 대한 내용인지 알맞은 것을 고르십시오.

　　① 기후 위기가 미칠 영향력

　　② 이상 기후의 위기와 대처 방안

　　③ 기후 위기 대응 및 산업 경쟁력

　　④ 이상 기후로 인한 피해 상황 보고

44.　지구의 곳곳에서 극단적인 날씨 현상이 나타나는 이유로 맞는 것을 고르십시오.

　　① 태양광 사용의 증가로 인해서

　　② 화석 에너지 사용 증대로 인해서

　　③ 재생 에너지 사용 확대로 인해서

　　④ 에너지 효율에 대한 관심 증가로 인해서

45. 들은 내용과 같은 것을 고르십시오.

① 수막새와 암막새는 실용성보다 장식적인 역할이 크다.

② 수막새와 암막새는 우아함과 실용성을 증진하는 요소이다.

③ 암막새는 지붕 끝에서 물이 새는 것을 방지하는 역할을 한다.

④ 수막새는 비가 내릴 때 지붕의 물 흐름을 조절하는 기능을 한다.

46. 여자가 말하는 방식으로 알맞은 것을 고르십시오.

① 글의 소재에 대한 변천 과정을 나열하고 있다.

② 조사 결과를 근거로 해결 방법을 제시하고 있다.

③ 사실과 근거를 바탕으로 자신의 견해를 제시하고 있다.

④ 다른 사람의 의견을 예로 들어 자세히 설명하고 있다.

※ [47~48] 다음을 듣고 물음에 답하십시오. (각 2점)

47. 들은 내용과 같은 것을 고르십시오.

① 변화하는 사회 현상에 유연하게 대응해야 한다.

② 새 기술 습득보다는 기존의 기술을 연마해야 한다.

③ 개인의 강점 파악보다 단점을 강화하는 것이 중요하다.

④ 전문성을 높이는 것보다는 다양한 경험을 쌓는 것이 중요하다.

48. 남자의 태도로 알맞은 것을 고르십시오.

① 개인 역량의 강화 방법과 방향성을 설명하고 있다.

② 네트워킹 활용이 개인 역량에 끼치는 영향을 우려하고 있다.

③ 자신의 강점과 관심사를 파악하는 방법에 대해 제시하고 있다.

④ 경쟁 사회에서 개인 역량을 강화해야 하는 이유에 대해 설명하고 있다.

49. 들은 내용과 같은 것을 고르십시오.

① 향신료는 전 세계적으로 문화적 교류의 큰 매개체 역할을 했다.

② 고대 로마 시대부터 현대까지 음식 문화의 발전은 진전이 없었다.

③ 향신료는 처음에 음식의 풍미를 더하는 기능으로만 사용이 되었다.

④ 고대 로마 시대 사람들에게 후추와 계피는 실용품으로 사용되었다.

50. 남자의 태도로 알맞은 것을 고르십시오.

① 향신료가 음식의 맛에 주는 효능에 대해 밝히고 있다.

② 향신료의 성분을 과학적으로 분석해서 증명하고 있다.

③ 향신료가 치료 목적에 사용된 사례를 들어 설명하고 있다.

④ 향신료의 변천사와 현대에 끼친 영향에 대해 밝히고 있다.

※ **[51~52] 다음 글의 ㉠과 ㉡에 알맞은 말을 각각 쓰시오. (각 10점)**

51.

보고 싶은 선생님께

조 선생님께

선생님 올 한 해 동안 잘 지내셨습니까?

작년에 졸업을 했으니까 학교를 졸업한 지 벌써 (㉠   ).

학교에 일이 있어서 다음 주 수요일에 (㉡   ).

선생님, 혹시 시간이 괜찮으시면 함께 점심을 하고 싶습니다.

시간이 어떠신지 답변 부탁드립니다.

김민수 올림

㉠ : _____

㉡ : _____

52.

　　사람은 누구나 실수를 한다. 특히 어떤 일을 처음 할 때는 (㉠   ). 실수를 두려워한다면 우리는 아무것도 할 수 없다. 우리는 실수를 통해 자신의 잘못을 인정하고 실수로 인한 실패를 인정하고, 그 아픔 속에서 새로운 것을 알게 된다. 이러한 과정을 통해 얻은 교훈과 성장은 개인의 발전과 성공으로 이어질 수 있다. 그러므로 (㉡   ).

㉠ : _____

㉡ : _____

53. 다음은 '어떤 반려동물을 키우고 있는가?'에 대한 자료이다. 이 내용을 200~300자의 글로 쓰시오. 단, 글의 제목은 쓰지 마시오. (30점)

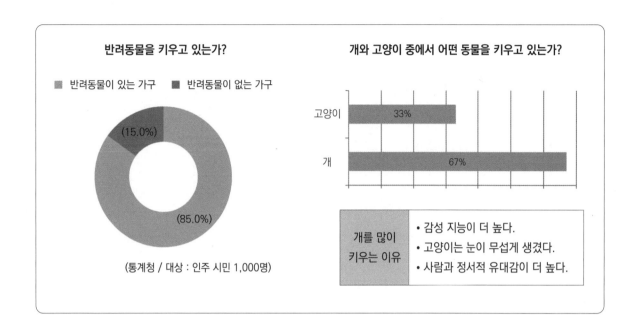

54. 다음을 참고하여 600~700자로 글을 쓰시오. 단, 글의 제목은 쓰지 마시오. (50점)

> 경청은 상호 이해와 존중의 기반으로 인간관계에서 매우 중요한 역할을 합니다. 아래의 내용으로 경청의 중요성과 효과 그리고 바른 자세에 대한 자신의 생각을 쓰십시오.

- 경청은 인간관계에서 왜 중요합니까?
- 경청을 잘 하면 어떤 효과가 있습니까?
- 경청하는 바른 자세에 대해 쓰십시오.

＊ 원고지 쓰기의 예

	저	는		음	악	을		자	주		듣	는		편	이	에	요	.	글	을		쓸		땐
재	즈	,	클	래	식		등	을		듣	습	니	다	.										

제1교시 듣기, 쓰기 시험이 끝났습니다. 제2교시는 읽기 시험입니다.

제2회 한국어능력시험 실전 모의고사

TOPIK II

| 2교시 | 읽기 (Reading) |

수험번호(Registration No.)		
이 름 (Name)	한국어(Korean)	
	영 어(English)	

유 의 사 항
Information

1. 시험 시작 지시가 있을 때까지 문제를 풀지 마십시오.

   Do not open the booklet until you are allowed to start.

2. 수험번호와 이름을 정확하게 적어 주십시오.

   Write your name and registration number on the answer sheet.

3. 답안지를 구기거나 훼손하지 마십시오.

   Do not fold the answer sheet; keep it clean.

4. 답안지의 이름, 수험번호 및 정답의 기입은 배부된 펜을 사용하여 주십시오.

   Use the given pen only.

5. 정답은 답안지에 정확하게 표시하여 주십시오.

   Mark your answer accurately and clearly on the answer sheet.

   Marking example

6. 문제를 읽을 때는 소리가 나지 않도록 하십시오.

   Keep quiet while answering the questions.

7. 질문이 있을 때에는 손을 들고 감독관이 올 때까지 기다려 주십시오.

   When you have any questions, please raise your hand.

TOPIK Ⅱ 읽기 (1번~50번)

※ [1~2] (　　　)에 들어갈 말로 가장 알맞은 것을 고르십시오. (각 2점)

1. 나는 아침마다 음악을 (　　　　) 운동을 한다.

① 들으니까　　　　② 들으면서　　　　③ 들으므로　　　　④ 들으려면

2. 와! 이 치즈 케이크 정말 (　　　　).

① 맛있어야 해요　　　　　　　　② 맛있어 보여요

③ 맛있으면 돼요　　　　　　　　④ 맛있는지 몰라요

※ [3~4] 밑줄 친 부분과 의미가 가장 비슷한 것을 고르십시오. (각 2점)

3. 한국어를 빨리 <u>배우고 싶으면</u> 한국 친구와 이야기를 많이 하세요.

① 배우고 싶어서　　② 배우고 싶더니　　③ 배우고 싶길래　　④ 배우고 싶거든

4. 아무리 돈이 <u>많다고 하더라도</u> 건강을 잃으면 아무 소용이 없다.

① 많은 나머지　　② 많은 바람에　　③ 많다고 해서　　④ 많다고 해도

뽀송뽀송

세균 걱정 없이 건강하게
기다릴 필요 없이 빠르게

빨래~ 널지 말고 말리세요~

5. ① 건조기　　② 세탁기　　③ 냉장고　　④ 에어컨

예술의 전당 개관 36주년 기념 공연

백조의 호수 국립발레단

2025. 5. 5(화)~5. 10(일)
단, 6일간의 앙코르공연
문의 : 530-5555

6. ① 공연 예약　　② 공연 정보　　③ 공연 장소　　④ 공연 시간

**무심코 버리는 일회용품
소화시키는 데 100년?**

7. ① 전기 절약　　② 건강 관리　　③ 환경 보호　　④ 봉사 활동

- 안전핀을 뽑는다.
- 바람을 등지고 '불' 쪽으로 노즐을 잡는다.
- 손잡이를 세게 잡고 뿌린다.

8. ① 화재 예방　　② 주의 사항　　③ 사용 방법　　④ 구입 방법

9.

평생학습실 청소 관련 안내

평생학습실의 깨끗한 강의 환경을 위하여
1월 30일(목) 청소를 할 예정입니다.
이로 인해 소음이 발생할 수 있으니 양해 바랍니다.

※ 기간 : 1월 30일 (목) 낮 9시~12시   ※ 문의 : 02) 530-1111

※ 상기 일정은 작업 상황에 따라 변경될 수 있습니다.

① 작업 일정은 바뀔 수 있다.

② 전화 문의는 가능하지 않다.

③ 청소는 1월 30일 오후에 한다.

④ 건물이 오래되어 공사를 할 것이다.

10.

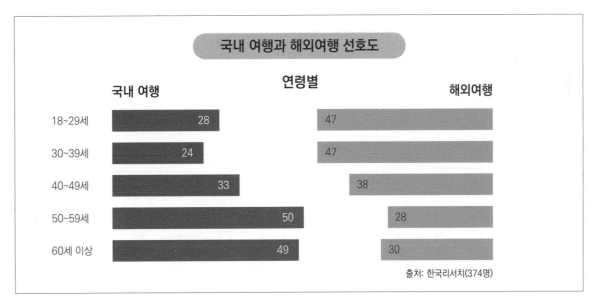

① 해외여행 선호도는 20·30대가 가장 낮다.

② 40대가 50대보다 국내 여행을 더 선호한다.

③ 50대 못지않게 60대도 국내 여행을 선호한다.

④ 국내 여행 선호도는 30대가 50대보다 약 2배 높다.

11.

> 매년 4월에 아산 지역에서 이순신 축제가 열린다. 이순신을 테마로 시민과 관광객이 함께 참여하여 어울리고 즐기는 거리 퍼레이드 행사가 있으며 그 외에도 축하 공연, 불꽃 쇼 등이 있다. 다양한 문화 행사를 통해 볼거리와 즐길 거리를 제공하며 이순신 장군의 정신을 배우고 이어가고자 열리는 축제이다.

① 이 축제는 올해 처음으로 열린다.

② 이 행사는 시민 참여형 문화 관광 축제이다.

③ 축제 기간 동안 이순신 장군 옷을 입어 볼 수 있다.

④ 축제 장소에 참석한 시민들에게 먹을거리를 무료로 제공한다.

12.

> 한식 연구원이 해외 현지인 5천 명을 대상으로 외국인에게 가장 인기 있는 한식 메뉴와 만족도를 조사했다. 한식 만족도는 최근 5년 동안 85% 이상의 수준을 유지했다. 최근 1년간 자주 먹은 한식은 한국식 치킨(30%), 김치(29%), 라면(28%) 등이 뒤를 이었다. 선호하는 한식은 한국식 치킨(30%), 라면(15%), 김치(10%) 순으로 꼽혔다.

① 외국인은 치킨보다 김치를 더 자주 먹었다.

② 김치가 가장 선호하는 한식으로 인기가 많다.

③ 한식의 만족도는 5년 사이에 갑자기 증가했다.

④ 해외에 거주하는 외국인을 대상으로 조사하였다.

13.

> (가) 그래서 그 쇼핑몰에 전화해서 환불을 요청했다.
> (나) 배송 기간이 2일 걸린다고 했는데 상품이 일주일이 지나서야 도착했다.
> (다) 한 달 전에 온라인 쇼핑몰에서 여행용 가방을 주문했다.
> (라) 기분이 나쁜 상태에서 제품을 열어 봤는데 내가 주문한 제품과 달랐다.

① (나) - (다) - (라) - (가) 　　② (다) - (나) - (라) - (가)
③ (나) - (라) - (가) - (다) 　　④ (다) - (라) - (나) - (가)

14.

> (가) 반대로 부드러운 음식은 흰쌀이나 밀가루 같은 부드러운 것만이 아닌 각종 첨가물을 넣어 가공한 음식을 뜻한다.
> (나) 거친 음식이란 가공을 하지 않은 자연 그대로의 음식을 말한다.
> (다) 이것은 씹기에 편하고 소화도 빨리 되지만 각종 성인병의 원인이 된다.
> (라) 예를 들면 자연에서 난 채소, 감자, 콩류 등이 있다.

① (나) - (라) - (가) - (다) 　　② (가) - (나) - (다) - (라)
③ (나) - (가) - (라) - (다) 　　④ (가) - (라) - (나) - (다)

15.

> (가) 몸의 온도가 내려갈 수 있게 가벼운 운동을 하고 마무리한다.
> (나) 운동을 처음 시작하는 초보자를 위한 운동 요령을 제시하고자 한다.
> (다) 다음은 근육 운동으로 가슴, 등 순서로 기구를 이용해서 운동한다.
> (라) 우선 10~15분 정도 체온이 약간 상승할 정도로 빠른 걷기를 한다.

① (나) - (다) - (가) - (라) 　　② (가) - (나) - (라) - (다)
③ (나) - (라) - (다) - (가) 　　④ (가) - (라) - (다) - (나)

16.

남대문 시장은 지금으로부터 약 600년 전인 조선 시대에 처음 생겼다. 서울의 사대문 가운데 하나인 남대문 옆이라 ( ) 조건이었다. 지금도 하루 30만 명이 찾고 있으며 1년 365일 하루도 빠짐없이 낮이나 밤이나 오가는 사람들로 바쁘다.

① 사람이 별로 없는   ② 시장이 생기기 어려운

③ 사람이 모이지 않는   ④ 시장이 생기기에 좋은

17.

"일만 알고 휴식을 모르는 사람은 브레이크 없는 자동차와 같다"고 한다. 일만 하면 ( ) 는 말이다. 우리는 '쉬는 것'을 아무것도 하지 않거나 아무 생각도 안 하는 것으로 생각한다. 하지만 성공한 사람은 쉬는 시간이 준비의 시간이었음을 보여준다. 우리는 종종 휴식의 중요성을 잊을 때가 있다. 하지만 잘 쉬는 것도 일을 잘하는 것이라는 말처럼 잘 쉬는 방법을 찾아야 한다.

① 반드시 성공한다   ② 아주 빠르게 달린다

③ 부작용이 생길 수 있다   ④ 일을 더 하고 싶어진다

18.

요즘의 여행 유형은 크게 맞춤 여행과 개별 여행으로 나뉜다. 맞춤 여행은 여행자가 코스를 선택하면 여행사가 예약은 물론 여행지 안내 서비스까지 제공한다. 이에 반해 개별 여행은 자율성이 보장되는 배낭여행 형태이다. 자신이 원하는 시간에 언제든지 떠날 수 있는 것이 장점이지만 ( ) 여행이므로 준비 단계부터 이것저것 알아봐야 할 게 많다.

① 혼자 계획해야 하는   ② 혼자 발명해야 하는

③ 여럿이 개발해야 하는   ④ 여럿이 개선해야 하는

현대인은 잠잘 시간도 없이 바쁘게 생활한다. 그렇다면 (   ) 얼마나 자야 할까? 적절한 수면 시간은 개인에 따라 다르다. 일반적으로 성인은 8시간의 수면이 적당하고, 청소년은 9시간, 어린이는 11시간의 수면이 이상적이다. 그러나 아무리 많이 자도 피로가 풀리지 않고 피곤한 경우가 많다. 즉 수면 시간의 길이와 피로 해소 정도가 비례하지는 않는다는 것이다. 그러므로 개인의 생활 습관과 건강 상태를 고려하여 자신에게 맞는 수면 시간을 찾는 것이 중요하다.

19. (   )에 들어갈 말로 가장 알맞은 것을 고르십시오.

① 차라리   ② 무심코   ③ 아무리   ④ 도대체

20. 윗글의 주제로 가장 알맞은 것을 고르십시오.

① 짧은 수면 시간은 건강에 아주 해롭다.

② 개인별 적절한 수면 시간 확보가 필요하다.

③ 부족한 수면은 신체적·정신적 문제를 일으킨다.

④ 좋은 수면 습관은 건강을 유지하는 데 중요하다.

> 1926년 11월 4일은 한글 점자 '훈맹정음'을 발표한 날이다. 2010년 기준으로 한국의 시각장애인은 약 25만 명이며 매년 1만 명씩 증가하고 있지만 점자책 보급과 낭독 서비스는 부족하다. 시각장애인들은 읽고 싶은 책을 구하기가 (   )라고 한다. 한편, 점자 독자는 전체의 10%에 불과하고 39개 점자 도서관 중 3개가 경영난으로 폐쇄된 실정이다. 이러한 상황으로 보아 점자 도서관의 필요성과 재정 문제에 대한 관심이 요구된다.

21. (   )에 들어갈 말로 가장 알맞은 것을 고르십시오.

① 누워서 떡 먹기

② 쇠귀에 경 읽기

③ 하늘의 별 따기

④ 우물 안 개구리

22. 윗글의 내용과 같은 것을 고르십시오.

① 점자 도서를 읽는 사람은 50% 이상이다.

② 점자를 읽는 시각 장애인 수가 매년 감소한다.

③ 점자 도서관 수가 재정난으로 인해 줄어들고 있다.

④ 점자 도서관의 중요성에 대해 인식이 커지고 있다.

> 흔히 보지도 못하고 이름도 모르는 그 조그맣고 예쁜 풀꽃이, 도회지에서 자라난 처녀에게는 어떻게 신기하고 귀엽게 보였는지 모릅니다. 더구나 처녀는 어렸을 때부터 화초를 좋아하던 터라, 지금 본 그 어여쁜 꽃을 그냥 그대로 물에 떠내려가게 둘 수는 없었습니다. 그래서, "아이고, 저 꽃을 잡았으면 …."하고 안타까워하였습니다. 좋아하는 처녀가 꽃을 잡아 가지려고 하는 것을 보고 기사는 그냥 그 꽃을 잡으려고 강물로 텀벙 뛰어 들어갔습니다. 물속으로 한 걸음 한 걸음 꽃을 잡으려고 들어가서 기어코 그 파란 풀꽃을 잡아들었습니다. 강가에 서있는 처녀는 그 꽃 잡은 것을 보고 기쁘게 여겼습니다. 그러나 큰일이 생겼습니다. <u>기사는 그 꽃을 잡기는 잡았으나, 입고 있던 갑옷이 무거워서 물속으로 점점 가라앉았습니다.</u> 얼른 다시 나오려고 돌아서려고 아무리 애를 썼으나, 갑옷에 싸인 무거운 몸을 어쩌지 못하고 그대로 물속에 가라앉게 되었습니다. 물가에서 이 광경을 본 처녀는 놀래서, 소리를 질러 구원을 청하였으나 원래 인적 없는 적적한 곳이라, 어느 누구도 그 소리를 듣고 올 사람이 없었습니다.

23. 밑줄 친 부분에 나타난 '기사'의 심정으로 가장 알맞은 것을 고르십시오.

① 당황하다

② 안타깝다

③ 허전하다

④ 미안하다

24. 윗글의 내용과 같은 것을 고르십시오.

① 기사는 갑옷이 무거운 탓에 물속에서 나오지 못했다.

② 처녀는 도회지에서 자라서 풀꽃을 자주 볼 수 있었다.

③ 기사는 물속으로 들어가서 풀꽃을 잡으려 했으나 놓쳤다.

④ 처녀는 기사가 물속에 가라앉는 광경을 보고 말 한마디 못했다.

25.

쓰레기 매립지 10만 평 들판이 꽃 만개...'가을꽃의 향연'

① 가을 들판에 악취와 쓰레기가 가득하다.

② 악취와 쓰레기로 주민들이 초상 분위기이다.

③ 가을철에 쓰레기를 묻어 놓은 땅에 만 송이 꽃을 심었다.

④ 쓰레기를 묻어 놓은 땅에 꽃이 활짝 피어 축제 분위기다.

26.

판매 저조했던 석유난로 매출 폭등..캠핑용품이 뜬다

① 캠핑족이 사용하던 난로가 폭발했다.

② 석유난로보다 전기난로 사용이 안전하다.

③ 캠핑족 사이에서 석유난로가 인기를 끈다.

④ 석유난로 폭발로 인해 캠핑용 난로가 사라졌다.

27.

○○ 주가 고공행진 숨은 보물, 나만 왜 몰랐나

① ○○의 판매량이 급삼하는 것을 나만 알고 있다.

② ○○의 인지도가 하늘로 치솟는데 나만 알고 있었다.

③ ○○의 주식 가격이 연일 상승하는데 나만 모르고 있었다.

④ ○○의 주식 가격이 연일 하락세인데 나만 모르고 있었다.

28.

나비효과란 작은 변화가 큰 결과를 가져올 수 있음을 의미하는 말이다. 건강도 이처럼 가벼운 스트레스와 나쁜 습관이 큰 악영향을 줄 수 있다. 따라서 ( ) 건강을 해치는 요소를 피하고 개선해야 한다. 그러면 삶이 건강하고 활기차게 변화하는 것은 물론 행복한 삶을 누릴 수 있을 것이다.

① 복잡한 행동에서

② 추측이 불가능하고

③ 다양한 건강 상식이라도

④ 사소한 생활 습관이라도

29.

독서 방법은 다양한 분야를 폭넓게 읽는 것과 특정 주제를 깊게 읽는 것으로 나뉜다. 전자는 여러 분야의 책을 두루 읽어 관심 분야를 계속 넓혀 가는 독서 방법이다. 후자는 한 주제와 관련된 책을 여러 권 읽으면서 참신하고 다양한 아이디어를 창출해 내는 방법이다. ( ) 두 가지 방법을 모두 사용하는 것이 좋다.

① 독서의 의미를 파악하기 위해서는

② 독서의 효과를 극대화하기 위해서는

③ 여러 위치에서 독서를 하기 위해서는

④ 글의 내용과 형식을 구분하기 위해서는

30.

　　스트레스 관리의 기본은 자신만의 스트레스 해소법을 찾는 데 있다. 스트레스를 받았을 때 즉각 해소할 수 있는 자신만의 방법을 찾는 것이 중요하다. 심호흡하면서 명상하거나 좋아하는 음악을 듣는 것도 좋다. 그렇지만 부정적인 삶의 태도를 긍정적으로 변화시키는 것이 가장 중요하다. (　　　　)는 우리 몸의 면역력을 높인다는 연구 결과도 있다.

① 스트레스에 무관심한 태도

② 삶을 긍정적으로 보는 태도

③ 부정적 삶을 변화시키려는 태도

④ 스트레스 해소법을 찾으려는 태도

31.

　　키를 키우기 위해서는 맞춤 운동을 생활화하여야 한다. 즉 단조로운 걷기, 자전거 타기 같은 규칙적인 활동들을 그 사람의 신체 기능에 맞추어 반복적으로 실시하는 것이다. 맞춤 운동은 개인의 건강 상태와 체력 수준에 알맞게 안전한 운동을 하면서도 (　　　　). 왜냐하면 너무 강한 운동은 신체에 무리한 부담을 주고 성장판에도 손상을 일으킬 수 있기 때문이다.

① 효과를 저하 시켜야 한다

② 운동량이 감소되어야 한다

③ 몸에 무리가 가지 않아야 한다

④ 강도를 쉽게 조절할 수 없어야 한다

32.

> 동물에 관한 잘못된 속설 중의 하나가 '금붕어의 기억력은 단 3초밖에 되지 않는다.'는 것이다. 과거 연구에 따르면 금붕어의 기억력은 5개월까지도 지속될 수 있다고 한다. 예를 들어 금붕어는 먹이를 얻기 위해 특정한 행동을 수행하는 방법을 배울 수 있으며 이러한 학습된 행동을 장기간 기억할 수 있다는 것이다.

① 금붕어는 학습 수행을 위한 훈련이 되지 않는다.

② 금붕어는 학습된 정보를 오래 인식하고 기억할 수 있다.

③ 속설에 의하면 금붕어는 높은 지능을 가지고 있다고 한다.

④ 속설에서 말하는 것보다 금붕어의 기억력은 훨씬 좋지 않다.

33.

> 향수는 사람들이 자신을 표현하기 위해 사용된다. 향의 확산은 향수가 피부에 뿌려졌을 때 향기 분자가 공기 중으로 퍼져 나가는 과정을 말한다. 이 현상은 주로 향료 분자의 휘발성과 인체에서 발생하는 열에 의해 주도된다. 향수 분자가 피부에 닿으면 인체의 체온에 의해 분자들이 증발하게 된다. 이 증발 과정에서 향료 분자는 공기 중으로 퍼지고 주변 사람들이 향기를 감지할 수 있게 된다.

① 향은 온도가 낮으면 낮을수록 더 멀리 퍼진다.

② 향은 병 안에 있을 때 확산 현상이 두드러진다.

③ 향수는 인체의 열에 의해 더욱더 활발하게 확산된다.

④ 향수는 기분 개선과 스트레스 해소를 위해 사용한다.

34.

신문고는 조선 시대에 백성이 불의나 억울함을 왕이나 정부에 직접 호소할 수 있는 제도였다. 신문고의 뜻은 '호소를 듣는 북'으로 궁궐이나 관아 앞에 실제로 북을 설치하여 누구나 쉽게 접근할 수 있도록 했다. 백성이 북을 치면 관리가 호소를 듣고 상급 기관에 전달해 문제 해결을 했다. 이 제도는 백성들의 목소리에 귀 기울여 민원을 해결할 기회를 만들고 정의와 공정성을 실현하기 위한 것이었다.

① 신문고를 치면서 본인의 고충을 크게 이야기한다.

② 신문고는 상급 기관에서 허락 받은 사람만 칠 수 있다.

③ 신문고는 불편함이나 어려운 일을 해결하는 데 이용되었다.

④ 신문고는 집안의 경사를 다른 사람에게 전하고 싶을 때 사용한다.

※ **[35~38] 다음을 읽고 글의 주제로 가장 알맞은 것을 고르십시오. (각 2점)**

35.

인천국제공항은 서비스 향상과 운영 효율성 증대를 위해 스마트 로봇을 도입하고 있다. 이 로봇들은 정보 제공, 안내, 청소 등 여러 역할을 한다. 이러한 스마트 로봇들은 인공지능(AI), 센서, 카메라 시스템 등을 활용하여 자율주행을 한다. 인천국제공항의 스마트 로봇 도입은 공항이 어떻게 최신 기술을 활용하여 혁신을 추구하고 있는지를 보여주는 좋은 예시 중 하나이다.

① 로봇은 공항에서 다양한 역할을 하지 못하고 있다.

② 공항의 로봇 도입은 혁신 성장 성공 사례로 평가받고 있다.

③ 공항에서 자율 주행하는 스마트 로봇 배치는 필수로 해야 한다.

④ 다양한 로봇 서비스에도 불구하고 고객 만족도는 개선되지 않았다.

36.

　　한국인에게 밥은 특별하다. '밥이 보약' 등의 속담이 말해 주듯 밥은 몸을 살리는 귀중한 음식이다. 큰 밥그릇에 밥을 가득 퍼 담고 산이 높게 솟아있는 것과 같이 수북하게 쌓은 게 고봉밥이다. 고봉밥은 단순히 많은 양의 밥을 의미하는 것이 아니라 그 속에 더 깊은 뜻을 담고 있다. 이는 가족 구성원이나 손님을 대접하는 넉넉한 마음과 풍요로움을 표현하는 방법 중 하나이다.

① 고봉밥에는 인심과 다정함이 담겨 있다.

② 약 대신 치료의 의미로 고봉밥을 먹는다.

③ 특별한 손님이 올 때만 고봉밥을 대접한다.

④ 고봉밥은 밥이 적당히 담긴 그릇을 가리킨다.

37.

　　밝기가 충분하지 않은 환경에서 책을 읽는 것은 눈의 피로에 큰 영향을 줄 수 있지만 시력 저하로 이어지지는 않는다. 이때 생기는 눈의 피로는 일시적인 현상으로 충분한 휴식을 통해 회복이 가능하다. 반면 어두운 곳에서 스마트폰이나 다른 전자 기기를 장시간 사용하면 망막 세포에 손상을 주기 때문에 시력 저하를 유발할 수 있다. 따라서 전자 기기를 사용할 때는 적절한 밝기 조절과 휴식을 통해 눈을 보호하는 것이 중요하다.

① 조명 밝기는 적당하게 조절해야 눈 건강에 좋다.

② 충분히 밝지 않은 조명과 눈의 피로는 상관없다.

③ 눈의 피로는 장기적인 현상으로 치료가 필요하다.

④ 눈 건강 악화를 막기 위해 실내조명은 어둡게 한다.

38.

로마 시대 군인들은 화폐를 대신해서 월급으로 소금을 받았다고 한다. 샐러리맨(salaryman)의 어원은 소금을 뜻하는 'sal'에서 왔는데 월급을 의미하는 라틴어 'salarium'에서 유래했다. 음식을 오랫동안 보관하기 위해서 소금은 백금(white gold)이라 부를 정도로 귀했다. 이렇듯 화폐가 나오기 전이나 금이 귀했던 시절에는 소금이 화폐의 역할을 대신했다.

① 소금은 음식을 저장하는 데 유용하다.

② 백금은 소금보다 훨씬 귀한 대접을 받았다.

③ 로마 시대 군인은 월급으로 금으로 받았다.

④ 로마 시대 소금은 화폐 그 이상의 가치가 있다.

※ **[39~41] 주어진 문장이 들어갈 곳으로 가장 알맞은 것을 고르십시오 (각 2점)**

39.

혈관의 총길이는 약 10만㎞로 지구 두 바퀴 반이나 돌 만큼 길다.

혈액은 우리 몸을 순환하며 몸 구석구석까지 영양분과 산소를 운반하는 역할을 한다. (㉠) 혈액은 이 길이를 1분 이내로 돌아서 심장으로 복귀한다. (㉡) 혈관은 파이프와 같은 빈 관인데, 혈관을 제대로 관리하지 않으면 여기에 기름기가 낀다. (㉢) 혈관 속에 흐르는 혈액에 해로운 콜레스테롤이 많아지면 혈관 건강에 나쁜 영향을 미친다. (㉣) 만약 심장으로 가는 혈관에 나쁜 콜레스테롤이 쌓이게 되면 혈관이 좁아져서 큰 문제를 일으킬 수 있다.

① ㉠   ② ㉡   ③ ㉢   ④ ㉣

40.

> 채소가 드문 겨울에 김치는 최고의 먹을거리였다.

> 김장 배추는 여름에 파종을 해서 늦가을에 수확한다. (㉠) 이 배추는 썰지 않고 통째로 절여 만들기 때문에 통배추라고 부른다. (㉡) 우리 밥상에서 빼놓을 수 없는 김치와 비슷한 게 삼국시대에도 있었다. (㉢) 처음엔 그냥 배추를 소금에 절여 먹다가 18세기에 이르러 지금처럼 빨갛게 담가 먹기 시작했다고 한다. (㉣) 그렇기 때문에 김치 맛을 겨우내 싱싱하게 보존해야 했고, 그 방법으로 땅속에 항아리를 묻었던 우리 조상들의 지혜를 엿볼 수 있다.

① ㉠   ② ㉡   ③ ㉢   ④ ㉣

41.

> '착한 사마리아인의 법'은 다양한 상황에서 적용된다.

> '착한 사마리아인의 법'은 위급한 상황에서 타인을 돕다가 발생할 수 있는 법적 책임을 면제해 주는 법이다. (㉠) 이 법은 사람들이 위험에 처한 타인을 도울 때 법적 책임을 두려워하지 않고 도움을 줄 수 있도록 고안되었다. (㉡) 예를 들면, 교통사고 현장에서 부상자를 구하려고 할 때나 갑작스럽게 심장이 멈춰서 쓰러진 사람에게 심폐 소생술을 시도할 때 또는 화재 현장에서 다른 사람을 구조하는 경우 등이다. (㉢) 이러한 상황에서 도움을 주려고 하다가 피해를 발생시킬 경우 '착한 사마리아인의 법'은 그들이 선의로 행동했음을 인정하여 법적 책임을 면제해 준다. (㉣)

① ㉠   ② ㉡   ③ ㉢   ④ ㉣

> 왕자님은, "제비야!"하고, 부르고는 다시, "나는 이렇게 금과 보석에 싸여 있지만…. 저어기 보이는 저 골목 구석에 다 쓰러져가는 오막살이가 있는데 그 집들 창문이 열려 있어서, 그 속에 아낙네가 혼자 바느질을 하고 있는 게 보인다. 그리고, 그 옆에는 조그만 여자 아이가 병이 나서 앓아 드러누웠는데 그 애는 자꾸 과자를 사 달라고 울면서 조르지만, 불쌍한 어머니는 가난하여 돈이 없어서 앓는 애에게 차디찬 냉수밖에 줄 것이 없어서 어머니도 울고 있단다. 그래도 철모르는 어린애는 자꾸 더 조르며 울고…. 아아. 제비야! 대단히 수고롭지만 내 소원이니. <u>내 칼자루에 있는 보석을 빼어다가 그 불쌍한 모녀에게 좀 갖다 주면 좋겠어. 나는 두 발이 돌기둥 위에 꼭 붙어서 가지를 못한다.</u> 왕자님이 이렇게 청하였으나 제비는 모른 체하고, "왕자님! 나는 여기서 또 멀리 남쪽 나라로 가는 길입니다. 제일 추워서 한시도 더 있을 수가 없고, 또 먼저 가 있는 친구들이 몹시 기다리고 있으니까, 곧 가야 합니다. 한시라도 더 지체하다가는 얼어 죽습니다."

42. 밑줄 친 부분에 나타난 '왕자'의 심정으로 가장 알맞은 것을 고르십시오.

① 서운하다 　　　　　　　　② 섭섭하다

③ 궁금하다 　　　　　　　　④ 간절하다

43. 윗글의 내용으로 알 수 있는 것을 고르십시오.

① 제비에게 왕자는 자기 몸이 자유롭다고 한다.

② 왕자는 부유한 사람들의 생활을 들여다보고 있다.

③ 왕자는 힘들게 살아가는 사람들을 돕고 싶어 한다.

④ 제비와 왕자는 따뜻한 봄날에 이야기를 나누고 있다.

한국 정자(亭子)는 자연을 숭배하는 민족의 심성을 반영한 휴식 및 문화 공간이다. 이 구조물은 전통적인 한국 건축물 중 하나로 주로 공원, 산, 강가 또는 역사적인 장소 등 자연과 어우러진 공간에 위치한다. 정자는 대부분 나무로 만들어지며 개방된 공간으로 사방이 열려 있어 주변 경관을 즐길 수 있는 구조로 되어 있다. 서양의 조경이 인위적이고 기하학적인 것과는 달리 한국의 조경은 자연 형태를 그대로 주변의 조경 요소로 이용하였다. 한국의 전원 풍경은 광활함보다는 인간과 자연이 밀착된 삶을 반영하며 자연에 동화되어 그 아름다움을 즐기는 삶을 중요시한다. 즉 정자는 한국 전통 건축의 아름다움과 함께 (   ) 전통적 가치를 반영하는 공간이다.

44. (   )에 들어갈 말로 가장 알맞은 것을 고르십시오.

① 인위적인 조경에 적합한

② 인위적인 건축을 중시하는

③ 자연과 인간의 조화를 추구하는

④ 자연과 인간의 조화를 경시하는

45. 윗글의 주제로 가장 알맞은 것을 고르십시오.

① 한국인은 자연을 숭배하는 모습을 정자에 새겼다.

② 한국의 정자는 도심에서 떨어진 시골에만 위치한다.

③ 정자는 기하학적인 조경을 사용하여 자연과 어울리도록 했다.

④ 정자는 폐쇄된 공간 없이 자연 경관 즐길 수 있게 만들어졌다.

　　오늘날 많은 노인은 단순히 삶이 안정적인 것보다 사회에 기여하며 의미 있는 삶을 살고자 한다. '젊은 노인'이란 활기차고 의미 있는 일에 참여하며 삶의 질을 높이고자 하는 노인들을 가리킨다. 반면 디지털화 및 정보화 시대의 급속한 발전은 일부 노인들에게는 심리적인 큰 부담감을 느끼게 하고 있다. 정보 통신 기술에 익숙하지 않은 노인들은 사회적으로 고립되거나 일상생활에서 불편함을 겪는 경우가 많다. 이에 따라 복지 정책은 단순한 생계 지원에서 나아가 문화, 사회 활동, 다양한 서비스 지원을 포함하는 생활 만족형으로 전환되어야 한다. 노인 교육을 강화하여 사회 적응을 도모하고 노인에 대한 사회적 태도를 개선해야 한다. 이러한 정책적 대책을 통해 모든 노인이 존중받으며 의미 있는 삶을 영위할 수 있는 환경을 조성해야 할 것이다.

46. 윗글에 나타난 필자의 태도로 가장 알맞은 것을 고르십시오.

① 노화와 관련된 문제의 원인을 구체적으로 분석하고 있다.

② 노인들을 위한 다각적인 대책과 개선 방향에 대해 주장하고 있다.

③ 젊은 노인들의 사회 적응을 위한 서비스 지원에 대해 알려주고 있다.

④ 사회에서 완전히 고립된 노인의 삶에 대해 예를 들어 설명하고 있다.

47. 윗글의 내용과 같은 것을 고르십시오.

① 노인들은 생활 안정 지원 정책에 큰 의미를 두고 있다.

② 오늘날의 노인들은 사회에 공헌하며 사는 삶에 가치를 두고 있다.

③ 복지 정책은 단순한 생계 지원을 위한 생계 보장형으로 나아가야 한다.

④ 노인들은 정보 통신에 대한 접근이 능숙하여 살아가는 데 불편하지 않다.

체내에 당이 부족하면 생명에 위험을 초래할 수도 있기 때문에 설탕을 비롯한 당류는 생명 유지에 꼭 필요하다. 그러나 이 설탕을 단순하게 단맛을 내는 조미료라고만 생각하면 오산이다. 과거에는 경제와 문화에도 깊은 영향을 미쳐 권력을 상징하는 의미까지도 지니고 있었기 때문이다. 약 1만 년 전 인류가 처음 뉴기니에서 재배한 사탕수수는 인도, 동남아시아로 확산되었고 이슬람 상인들이 아랍 전역으로 전파했다. 유럽에는 십자군 전쟁을 통해 소개되었고 고가의 사치품으로 귀족과 부유층의 지위 상징이 되기도 했다. 카리브 해 등의 대규모 상업적 농장에서 노예를 활용한 설탕 생산은 환대서양 삼각무역을 형성해서 세계자본주의 시장의 기초를 마련했다. 설탕은 차, 커피, 홍차와 결합하여 (   ) 세계 경제 발전에 중요한 영향을 미쳤다. 이를 통해 설탕은 단순한 식품을 넘어 문화와 경제의 큰 부분을 차지하게 되었다.

48. 윗글을 쓴 목적으로 가장 알맞은 것을 고르십시오.

① 인간의 시각과 행동을 비판하기 위해

② 인간과 설탕의 상관관계에 대해 밝히려고

③ 설탕이 가지고 있는 효능에 대한 정보를 전달하려고

④ 설탕이 자본주의 시장에 미친 영향에 대해 알리려고

49. (   )에 들어갈 말로 가장 알맞은 것을 고르십시오.

① 권력과 부의 상징이고   ② 경제적 이익을 저하시키고

③ 식품 문화를 활성화시키고   ④ 사회적 관점에서 다루어지고

50. 윗글의 내용과 같은 것을 고르십시오.

① 설탕은 유럽에서 이슬람 교역권으로 전파됐다.

② 설탕은 오늘날 세계자본주의 시장의 시작이 되었다.

③ 대규모 농장은 노예와 부유층으로 노동력을 확보했다.

④ 불공정한 삼각무역으로 인해 식품 문화의 악순환이 이어졌다.

제3회 한국어능력시험 실전 모의고사

TOPIK II

1교시 **듣기, 쓰기**
(Listening, Writing)

수험번호(Registration No.)		
이 름 (Name)	한국어(Korean)	
	영 어(English)	

유 의 사 항
Information

1. 시험 시작 지시가 있을 때까지 문제를 풀지 마십시오.

   Do not open the booklet until you are allowed to start.

2. 수험번호와 이름을 정확하게 적어 주십시오.

   Write your name and registration number on the answer sheet.

3. 답안지를 구기거나 훼손하지 마십시오.

   Do not fold the answer sheet; keep it clean.

4. 답안지의 이름, 수험번호 및 정답의 기입은 배부된 펜을 사용하여 주십시오.

   Use the given pen only.

5. 정답은 답안지에 정확하게 표시하여 주십시오.

   Mark your answer accurately and clearly on the answer sheet.

   Marking example　①　●　③　④

6. 문제를 읽을 때는 소리가 나지 않도록 하십시오.

   Keep quiet while answering the questions.

7. 질문이 있을 때에는 손을 들고 감독관이 올 때까지 기다려 주십시오.

   When you have any questions, please raise your hand.

※ [1~3] 다음을 듣고 가장 알맞은 그림 또는 그래프를 고르십시오. (각 2점)

1.

①

②

③

④

2.

①

②

③

④

3.

①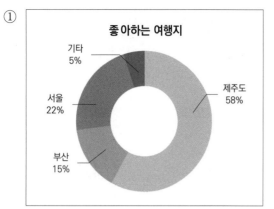

②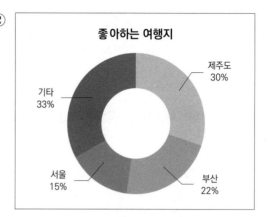

③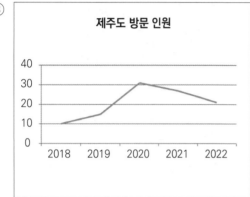

④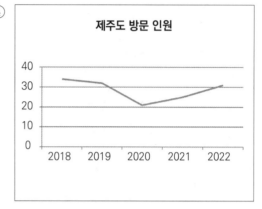

※ **[4~8] 다음을 듣고 이어질 수 있는 말로 가장 알맞은 것을 고르십시오. (각 2점)**

4. ① 비를 좋아하세요?

② 지금 우산을 쓰세요.

③ 날씨가 좋아서 다행이네요.

④ 그러면 자동차 대신 기차를 타고 가세요.

5. ① 저도 밤에 TV를 많이 봐요.

② 저는 우유를 마시면 배가 아파요.

③ 머리를 짧게 자르면 어울릴 것 같아요.

④ 스트레스가 많은가 봐요. 이 약을 드시고 푹 쉬세요.

6.
① 네, 저는 자리가 없어요.　② 괜찮아요. 자리가 많이 있어요.
③ 미안해요. 친구인 줄 알았어요.　④ 그럼 남는 의자 좀 가져갈게요.

7.
① 그럼 내일부터 조깅을 시작할까요?　② 저는 아침마다 스포츠 뉴스를 봐요.
③ 많이 걸으면 다리 건강에 안 좋아요.　④ 운동을 조금 하면 살이 찌지 않아요.

8.
① 수박 한 통 주세요.
② 두 개에 만 원이네요. 괜찮네요.
③ 너무 비싸요. 좀 깎아 주시면 안 될까요?
④ 우리 아이들은 사과를 안 좋아해서 잘 안 먹어요.

※　**[9~12] 다음을 듣고 여자가 이어서 할 행동으로 가장 알맞은 것을 고르십시오. (각 2점)**

9.
① 서류를 쓴다.　② 신입사원을 기다린다.
③ 신입사원에게 전화한다.　④ 신입사원을 찾으러 간다.

10.
① 서점에서 책을 산다.　② 생일 케이크를 산다.
③ 생일 파티를 준비한다.　④ 남자와 함께 선물을 포장한다.

11.
① TV를 켠다.　② 지갑을 찾는다.
③ 남자와 여행을 간다.　④ TV를 끄러 방으로 간다.

12.
① 마트에 간다.　② 김밥을 사 온다.
③ 재료를 준비한다.　④ 밥 지을 준비를 한다.

13. ① 여자는 작년에 바다에 갔다.

② 올 휴가 때에는 바다로 갈 것이다.

③ 남자는 등산을 싫어해서 산에 가고 싶지 않다.

④ 남자는 바다로, 여자는 산으로 여행을 갈 것이다.

14. ① 축제에서 딸기를 직접 딸 수 있다.

② 축제장에서 딸기주스를 만들어 판다.

③ 체험을 하려면 미리 예약을 해야 한다.

④ 딸기잼을 만들기 위해 돈을 내야 한다.

15. ① 어제 하루 종일 비가 내렸다.

② 자동차 네 대가 부딪히는 사고가 났다.

③ 교통사고가 났지만 길은 막히지 않았다.

④ 다른 방향의 도로도 사고가 나서 길이 막힌다.

16. ① 남자는 비행기 조종사이다.

② 남자는 비행기에 대해 잘 모른다.

③ 남자는 비행기가 나는 방법을 질문하고 있다.

④ 남자는 비행기가 나는 이유를 설명하고 있다.

17. ① 옷을 싸게 팔 때 사는 것이 좋다.

② 안 입는 옷은 교환하는 것이 좋다.

③ 옷은 매일 입으니까 많을수록 좋다.

④ 옷이 필요한 상황일 때 사는 게 좋다.

18. ① 신혼여행은 안 가도 상관없다.

② 신혼여행은 한 번만 가야 한다.

③ 신혼여행은 일생에 한 번이라서 중요하다.

④ 신혼여행은 최대한 가까운 곳으로 가야 한다.

19. ① 설거지는 주방세제로 해야 한다.

② 기름기가 많은 접시는 설거지하기 힘들다.

③ 세제를 많이 사용해야 깨끗하게 설거지를 할 수 있다.

④ 기름기를 먼저 제거하고 설거지하면 세제를 절약할 수 있다.

20. ① 자동차에서 잠을 자는 것은 불편하다.

② 캠핑을 편하게 가기 위해 노력하고 싶다.

③ 차박을 하는 사람들을 이해하지 못하겠다.

④ 보다 많은 사람들이 캠핑의 맛을 알게 하고 싶다.

21. 남자의 중심 생각으로 가장 알맞은 것은 고르십시오.

① 명절에는 고향에 가야 한다.

② 기차나 버스는 길이 막히지 않는다.

③ 회사 일이 바쁘면 고향에 안 가도 된다.

④ 기차표를 예매하지 않으면 고향에 갈 수 없다.

22. 들은 내용과 같은 것을 고르십시오.

① 남자는 기차표를 예매했다.

② 여자는 고속도로로 출퇴근을 한다.

③ 남자는 올 추석에 고향에 갈 것이다.

④ 여자는 오랫동안 부모님을 못 만났다.

23. 남자가 무엇을 하고 있는지 고르십시오.

① 회사에서 건강검진을 받고 있다.

② 아파서 치료 받을 병원을 찾고 있다.

③ 검진 예약이 가능한지 물어보고 있다.

④ 컴퓨터로 예약 가능한 날짜를 찾고 있다.

24. 들은 내용과 같은 것을 고르십시오.

① 여자는 건강검진을 예약하려고 한다.

② 남자가 원하는 시간에 예약할 수 없다.

③ 수요일 오후에는 예약한 사람들이 없다.

④ 남자는 큰 병에 걸렸을까 봐 걱정하고 있다.

25. 남자의 중심 생각으로 가장 알맞은 것을 고르십시오.

   ① 한복은 불편해서 입기에 힘들다.

   ② 한복은 특별한 날에만 입어야 한다.

   ③ 한복이 불편하지 않게 디자인이 되면 좋겠다.

   ④ 한복보다 일상복을 입고 생활하는 것이 더 좋다.

26. 들은 내용과 같은 것을 고르십시오.

   ① 남자는 한복 디자이너이다.

   ② 여자는 매일 한복을 입는다.

   ③ 우리 조상들은 편한 한복을 디자인해서 입었다.

   ④ 우리 조상들은 한복을 좋아해서 매일 한복을 입었다.

※ [27~28] 다음을 듣고 물음에 답하십시오. (각 2점)

27. 남자가 말하는 의도를 알맞은 것을 고르십시오.

   ① 여자가 출연하는 영화를 광고하려고

   ② 자신이 좋아하는 영화를 여자에게 알려주려고

   ③ 자신이 감독한 영화를 여자와 같이 관람하려고

   ④ 여자가 보고 싶어 하는 영화를 바꾸도록 설득하려고

28. 들은 내용과 같은 것을 고르십시오.

   ① 여자는 혼자 영화를 보러 갈 것이다.

   ② 남자는 다른 영화를 보고 싶어 한다.

   ③ 여자는 극장에서 유명한 배우를 만났다.

   ④ 남자는 감동적인 영화보다 어려운 영화를 좋아한다.

29.   남자가 누구인지 고르십시오.

　　① 은행원

　　② 은행 고객

　　③ 대출 상담원

　　④ 무인점포 사장

30.   들은 내용과 같은 것을 고르십시오.

　　① 은행 업무 시간이 4시에서 2시간 줄었다.

　　② 밤에는 은행 문을 닫아서 은행 업무를 볼 수 없다.

　　③ 무인점포에 은행 직원이 있어 도움을 받을 수 있다.

　　④ 은행 업무를 보는 고객을 위해 여러 서비스가 생겼다.

※   [31~32] 다음을 듣고 물음에 답하십시오. (각 2점)

31.   남자의 중심 생각으로 알맞은 것을 고르십시오.

　　① 여행지에서는 다른 사람들과의 갈등을 피해야 한다.

　　② 설문 조사 결과 공유 숙소를 이용하는 사람들이 많았다.

　　③ 여행지에서 공유 숙소를 선택하는 것은 합리적 선택이다.

　　④ 여행을 가서 남에게 피해를 주는 것은 이기적인 행동이다.

32.   남자의 태도로 가장 알맞은 것을 고르십시오.

　　① 상대방의 의견에 동의하고 있다.

　　② 상대방의 의견을 모두 반대하고 있다.

　　③ 자기 의견의 예를 들어 설명하고 있다.

　　④ 근거를 들어 자신의 의견을 주장하고 있다.

33. 무엇에 대한 내용인지 알맞은 것을 고르십시오.

① 외국어 학습 자료 이용 방법

② 외국어를 배울 때의 주의 사항

③ 외국어를 배울 때 실수하지 않는 방법

④ 외국어를 효과적으로 배울 수 있는 방법

34. 들은 내용과 같은 것을 고르십시오.

① 외국어를 잘하려면 단어 공부가 중요하다.

② 외국어를 잘하기 위해서는 다양한 방법이 필요하다.

③ 매일 조금씩 공부하는 것보다 한 번에 많이 하는 것이 좋다.

④ 어휘 카드, 오디오 등의 자료로 외국어를 공부하기는 어렵다.

※ [35~36] 다음을 듣고 물음에 답하십시오. (각 2점)

35. 남자가 무엇을 하고 있는지 고르십시오.

① 신랑과 신부를 소개하고 있다.

② 친구를 사랑하라고 부탁하고 있다.

③ 신랑과 신부에게 당부의 말을 하고 있다.

④ 가족과 친구들에게 자신의 결혼 이야기를 하고 있다.

36. 들은 내용과 같은 것을 고르십시오.

① 오늘은 신랑과 신부가 결혼하는 날이다.

② 두 사람이 하나가 되는 것은 어려운 일이다.

③ 가족들과 친구들은 결혼식에 참석하지 않았다.

④ 신랑과 신부 두 사람은 서로 사랑하는 사람이 있다.

37. 여자의 중심 생각으로 가장 알맞은 것을 고르십시오.

① 역사 교육은 더 이상 중요하지 않다.

② 과거의 경험으로 미래를 준비해야 한다.

③ 과거에 실수를 하면 현재에도 실수를 한다.

④ 미래를 준비하려면 현재의 문제에 집중해야 한다.

38. 들은 내용과 같은 것을 고르십시오.

① 남자는 역사 교육 선생님이다.

② 과거에 있었던 일은 미래에 꼭 다시 생긴다.

③ 역사는 현재를 이해할 때에도 중요한 요소이다.

④ 우리는 미래에 대해 알 수 없기 때문에 불안하다.

39. 이 대화 전의 내용으로 가장 알맞은 것을 고르십시오.

① 현대 영화 산업의 문제

② 과거의 공포 영화의 특징

③ 현대의 공포 영화의 문제

④ 공포 영화가 인기를 끄는 이유

40. 들은 내용과 같은 것을 고르십시오.

① 공포 영화가 최근 많은 인기를 끌고 있다.

② 문화적인 내용도 공포 영화의 소재가 될 수 있다.

③ 컴퓨터 그래픽의 발전은 영화를 덜 무섭게 만들었다.

④ 현대의 공포 영화는 관객을 깜짝 놀라게 하는 방법을 사용한다.

41. 이 강연의 중심 내용으로 가장 알맞은 것을 고르십시오.

① 인도에서 숫자를 만든 이유

② 인도 숫자가 만들어진 과정

③ 우리가 아라비아 숫자를 사용하는 방법

④ 아라비아 숫자의 이름과 '영(0)'의 의미

42. 들은 내용과 같은 것을 고르십시오.

① '영(0)'의 의미는 아라비아라는 뜻이다.

② 아라비아 숫자는 중동에서 만들어졌다.

③ 유럽 사람들이 아라비아 숫자를 만들어 유명해졌다.

④ 아라비아 숫자는 만들어진 곳과 퍼뜨린 곳이 다르다.

※ [43~44] 다음을 듣고 물음에 답하십시오. (각 2점)

43. 무엇에 대한 내용인지 알맞은 것을 고르십시오.

① 경찰과 보안관의 차이

② 침팬지 그룹의 계층적 구조

③ 알파 메일의 침팬지 무리 통제와 지배 능력

④ 침팬지 우두머리를 알파 메일이라고 부르는 이유

44. 침팬지 우두머리가 보안관 행동을 하는 이유로 맞는 것을 고르십시오.

① 침팬지들 간의 싸움을 막으려고

② 자신의 침팬지 무리를 유지하려고

③ 힘없는 침팬지들을 도와주기 때문에

④ 가장 힘이 세고 영향력이 있기 때문에

45. 들은 내용과 같은 것을 고르십시오.

① 수직 이착륙 기술의 중요성은 미미하다.

② 도심항공은 다른 도시로 여행을 갈 때 필요하다.

③ 도로에서 길이 막히면 자율 주행 기술이 효율적이다.

④ 미래에는 도시를 날아다니는 교통수단이 생길 것이다.

46. 여자가 말하는 방식으로 알맞은 것을 고르십시오.

① 도심항공의 위험성을 걱정하고 있다.

② 도심항공과 도로 교통을 비교하고 있다.

③ 도심항공에 필요한 기술을 제시하고 있다.

④ 도심항공의 필요성을 근거를 통해 주장하고 있다.

※ [47~48] 다음을 듣고 물음에 답하십시오. (각 2점)

47. 들은 내용과 같은 것을 고르십시오.

① 태양이 달보다 400배 가까이 있다.

② 태양이 달을 가리는 현상을 일식이라고 한다.

③ 지구에서 봤을 때 달의 크기와 태양의 크기는 같다.

④ 달이 태양을 완전히 가리는 일식을 부분일식이라고 한다.

48. 남자의 태도로 알맞은 것을 고르십시오.

① 태양이 달보다 큰 이유를 비판하고 있다.

② 일식의 종류를 예를 들어 주장하고 있다.

③ 태양과 달의 움직임에 대해 질문을 하고 있다.

④ 일식이 생기는 원인을 상세하게 설명하고 있다.

※ **[49~50] 다음을 듣고 물음에 답하십시오. (각 2점)**

49. 들은 내용과 같은 것을 고르십시오.

① 석유는 해양 생태계를 깨끗하게 만든다.

② 바다에 쓰레기를 버리는 행위는 불법이다.

③ 플라스틱은 해양 오염을 막는 요소 중에 하나이다.

④ 해양 생태계가 오염되면 인간들의 건강도 위험하다.

50. 남자의 태도로 알맞은 것을 고르십시오.

① 해양 오염의 모습을 묘사하고 있다.

② 해양 오염의 위험성을 강조하고 있다.

③ 해양 생태계의 파괴를 간절히 희망하고 있다.

④ 해양 생태계의 문제점을 순서대로 설명하고 있다.

TOPIK II 쓰기 (51번~54번)

※ **[51~52] 다음 글의 ㉠과 ㉡에 알맞은 말을 각각 쓰시오. (각 10점)**

51.

✦✧《구강 건강 캠프》에 초대합니다.✦✧

　　인주시 보건소 구강 보건팀에서 시민 여러분의 구강 건강 관리를 위해 《구강 건강 캠프》를 열고 참가자를 (　　㉠　　).이가 아프시거나 충치가 있으신 분들, 입 냄새가 심하신 분들은 누구든지 신청하세요. 작년에는 참가비가 있었지만, 올해에는 (　　㉡　　) 많은 참여 바랍니다.

㉠ : _____

㉡ : _____

52.

　　스컹크의 지독한 냄새는 곰도 도망갈 정도로 독하며, 냄새가 나는 물질이 눈에 들어가면 눈이 멀 수도 있다고 한다. 후각이 동물보다 덜 예민한 인간도 냄새를 참을 수 없는데 (　　㉠　　) 동물들은 그 냄새에 도저히 견딜 수가 없다. 이런 이유로 동물들은 스컹크를 잡아먹으려 하지 않는다. 하지만 후각이 발달되지 않은 조류에게는 (　　㉡　　).

㉠ : _____

㉡ : _____

53. 다음은 '2021~2022년 인주시 프랜차이즈 현황'에 대한 자료이다. 이 내용을 200~300자의 글로 쓰시오. 단, 글의 제목은 쓰지 마시오. (30점)

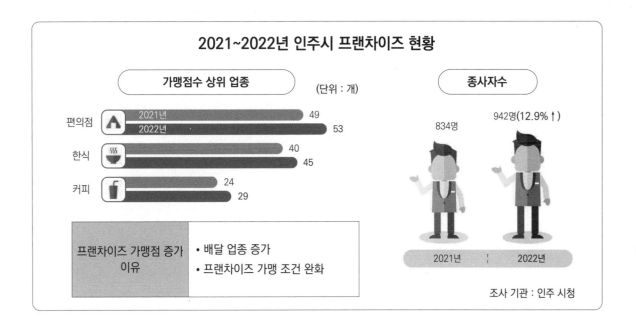

54. 다음을 참고하여 600~700자로 글을 쓰시오. 단, 글의 제목은 쓰지 마시오. (50점)

음식점이나 커피숍에서 아동의 출입을 제한하는 노키즈존(No Kids Zone)이 증가하고 있다. 노키즈존의 증가로 상점을 이용하는 고객과 업주의 갈등이 심화되는 상황이다. 아래의 내용을 중심으로 '노키즈존의 문제와 갈등 해결 방안'에 대한 자신의 생각을 쓰라.

- 노키즈존이 생긴 원인은 무엇인가?
- 노키즈존으로 발생하는 갈등은 무엇인가?
- 그 갈등을 해결하기 위한 방법은 무엇이 있는가?

* 원고지 쓰기의 예

	저	는		음	악	을		자	주		듣	는		편	이	에	요	.	글	을		쓸		땐
재	즈	,	클	래	식		등	을		듣	습	니	다	.										

제1교시 듣기, 쓰기 시험이 끝났습니다. 제2교시는 읽기 시험입니다.

제3회 한국어능력시험 실전 모의고사

TOPIK II

2교시 | **읽기** (Reading)

수험번호(Registration No.)	
이 름 (Name)	한국어(Korean)	
	영 어(English)	

유 의 사 항
Information

1. 시험 시작 지시가 있을 때까지 문제를 풀지 마십시오.

   Do not open the booklet until you are allowed to start.

2. 수험번호와 이름을 정확하게 적어 주십시오.

   Write your name and registration number on the answer sheet.

3. 답안지를 구기거나 훼손하지 마십시오.

   Do not fold the answer sheet; keep it clean.

4. 답안지의 이름, 수험번호 및 정답의 기입은 배부된 펜을 사용하여 주십시오.

   Use the given pen only.

5. 정답은 답안지에 정확하게 표시하여 주십시오.

   Mark your answer accurately and clearly on the answer sheet.

   Marking example ① ● ③ ④

6. 문제를 읽을 때는 소리가 나지 않도록 하십시오.

   Keep quiet while answering the questions.

7. 질문이 있을 때에는 손을 들고 감독관이 올 때까지 기다려 주십시오.

   When you have any questions, please raise your hand.

TOPIK Ⅱ 읽기 (1번~50번)

※ **[1~2] (   )에 들어갈 말로 가장 알맞은 것을 고르십시오. (각 2점)**

1. 나는 수업 시간에 웃음을 (   ) 힘들었다.

   ① 참거든   ② 참자마자   ③ 참으려면   ④ 참느라고

2. 매일 매진인 걸 보니 이 영화가 정말 (   ).

   ① 재미있던데요   ② 재미있잖아요

   ③ 재미있나 봐요   ④ 재미있으면 좋겠어요

※ **[3~4] 밑줄 친 부분과 의미가 가장 비슷한 것을 고르십시오. (각 2점)**

3. 동생이 책을 <u>읽으려고</u> 불을 켜 놓았어요.

   ① 읽거든   ② 읽어도   ③ 읽어야   ④ 읽는다고

4. 요즘 커피값이 한 끼 밥값과 비슷하니 <u>비싼 편이다.</u>

   ① 비싼가 보다   ② 비싼 셈이다   ③ 비싸 보인다   ④ 비쌀 리가 없다

치카치카 우리 아이 이를 깨끗하게

달콤한 딸기 향이 가득
외출 시에도 휴대가 간편

* 혀, 볼 안쪽도 꼼꼼히 닦아 주세요.
* 맛있다고 삼키지 마세요.

5. ① 껌 ② 치약 ③ 휴지 ④ 비누

누구나 즐기는 환상과 모험이 가득한 곳

여러 가지 신나는 탈 것!
아이, 가족, 연인과 함께

6. ① 마트 ② 병원 ③ 학교 ④ 놀이공원

너무 편해서 맨발 같아요!!

충격을 모두 흡수하는 편안함
사계절 내내 쾌적함
세련된 디자인으로 어느 옷에나 어울립니다.

7. ① 신발 ② 모자 ③ 장갑 ④ 가방

알아 두세요

※ 이름과 주소, 연락처를 꼭 쓰세요.
※ 무게에 따라 가격이 달라집니다.
※ 상하기 쉬운 음식물이나 살아있는 동물은 안 돼요!!

8. ① 편지 발송 ② 극장 광고 ③ 택배 안내 ④ 비행기 탑승

9.

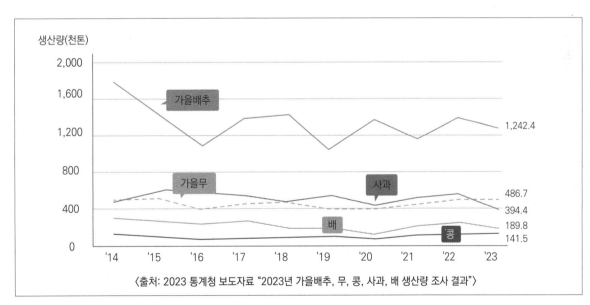

나만의 라면, 맛있게 끓이기 대회

다른 사람과 다르게, 특별하게 끓이는 나만의 라면!
나만이 알고 있는 라면 끓이는 방법이 있다면 참가하세요!

- **참가 자격:** 라면을 사랑하는 사람은 누구나
- **대회 일시 및 장소:** 2024년 6월 16일(일) 10시, 인주시 중앙공원 잔디밭
- **참가비:** 무료
- **준비물:** 냄비 등 조리 도구(라면, 물은 제공)

※ 비가 오면 행사가 취소될 수 있습니다.
※ 강아지 등 반려동물은 집에 두고 오세요.

① 라면은 특별하게 끓여야 맛있다.

② 라면과 냄비 등을 준비해서 가야 한다.

③ 강아지와 같이 대회에 참석할 수 없다.

④ 비가 오면 다음 날에 대회를 계속 한다.

10.

생산량(천톤)

〈출처: 2023 통계청 보도자료 "2023년 가을배추, 무, 콩, 사과, 배 생산량 조사 결과"〉

① 배의 생산량은 매년 증가하고 있다.

② 가을배추의 생산량이 매해 가장 적다.

③ 2018년에는 가을무와 사과의 생산량이 같았다.

④ 2023년 가을무와 사과의 생산량을 합친 것이 가을배추보다 더 많다.

※ **[11~12] 다음 글 또는 그래프의 내용과 같은 것을 고르십시오. (각 2점)**

11.

인주시는 최근 축제장에서 비싼 요금으로 이용 손님들의 불만이 심해지자 착한 요금 축제를 실시하겠다고 했다. 이에 따라 시는 축제장 안에 물가 상황실을 운영하고 먹거리 가격표를 홈페이지에서 확인할 수 있게 했다. 불만이 발생할 경우 신속하게 불만을 해결할 예정이다. 시는 오는 4월부터 진행되는 시내 모든 축제를 대상으로 요금 관련 평가를 할 예정이다.

① 인주시는 착한 요금 축제를 매년 해 왔다.

② 축제장에서 비싼 요금을 받는 것은 당연하다.

③ 축제의 음식 가격을 홈페이지에서 확인할 수 있다.

④ 음식 가격에 불만이 있으면 4월부터 상황실에 말해야 한다.

12.

코로나19 이후 극장에서 영화를 보는 관객 수는 코로나19 이전에 비해 42% 수준에 미치지 못했다. 국민 1명당 극장을 찾은 횟수는 2.21회로 4년 만에 절반 가까이 감소했다. 이는 2019년 5.3회에 비해 41%가량 감소한 것이다. 2019년 우리나라의 국민 1인당 극장 방문 횟수는 미국, 프랑스, 영국 등의 나라보다 앞선 1위였지만 지난해에는 10위로 떨어졌다.

① 코로나19로 인해 사람들이 극장을 멀리하게 됐다.

② 코로나19 이후 극장을 찾는 사람들이 55% 늘어났다.

③ 2019년에는 한 사람이 1년에 다섯 번 이상 극장을 갔다.

④ 2019년에는 홍콩, 미국, 프랑스 국민들이 극장을 가장 많이 갔다.

※ [13~15] 다음을 순서에 맞게 배열한 것을 고르십시오. (각 2점)

13.
> (가) 센 불로 3분 정도 익힌 후에 그릇에 담고 계란 등을 올려 떡국을 완성한다.
> (나) 우선 물에 떡을 불린다.
> (다) 설날에는 떡국을 먹으면서 새해를 맞이하는데 만드는 방법은 아주 간단하다.
> (라) 시골 육수에 마늘을 넣고 끓이다가 불린 떡을 넣고 익힌다.

① (나) - (라) - (가) - (다)   ② (다) - (라) - (가) - (나)
③ (나) - (가) - (다) - (라)   ④ (다) - (나) - (라) - (가)

14.
> (가) 또 무릎을 벌리지 않고 붙여서 90도로 바르게 세워서 앉아야 한다.
> (나) 바른 자세로 앉는 것은 우리 몸의 건강을 위해 아주 중요하다.
> (다) 의자 등받이에 허리와 엉덩이가 닿으면 허리가 C자 모양으로 된다.
> (라) 바르게 앉기 위해서는 우선 허리를 바로 세우고 엉덩이를 의자 끝까지 붙여야 한다.

① (나) - (라) - (다) - (가)   ② (가) - (나) - (다) - (라)
③ (나) - (라) - (가) - (다)   ④ (가) - (라) - (나) - (다)

15.
> (가) 개는 여러 곳에서 다양한 역할을 하지만 사람들을 도와주는 역할도 하고 있다.
> (나) 특히 시각장애인 안내견은 시각장애인에게 큰 도움을 주는 개다.
> (다) 안내견은 시각장애인의 눈을 대신하며 장애물을 피해 가도록 미리 알려주는 역할을 하기 때문이다.
> (라) 개는 사람과 가장 가까운 동물로 아주 오래전부터 사람들과 같이 살아왔다.

① (라) - (가) - (다) - (나)   ② (나) - (다) - (라) - (가)
③ (라) - (가) - (나) - (다)   ④ (나) - (가) - (다) - (라)

16.

　　온돌은 부엌에서 밥을 만들 때 생기는 열기가 방바닥을 지나가면서 방 전체를 데우는 한국 전통 난방 방식이다. 온돌이 발달한 이유는 한국의 기후 때문이다. 한국은 사계절이 뚜렷한 나라로 연중 최고, 최저 온도가 50도 이상 차이가 나는데, 여름은 너무 덥고 겨울은 너무 추워서 (　　　) 안 되었기 때문이다.

① 난방을 하지 않으면　　　　　　② 음식물을 보관하면

③ 다른 곳으로 이사를 가면　　　　④ 가족들이 모여서 살 여유가

17.

　　21세기가 되면서 많은 열대지방의 숲이 파괴되었는데 그 이유는 농사를 지을 땅을 확장하기 위해서라고 한다. 또 건축 재료로 쓰기 위해 나무를 베기도 한다. 숲이 파괴되면 지구가 점점 더워지는 현상이 더욱 (　　　) 많은 생물들이 살아갈 집을 잃게 된다.

① 심해지게 되고　　　　　　　② 상승하는 반면

③ 감소하는 대신에　　　　　　④ 정상화 될 수 있어서

18.

　　개미는 몸집은 작지만 동물 중 몸에 비해서 가장 큰 뇌를 가지고 있다. 인간의 뇌는 몸무게의 2% 정도지만 개미의 뇌는 몸무게의 6%를 차지한다. 개미는 대체로 머리가 아주 똑똑하지만, 개미별로 똑똑한 개미와 그렇지 않은 개미가 있다. 그렇다고 지능이 우수한 개미들만 (　　　). 똑똑하지 않은 개미와 차별을 두지 않고 모두 같이 섞여서 지낸다.

① 살아남는 것은 아니다　　　　② 따로 지내는 것은 아니다

③ 사냥을 하는 것은 아니다　　　④ 일을 열심히 하는 것은 아니다

> 　　토마토는 안 익은 것보다 잘 익은 빨간 토마토를 먹는 것이 더 건강에 효과적이다. 빨간 토마토에는 라이코펜이라는 몸에 좋은 성분이 많이 들어 있는데 토마토를 요리하지 않고 먹는 것보다 조리해서 먹는 것이 좋다. 토마토가 뜨거워지면 라이코펜 성분이 토마토 세포 밖으로 빠져나와 우리 몸에 더 잘 흡수되기 때문이다. (　　　　　), 조리해서 만든 토마토소스는 생토마토에 비해 5배 정도 라이코펜의 흡수율이 높다.

19.　(　　　　　)에 들어갈 말로 가장 알맞은 것을 고르십시오.

① 반면　　　　　② 결국　　　　　③ 하지만　　　　　④ 예를 들면

20.　윗글의 주제로 가장 알맞은 것을 고르십시오.

① 토마토는 그냥 먹으면 우리 몸에 해롭다.

② 안 익은 토마토를 먹는 것이 건강에 더 유익하다.

③ 토마토를 요리하지 않고 먹는 것이 흡수가 잘 된다.

④ 빨간 토마토를 뜨겁게 요리해서 먹는 것이 건강에 가장 좋다.

요즘 중고생들은 성인들보다 바쁜 일상을 보내고 있다. 특히 시간이 많을 것 같은 방학 기간에는 오히려 더 (　　　　) 바쁘다. 학업 및 입시 준비를 위해 학원에 가거나 개인 과외를 받는 것은 기본이고, 특기 개발이나 취미 활동을 위해 방학 동안 집중적으로 연습을 한다. 또한 대학 입시나 진로 탐색을 위해 봉사 활동이나 인턴십에 참여하는 학생들도 많다. 일부 학생들은 외국어 학습, 코딩 등 자기 계발을 위하여 노력하는가 하면, 방학을 이용해 가족이나 친구들과 여행을 가거나 다양한 문화 체험을 즐기는 학생들도 있다.

21. (　　　　)에 들어갈 말로 가장 알맞은 것을 고르십시오.

① 눈 깜빡할 사이로

② 눈코 뜰 사이 없이

③ 눈을 의심할 정도로

④ 눈을 감아 줄 정도로

22. 윗글의 내용과 같은 것을 고르십시오.

① 중고생들은 방학 때 쉬는 시간이 많다.

② 어떤 학생들은 취미 활동으로 개인 과외를 한다.

③ 일부 학생들은 외국어 학습을 하면서 자기 계발을 한다.

④ 다양한 문화 체험을 즐기려면 가족과 여행을 가야 한다.

　　여행지에서의 지갑 분실은 작은 실수가 큰 모험으로 변하는 순간이었다. 그 날은 태양이 뜨는 아름다운 아침으로 시작되었고, 나는 새로운 도시의 길을 걸어가며 햇살 속에서 희망과 기대로 가득 차 있었다. 처음 보는 가게에 들어가 예쁜 옷도 구경하고, 다른 사람이 먹는 신기한 음식도 구경하면서 거리 여기저기를 돌아 다녔다. 그러다가 어느 예쁜 가게에서 마음에 드는 가방을 발견했다. 그 가방을 사려고 지갑을 찾는 순간, 어딘가에 지갑을 놓고 온 것을 깨닫고 나서, 내 심장은 무섭게 빠른 속도로 뛰기 시작했다. 여기저기 주변을 둘러보았지만, 소중한 물건은 사라졌고, 마음 한구석에는 안 좋은 생각이 자리했다. 돈과 카드는 물론이고, 여행 일정과 숙소 예약 정보도 모두 그 속에 있었다. 하지만 곧 나는 지갑 속에 담긴 것들보다 더 중요한 것을 깨달았다.

23. 밑줄 친 부분에 나타난 '나'의 심정으로 가장 알맞은 것을 고르십시오.

① 불안하다

② 심심하다

③ 행복하다

④ 신기하다

24. 윗글의 내용과 같은 것을 고르십시오.

① 지갑 속에 있던 돈은 찾을 수 있었다.

② 나는 비가 오는 날 지갑을 잃어버렸다.

③ 지갑을 잃어버리기 전부터 기분이 좋지 않았다.

④ 나는 여행지에서 지갑을 잃어버리는 경험을 했다.

※ [25~27] 다음 신문 기사의 제목을 가장 잘 설명한 것을 고르십시오. (각 2점)

25.

청년주택희망통장 첫날 인기 '와글와글'

① 여러 사람들이 집을 짓느라 힘이 든다.

② 청년주택이 인기가 있어 사람들이 많이 모였다.

③ 은행에서 통장을 만들 때에는 매월 첫날에 가야 한다.

④ 집을 마련할 큰돈을 모을 수 있는 통장을 첫날부터 만들기 위해 몰린다.

26.

아이들 초코과자까지...카카오 가격 상승에 초콜릿 제품도 '금값'

① 초코과자의 인기가 많아져 초콜릿의 가격도 오르고 있다.

② 아이들 과자와 초콜릿의 가격이 올라서 금으로 사야 한다.

③ 카카오 때문에 초코과자와 초콜릿 제품도 가격이 올라서 비싸졌다.

④ 카카오의 가격이 올라 초콜릿 업체에서 초코과자 가격을 올릴 예정이다.

27.

국내 신생 항공사, 해외여행 고객 모시기 '진땀'

① 항공사에서 해외여행을 보내 주는 행사를 하고 있다.

② 더운 나라로 해외여행을 가서 고객들이 땀을 흘리고 있다.

③ 새로 생긴 우리나라 항공사가 손님을 모으기 위해 힘들게 노력한다.

④ 우리나라로 해외여행을 오려는 사람이 많아 비행기 표를 구하기 힘들다.

28.

> 썩지 않는 식품 중에는 우리가 흔히 볼 수 있는 꿀이 있다. 햇빛을 보이지 않고 공기와 열 등을 차단해서 시원한 곳에 보관을 잘한다면 아무리 시간이 오래 지나도, 심지어는 수확한 지 몇 천 년이나 지난 꿀도 문제없이 (   ). 그 예로 이집트의 피라미드에서 발견된 지 오래된 꿀을 실제로 먹을 수 있었다는 기사가 있을 정도다.

① 이집트로 가게 된다

② 먹을 수 있다고 한다

③ 계속 보관하는 것은 어렵다

④ 요리에 사용하기에는 힘들다

29.

> 잠과 행복은 무슨 관계가 있을까? 잠을 아무런 문제없이 잘 자는 사람들은 잠을 잘 못 자는 사람에 비해 행복하다고 한다. 그 이유는 잠을 자는 과정에서 기억이 긍정적으로 바뀌기 때문에 행복하다고 느끼는 것이다. 실제 연구를 진행해 본 결과 잠을 많이 잔 사람은 잠을 잘 자지 못한 사람에 비해 상대적으로 부정적인 기억보다 (   ) 더 잘하는 것으로 나타났다.

① 행복한 대화를

② 부정적인 행동을

③ 긍정적인 기억을

④ 많이 자려는 노력을

30.

> 오이는 많은 사람들이 먹는 대중적인 식재료지만 사람에 따라서 먹지 못할 수도 있다. 그런 사람들은 오이의 쓴맛을 민감하게 느끼는 세포로 인해 오이가 가지고 있는 특유의 향과 맛을 견디지 못하는 것이다. 우리가 흔히 쉽게 먹을 수 있는 식재료인 오이를 왜 못 먹을까 의문이 들기도 하지만 그 사람들은 (   ) 정말로 오이의 맛을 몸이 거부하는 것이다.

① 오이가 건강에 좋아서

② 편식을 하는 게 아니라

③ 오이 요리의 맛이 없어서

④ 오이를 너무 많이 먹었기 때문에

31.

> 사람뿐만 아니라 동물들도 술과 비슷한 것을 마신다. 예를 들어 원숭이 술이라는 것이 있는데, 원숭이가 나무 열매를 나무의 속에 숨겨 두었다가 그 사실을 잊고 오랜 시간이 지나면 (   ) 알코올이 생성된다. 이런 열매를 다른 동물들이 먹다 보면 취해 버리는 경우가 생기기도 한다. 미국에서는 발효된 열매를 먹은 새들이 술에 취해 길거리에서 그대로 쓰러지는 일도 있었다.

① 열매가 썩지 않고 그대로

② 자연적으로 발효가 일어나

③ 나무 안에서 새싹이 자라면서

④ 다른 동물들이 열매들을 먹으면서

32.

　　도로 표면이 흔들리거나 손상되면서 생긴 균열로 물이 스며들어 움푹 파인 구멍을 포트홀이라고 한다. 주로 비가 많이 내리는 장마철에 자주 나타나지만, 다른 계절에도 발생할 수 있다. 겨울에 내리는 눈이 균열을 유발할 수 있으며, 초봄에는 날씨가 따뜻해지면서 얼음이 녹아 포트홀이 생길 가능성이 높아진다. 버스나 대형트럭과 같이 무거운 차량들의 통행으로도 포트홀이 더욱 심해질 수 있다.

① 여름에는 포트홀이 잘 생기지 않는다.

② 포트홀은 계절에 상관없이 생길 수 있다.

③ 물은 아스팔트 포장을 더 단단하게 만든다.

④ 버스나 대형트럭은 포트홀 발생과 관계가 없다.

33.

　　일반적으로 공항 이름은 해당 도시나 장소의 이름으로 지어진다. 그러나 서양에서는 때때로 유명한 인물의 이름을 사용하기도 한다. 정치인, 기업가, 항공업자, 예술가 등의 이름이 공항 이름으로 선택되는 경우가 많다. 그러나 논란이 되는 인물의 이름을 사용하는 경우, 문제가 발생할 수 있어서 신중하게 결정을 하는 편이다. 한편 동양에서는 이러한 사례가 많이 나타나지 않는다.

① 공항의 이름은 유명한 사람이 짓는다.

② 서양의 예술가들은 자신의 이름을 공항 이름으로 짓는다.

③ 동양에서는 사람의 이름으로 공항 이름을 짓는 경우가 거의 없다.

④ 보통 정치인, 기업인의 이름을 공항 이름으로 사용하면 문제가 생긴다.

34.

의사와 수의사는 엄격히 정해진 진료 범위가 있다. 의사는 주로 사람을 대상으로 진료를 하며, 수의사는 인간을 제외한 동물을 진료하는 것이 원칙이다. 수의사는 의사의 영역에 개입할 수 없으며, 의사도 동물을 치료하지 않는다. 기술적으로는 간단한 시술 정도는 의사가 동물을 치료하거나 수의사가 사람을 치료하는 것이 가능할 수 있지만, 의료법과 수의사법에 의해 처벌을 받을 수 있다.

① 의사와 수의사는 응급 상황에서 서로 도울 수 있다.

② 사람을 치료하는 직업으로는 의사와 수의사가 있다.

③ 의사가 동물을 치료하는 것은 법으로 금지하고 있다.

④ 수의사는 인간을 포함한 모든 동물을 치료할 수 있다.

※ **[35~38] 다음을 읽고 글의 주제로 가장 알맞은 것을 고르십시오. (각 2점)**

35.

국내 최대 농산물 시장인 인주시장에서 주 5일제 운영을 실시하겠다고 하여 이용객과 상인의 불만이 커지고 있다. 우리 사회가 주 5일제 근무를 실시한 지 오래됐지만 시장까지 주 5일제를 적용하면 문을 닫는 이틀 동안 신선 채소류의 저장이 문제가 될 수 있으며, 판매처가 줄어 농가의 피해도 불 보듯 뻔하다. 따라서 시장 문을 닫는 것만 고집해서는 안 되고 다른 방법을 찾아야 할 것이다.

① 주말에는 신선한 채소를 살 수 없다.

② 시장의 주 5일제 운영은 단점이 많다.

③ 인주 시장은 일주일에 2일만 문을 닫는다.

④ 인주시장이 문을 닫아 손님들은 다른 시장을 이용한다.

36.

> 귤은 새콤달콤한 맛과 상큼한 향기까지 골고루 갖춘 데다 껍질만 까면 쉽게 먹을 수 있어 많은 사랑을 받는 과일이다. 제주도에서 많이 재배하기 때문에 겨울이면 싼 값에 많이 먹을 수 있다. 귤은 비타민 C가 풍부해 피로 해소 및 감기 예방 효과가 뛰어난 것으로 알려져 있다. 또 귤껍질을 말려 달여 먹으면 스트레스가 풀리고 기침을 멈추게 하는 효과도 있다.

① 귤껍질도 약이 될 수 있다.

② 귤은 건강에 좋은 과일이다.

③ 감기에 걸리면 귤을 먹어야 한다.

④ 제주도의 귤이 가장 품질이 우수하다.

37.

> 부모와 아이 사이에 갈등이 생기지 않는 것은 거의 불가능하다. 어떤 부모는 아이에게 화 한 번 내지 않고, 거친 말 한 번도 꺼내지 않는다고 말할 수 있겠지만, 이러한 방식은 아이에게 도움이 되지 않는다. 아이가 잘못을 저질렀을 때는 때로는 비판을 해야 하며, 아이가 옳고 그른 것을 알게 해야 한다. 또한, 부모는 아이의 불편한 감정을 들어 줄 수 있어야 한다. 부모는 안전한 환경에서 아이의 불편한 감정을 표현하도록 도와주는 역할을 해야 하기 때문이다. 이런 경험을 통해 아이는 소통의 중요성을 배우게 되며, 이는 향후 다른 사람들과의 관계에서도 중요한 역할을 한다.

① 아이는 친구와 감정을 나누고 소통한다.

② 부모와의 갈등을 통해 아이는 소통을 배운다.

③ 부모는 아이가 불편해하지 않도록 노력해야 한다.

④ 아이와 갈등이 있으면 화를 내지 말고 이야기해야 한다.

38.

봄이 되면 우리나라에서는 비슷한 내용의 100개가 넘는 벚꽃 축제가 열린다. 축제의 내용도 비슷할 뿐만 아니라, 프로그램도 어디선가 본 것만 같고, 운영도 미숙하다. 이런 결과로 실패한 축제는 해당 지역에 오히려 좋지 않은 영향을 미칠 수 있다. 불필요한 낭비를 막고 다른 축제와의 차별된 내용과 시민들의 협력을 바탕으로 작은 성공을 만들어 내는 경험이 지역의 축제 경쟁력을 높이는 길이다. 지역을 살리고 지역 경제에 에너지를 불어넣는 축제가 더 많이 생겨날 수 있도록 더 큰 관심과 노력이 필요한 때이다.

① 벚꽃 축제의 인기로 많은 곳에서 벚꽃 축제를 연다.

② 비슷한 축제가 많아짐에 따라 사람들이 실망하고 있다.

③ 지역 축제 경쟁력을 높여야 시민들이 이사를 올 것이다.

④ 다른 축제와 구별되는 특별한 축제를 만들어 지역을 살려야 한다.

※ **[39~41] 주어진 문장이 들어갈 곳으로 가장 알맞은 것을 고르십시오 (각 2점)**

39.

하루는 지구가 스스로 한 바퀴를 도는 데 걸리는 시간이다.

우리가 매일 보는 달력에는 년, 월, 일이 표기되어 있다. (㉠) 1년은 365일이고, 1달은 대부분 30일이나 31일이고, 하루는 24시간이다. (㉡) 지구가 스스로 한 바퀴 도는 것을 '자전'이라고 한다. (㉢) 지구의 자전 주기를 24 부분으로 나누어 한 시간으로 정한 것이다. (㉣)

① ㉠   ② ㉡   ③ ㉢   ④ ㉣

40.

하지만 어떤 개구리들은 물이 없는 사막에서 살아가기도 한다.

개구리는 항상 물이 있는 곳에서 살아야 한다. (㉠) 이들은 비가 올 때까지 몇 년이고 땅속에서 잠을 잔다. (㉡) 그러다가 폭우로 땅에 물이 고이면 그때서야 올라와 활동한다. (㉢) 이 개구리들은 빗물이 고인 물웅덩이에 알을 낳는다. (㉣) 비가 지나간 후 물이 다 마르도록 개구리가 되지 못한 올챙이는 죽고, 개구리가 된 것들은 땅을 파고 들어가 긴 잠을 자다가 비가 돌아오면 땅속에서 나와 번식하는 일을 계속 반복한다.

① ㉠   ② ㉡   ③ ㉢   ④ ㉣

41.

그래서 버튼의 고장이나 내부 스위치 분리 등의 고장이 자주 일어나게 된다.

성격이 급한 사람이 엘리베이터를 탔을 때 닫힘 버튼을 마구 누르는 경우가 있다. (㉠) 그래서인지 닫힘 버튼이 심하게 닳거나 파인 모습이 자주 보인다. (㉡) 닫힘 버튼은 소모성 부품으로, 일반적으로 다른 층 버튼이나 열림 버튼보다 사용 횟수가 많다. (㉢) 닫힘 버튼은 누른 뒤 몇 초 후에 작동하기 때문에 사람들은 반복해서 누르거나 더 세게 누르곤 한다. (㉣)

① ㉠   ② ㉡   ③ ㉢   ④ ㉣

> 나는 어쩌다 한번 마주치는 오빠의 친구를 좋아했다. 그러나 쑥스러워 말도 못 걸고 잘 쳐다보지도 못했다. 그러던 어느 날 오빠에게 보내온 편지를 보고 그가 생활하는 대학 기숙사의 주소를 알게 되었다.
>
> 나는 친구들에게 연애편지를 잘 쓰는 방법을 알아내고, 몇 권의 시집과 편지지를 준비했다. 편지를 쓰기 위한 만반의 준비를 다 갖춘 셈이 되었다.
>
> 며칠을 고심한 끝에 드디어 내가 생각해서 완벽하다고 여겨지는 완성된 연애편지를 들고 빨간 우체통 앞으로 갔다. 하지만 <u>나는 그 편지를 차마 우체통에 넣지 못하고 얼굴이 빨개진 채 그냥 돌아서고 말았다.</u>
>
> 며칠 동안 고민만 하다가 오늘은 꼭 편지를 부치겠다는 다짐을 하며 당당하게 우체통 앞으로 걸어갔다. 그리고 아무 망설임 없이 우체통 안에 편지를 골인시키고 뒤돌아섰는데 순간 '아차' 하는 마음이 들었다.
>
> "푸하하하, 히히히……."
>
> 아이고, 나는 그 편지에 우표를 붙이지 않았던 것이다.

42. 밑줄 친 부분에 나타난 '나'의 심정으로 가장 알맞은 것을 고르십시오.

① 막연하다   ② 정신없다

③ 쑥스럽다   ④ 낭만적이다

43. 윗글의 내용으로 알 수 있는 것을 고르십시오.

① 편지는 잘 보내졌을 것이다.

② 그도 나를 좋아해서 나에게 편지를 썼다.

③ 나는 오빠의 친구와 자주 만나는 사이이다.

④ 나는 연애편지 쓰는 것에 익숙하지 않았다.

피아노는 음악을 연주하는 방법을 배우기에 아주 쉬운 악기이다. 건반을 누르면 음이 나오며, 왼쪽에 있는 건반은 낮은 음을, 오른쪽에 위치한 건반은 높은 음을 내는 구조로 되어 있다. 이 구조는 다른 악기보다 이해하기 쉽기 때문에, 어린아이들도 쉽게 피아노를 배울 수 있다. 다른 악기들은 소리를 내기 위한 연습이 필요한 경우가 많다. 특히 관악기는 소리를 내는 방법과 코드를 익히는 데 많은 노력이 필요하다. 예를 들어, 단소를 연주하기 위해서는 오랜 연습이 필요한 반면, 피아노는 단순히 (   ) 음악을 연주할 수 있다. 어린아이들도 단순한 음악 정도는 피아노를 통해 쉽게 연주할 수 있다.

44. (   )에 들어갈 말로 가장 알맞은 것을 고르십시오.

① 같은 음악을 들어도

② 건반을 누르기만 해도

③ 1년을 꾸준히 연습하면

④ 다른 악기와 같이 연주할 때

45. 윗글의 주제로 가장 알맞은 것을 고르십시오.

① 피아노의 건반은 누르는 속도에 따라 음이 다르다.

② 관악기를 연주해 소리를 내려면 평균 한두 달이 걸린다.

③ 피아노는 다른 악기들에 비해 소리를 내기는 아주 쉽다.

④ 피아노 연주는 아주 쉽기 때문에 연습이 필요하지 않다.

> 기부 문화를 확산시키기 위해서는 어떤 노력이 필요할까? 여러 연구에 따르면 기부 행위는 학습과 반복을 통해 습관화될 수 있다고 한다. 가정에서 부모의 기부 활동을 모방하는 것이 자녀에게 기부 습관을 심어주는 데 도움이 된다는 것이다. 그러므로 어린 시절부터 가정이나 학교에서 지속적으로 나눔에 관한 교육을 하는 것이 중요하다. 또한, 민간 기부 단체들은 투명성과 책임감을 강화하는 것이 필요하다. 최근에 우리나라 부유층 162명을 대상으로 조사한 결과, 기부 단체에 대한 불신으로 인해 기부를 꺼리는 경우가 많다는 결과가 나왔다. 마지막으로, 기부를 한 사람에 대한 세제 혜택도 더욱 확대되어야 한다. 국내에서는 법정 기부금은 모두 소득 공제 혜택을 받지만, 지정 기부금은 소득금액의 일정 비율 안에서만 공제를 받을 수 있다. 이에 비해 미국은 50%의 공제율을 제공하고 있으며, 일본은 25%의 공제율을 제공하고 있다.
> 따라서, 기부를 늘리기 위해서는 가정과 학교에서의 꾸준한 교육, 민간 비영리 단체들의 투명성을 높이는 활동과 함께, 기부와 관련된 제도적 지원도 더욱 강화되어야 한다.

46. 윗글에 나타난 필자의 태도로 가장 알맞은 것을 고르십시오.

① 민간 기부 단체들의 투명성을 지적하고 있다.

② 선진국의 기부 문화를 예로 들어 반박하고 있다.

③ 기부자들을 위한 세제 혜택이 부족함을 부정하고 있다.

④ 기부 문화를 정착시키기 위한 방법을 근거를 통해 제시하고 있다.

47. 윗글의 내용과 같은 것을 고르십시오.

① 부모가 기부를 자주 하면 자녀는 안 하게 된다.

② 부유층들은 민간 기부 단체들을 신뢰하고 있다.

③ 우리나라의 기부자에 대한 세제 혜택은 선진국과 비슷하다.

④ 기부 문화는 가정과 학교에서 자연스럽게 습관처럼 형성되어야 한다.

상대방이 우리의 주장을 받아들이도록 만들기 위해서는 때로는 더 불합리한 반대 주장을 함께 제시하여 선택하도록 유도해야 한다. 이때 불합리한 반대 주장을 큰 소리로 강조하는 것이 중요하다. 이렇게 하면 상대방은 스스로 논리적 모순에 빠지지 않기 위해, 더 타당한 우리의 주장을 받아들이게 될 것이다. 예를 들어, '부모님의 말에 순종해야 한다.'라는 우리의 주장을 상대방이 (   ) 없게 만들려면, 상대방에게 '모든 일에 있어서 부모님의 말씀에 순종해야 합니까, 아니면 따르지 말아야 합니까?'와 같이 질문할 수 있다. 또, 상대방이 두 가지 뜻을 가지고 있는 단어를 사용한다면, 애매모호한 단어의 뜻을 정확하게 이해하기 위해 질문을 해야 한다. 그 예로, 상대방이 '종종'이라는 말을 사용한다면, '종종'이라는 단어를 '적은 경우'로 이해해야 하는지 아니면 '많은 경우'로 이해해야 하는지 물어보는 것이 효과적이다. 이는 검은색이 회색 옆에 있으면 회색이 희다고 말하고, 회색이 흰색 옆에 있으면 회색을 검다고 말하는 것과 같은 원리이다.

48. 윗글을 쓴 목적으로 가장 알맞은 것을 고르십시오.

① 상대방의 주장을 반박하려고

② 논리의 모순에 빠지는 예를 들려고

③ 다른 사람을 설득하기 위한 방법을 알려주려고

④ 상대방 말의 내용을 잘 이해하는 방법을 설명하려고

49. (   )에 들어갈 말로 가장 알맞은 것을 고르십시오.

① 동의할 수   ② 받아들일 수

③ 강조할 수밖에   ④ 시인할 수밖에

50. 윗글의 내용과 같은 것을 고르십시오.

① 검은색 옆에 있는 회색은 검은색에 가깝다.

② 나의 주장을 받아들이게 하기 위해서 작은 소리로 말해야 한다.

③ 불합리한 주장을 받아들이는 것은 논리적 모순에 빠지는 일이다.

④ 타당성 있는 주장을 하기에 앞서서 상대방의 주장을 듣는 척한다.

Test of Proficiency in Korean Actual Mock test

제4회 한국어능력시험 실전 모의고사

TOPIK II

1교시	듣기, 쓰기 (Listening, Writing)

수험번호(Registration No.)		
이 름 (Name)	한국어(Korean)	
	영 어(English)	

유 의 사 항
Information

1. 시험 시작 지시가 있을 때까지 문제를 풀지 마십시오.

   Do not open the booklet until you are allowed to start.

2. 수험번호와 이름을 정확하게 적어 주십시오.

   Write your name and registration number on the answer sheet.

3. 답안지를 구기거나 훼손하지 마십시오.

   Do not fold the answer sheet; keep it clean.

4. 답안지의 이름, 수험번호 및 정답의 기입은 배부된 펜을 사용하여 주십시오.

   Use the given pen only.

5. 정답은 답안지에 정확하게 표시하여 주십시오.

   Mark your answer accurately and clearly on the answer sheet.

   Marking example

6. 문제를 읽을 때는 소리가 나지 않도록 하십시오.

   Keep quiet while answering the questions.

7. 질문이 있을 때에는 손을 들고 감독관이 올 때까지 기다려 주십시오.

   When you have any questions, please raise your hand.

TOPIK II 듣기 (1번~50번)

※ [1~3] 다음을 듣고 가장 알맞은 그림 또는 그래프를 고르십시오. (각 2점)

1.

①
②

③
④

2.

①
②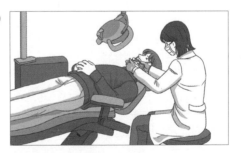

③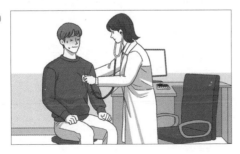
④

3.

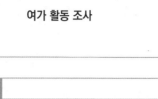

① 여가 활동 조사

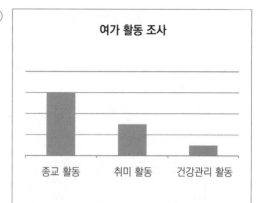

② 여가 활동 조사

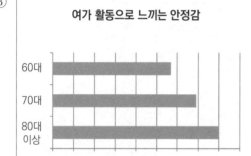

③ 여가 활동으로 느끼는 안정감

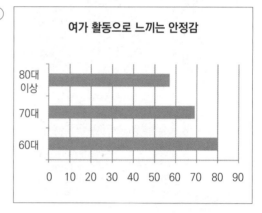

④ 여가 활동으로 느끼는 안정감

※ **[4~8] 다음을 듣고 이어질 수 있는 말로 가장 알맞은 것을 고르십시오. (각 2점)**

4. ① 응, 혼자 할 수 있어.

② 아니, 주말에 이사할 거야.

③ 그래, 내가 가서 도와줄게.

④ 맞아, 나도 바빠서 걱정이야.

5. ① 일을 더 늦게 끝내도록 하세요.

② 출근 시간을 어기면 안 좋아요.

③ 이 간식이라도 드시면서 하세요.

④ 회사 식당의 점심 메뉴가 좋아요.

6. ① 응, 휴대폰으로 하면 안 되는구나. ② 아, 그럼 회원 가입을 해야겠구나.

   ③ 아, 요가 학원에 직접 가야겠구나. ④ 응, 그럼 우리 같이 요가를 배우자.

7. ① 응, 나중에 신어 볼게. ② 좋아, 교환하는 게 좋겠어.

   ③ 아니, 일주일을 기다리는 게 나아. ④ 그래, 운동화 가지고 가 봐야겠다.

8. ① 점검이 끝났네요.

   ② 기사님이 방문을 했어요.

   ③ 최대한 빨리 확인 좀 해주세요.

   ④ 금방 연결이 되었다니 다행이네요.

※ [9~12] 다음을 듣고 여자가 이어서 할 행동으로 가장 알맞은 것을 고르십시오. (각 2점)

9. ① 세탁실로 간다. ② 세탁기를 옮긴다.

   ③ 출입문을 닫는다. ④ 냉장고를 빼 놓는다.

10. ① 집에 간다. ② 입장권을 낸다.

    ③ 입구쪽으로 간다. ④ 매표소를 찾는다.

11. ① 돈을 넣는다. ② 직원을 찾는다.

    ③ 카드를 꺼낸다. ④ 노래를 고른다.

12. ① 이메일을 작성한다. ② 명단을 확인한다.

    ③ 게시판에 안내문을 붙인다. ④ 참석자들에게 직접 물어본다.

13. ① 두 사람은 두 시간을 기다렸다.

    ② 여자는 이 식당에 와 본 적이 있다.

    ③ 여자는 이 가게의 음식을 자주 먹어 봤다.

    ④ 이 식당은 손님이 많아서 줄을 서야 한다.

14. ① 운행 예정 시간보다 늦어지고 있다.

    ② 열차에 문제가 생겨 출발을 못 했다.

    ③ 열차 운행 중에 안내 방송이 나왔다.

    ④ 승객들은 열차 밖에서 기다리고 있다.

15. ① 주요 장소에 경찰 순찰차가 있다.

    ② 순찰 활동은 점차 감소할 것이다.

    ③ 30일 하루 동안 음주 단속을 한다.

    ④ 올해 인주시의 연말연시는 위험하다.

16. ① 남자는 작년에 몸이 안 좋았다.

    ② 남자의 팬들은 경기에서 승리했다.

    ③ 남자의 팀은 좋은 성과를 거두었다.

    ④ 남자의 팀은 이번 경기가 어려워서 졌다.

17.　① 패키지 여행은 불편하다.

　　② 자유 여행은 일정이 계획적이다.

　　③ 패키지 여행으로 가는 게 더 낫다.

　　④ 여행 상품을 자유롭게 선택할 수 있다.

18.　① 휴대폰을 오래 들고 있어야 한다.

　　② 휴대폰은 멀리서 봐야 잘 볼 수 있다.

　　③ 휴대폰은 손으로 들고 다니면 안 된다.

　　④ 휴대폰 안 보는 시간을 정해 놓는 것이 좋다.

19.　① 무인점포는 많아져야 한다.

　　② 주인들 때문에 사람들이 힘들다.

　　③ 무인점포에는 CCTV 등이 필요하다.

　　④ 사람들의 일하는 시간이 줄어서 좋다.

20.　① 도시 거주 시민들이 많아야 한다.

　　② 방콕시가 평생 학습 정책을 모방해야 한다.

　　③ 평생 교육은 시민들의 행복을 위해 필요하다.

　　④ 인주시는 방콕 시민들의 교육을 지원할 것이다.

21.   남자의 중심 생각으로 가장 알맞은 것은 고르십시오.

① 허리 수술 환자는 걷기 운동을 해야 한다.

② 허리 수술 환자는 가만히 누워 있어야 한다.

③ 허리 수술 환자는 단계적 운동을 해야 한다.

④ 허리 수술 환자에게 등산은 좋은 유산소 운동이다.

22.   들은 내용과 같은 것을 고르십시오.

① 여자는 유산소 운동을 하고 싶다.

② 여자는 근력이 점차 좋아지고 있다.

③ 여자는 운동을 바꿔야 한다고 생각한다.

④ 여자는 본인에게 적합한 운동을 잘 모른다.

※   **[23~24] 다음을 듣고 물음에 답하십시오. (각 2점)**

23.   남자가 무엇을 하고 있는지 고르십시오.

① 예약 마감 날짜를 안내하고 있다.

② 신입 사원 워크숍을 진행하고 있다.

③ 강당 사용 신청 방법에 대해 설명하고 있다.

④ 워크숍을 위한 공간의 필요성을 설명하고 있다.

24.   들은 내용과 같은 것을 고르십시오.

① 돈 내는 방법은 한 가지이다.

② 예약은 1주일 전에만 가능하다.

③ 예약할 때 참석자 이름을 써야 한다.

④ 예약 신청은 조기 마감이 될 수 있다.

25.　남자의 중심 생각으로 가장 알맞은 것을 고르십시오.

①　집배원 네크워크를 활성화해야 한다.

②　치매 환자들을 위해 집배원을 활용해야 한다.

③　소외 계층을 돌보는 것은 국가가 해야 할 일이다.

④　집배원은 우편 수신인에게 직접 서명을 받아야 한다.

26.　들은 내용과 같은 것을 고르십시오.

①　치매 환자는 집배원의 도움을 받을 수 있다.

②　국가는 집배원의 복지 서비스를 늘려야 한다.

③　복지 사각지대를 위한 네트워크가 필요하다.

④　인주시 우체국은 전국 최초로 우편 서비스를 시작했다.

27.　남자가 말하는 의도를 알맞은 것을 고르십시오.

①　시민건강달리기 대회를 홍보하려고

②　시민건강달리기 대회 신청을 제안하려고

③　반려견과 함께 행사에 참여하는 것을 지지하려고

④　반려견과 함께 할 수 있는 행사의 필요성을 말하려고

28.　들은 내용과 같은 것을 고르십시오.

①　남자는 반려견과 동반 참여를 신청했다.

②　여자는 남자와 같이 대회에 참여할 것이다.

③　인주시에서 시민건강달리기 대회가 열렸다.

④　반려견과 함께 하는 스포츠 행사가 많아졌다.

29. 남자가 누구인지 고르십시오.

    ① 꿀벌을 길러 판매하는 사람

    ② 식물을 보전하고 번식하게 하는 사람

    ③ 비행기 거리 데이터를 수집하는 사람

    ④ 대기와 꿀벌의 관련성을 조사하는 사람

30. 들은 내용과 같은 것을 고르십시오.

    ① 여자는 꿀벌의 활동을 연구하려고 한다.

    ② 남자는 꿀벌의 비행 거리를 측정하고 있다.

    ③ 대기 오염은 식물의 성장에는 관련이 없었다.

    ④ 전문가들은 환경 위기 대처 방법을 제시했다.

※ [31~32] 다음을 듣고 물음에 답하십시오. (각 2점)

31. 남자의 중심 생각으로 알맞은 것을 고르십시오.

    ① 시청자들의 요구 사항이 다양해지고 있다.

    ② 시청자들은 복수에 관한 소재를 아주 싫어한다.

    ③ 다양한 콘텐츠의 소재에 대해 걱정할 필요는 없다.

    ④ 사회적인 문제를 해결하기 위해 사법 체계가 필요하다.

32. 남자의 태도로 가장 알맞은 것을 고르십시오.

    ① 예상되는 문제를 우려하고 있다.

    ② 문제의 해결을 위해 대안을 요구하고 있다.

    ③ 상대방의 의견에 적극적으로 동의하고 있다.

    ④ 상황을 분석하며 자신의 의견을 주장하고 있다.

33. 무엇에 대한 내용인지 알맞은 것을 고르십시오.

① 미세 플라스틱의 위험성

② 미세 플라스틱의 섭취량

③ 미세 플라스틱의 제거 방법

④ 미세 플라스틱의 존재 장소

34. 들은 내용과 같은 것을 고르십시오.

① 미세 플라스틱은 상수도에만 존재한다.

② 물속의 미세 플라스틱은 끓이면 없어진다.

③ 물을 마실 때 미세 플라스틱을 걸러내야만 한다.

④ 연구팀은 환경오염의 심각성에 대해 걱정하고 있다.

35. 남자가 무엇을 하고 있는지 고르십시오.

① 졸업 후의 진로에 대해 소개하고 있다.

② 인재 양성을 위한 시설을 요청하고 있다.

③ 새로운 교육 과정의 도입을 선언하고 있다.

④ 미래 자동차 산업에 대한 지원을 부탁하고 있다.

36. 들은 내용과 같은 것을 고르십시오.

① 이 학교는 자동차 인재 양성을 한다.

② 이 학교는 디자인과가 제일 유명하다.

③ 이 학교는 자동차 이론 교육으로만 손꼽힌다.

④ 이 학교는 미래 자동차 홍보와 판매를 하고 있다.

37. 여자의 중심 생각으로 가장 알맞은 것을 고르십시오.

① 식당은 음식의 맛이 제일 중요하다.

② 차세대 디자인이 인기가 있을 것이다.

③ 무상 서비스를 제공 받을 수 있어야 한다.

④ 주문용 태블릿이 소상공인들에게 도움을 줄 것이다.

38. 들은 내용과 같은 것을 고르십시오.

① 이용료는 1년 동안 2만 원이다.

② 음식 주문은 태블릿으로만 해야 한다.

③ 개인 영업을 하는 식당 사장님들이 좋아한다.

④ 태블릿 도입을 하면 1년 동안 무료 사용이 가능하다.

39. 이 대화 전의 내용으로 가장 알맞은 것을 고르십시오.

① 숲 재생 사업 예산이 확정되었다.

② 산림 조성 정책이 발표되었다.

③ 풍요로운 산림의 혜택을 누렸다.

④ 작년에 산불로 숲이 피해를 입었다.

40. 들은 내용과 같은 것을 고르십시오.

① 산불로 인명 피해가 꽤 많았다.

② 작년부터 숲 재생 사업을 진행하고 있다.

③ 숲 재생 사업은 미래 세대를 위한 일이다.

④ 숲 재생 사업은 공적인 목적을 위해서만 실시한다.

41. 이 강연의 중심 내용으로 가장 알맞은 것을 고르십시오.

　① 이 전시는 참신하고 차별성이 있다.

　② 이 전시에는 대규모 관람객들을 유치한다.

　③ 이 전시에는 몰입형 가상 현실 체험관이 있다.

　④ 이 전시는 반 고흐의 작품을 많이 감상할 수 있다.

42. 들은 내용과 같은 것을 고르십시오.

　① 그림을 통해서 오감이 발달될 수 있다.

　② 가상 게임을 체험할 수 있는 전시회이다.

　③ 전시회에서 반 고흐의 삶과 그림을 감상할 수 있다.

　④ 미술 감독은 기존의 미디어아트와 유사하게 기획했다.

43. 무엇에 대한 내용인지 알맞은 것을 고르십시오.

　① 뇌 회로의 작동 방식

　② 근심과 우울의 상관관계

　③ 신체 활동의 면역성 연구

　④ 운동이 불안감에 주는 영향

44. 불안감을 가진 사람들이 걱정을 하는 이유로 맞는 것을 고르십시오.

　① 뇌를 활성화 시키려는 것 때문에

　② 효과적인 치료 방법을 알려는 것 때문에

　③ 불안감의 확실한 원인을 찾으려는 것 때문에

　④ 머릿속을 맴도는 걱정을 멈추려는 것 때문에

45. 들은 내용과 같은 것을 고르십시오.

① 고인돌은 청동기 시대에 생겨났다.

② 고인돌은 단순한 돌 문화일 뿐이다.

③ 고인돌은 자체 한반도 발생설이 유일하다.

④ 고인돌은 한국 외에 동북아시아에 밀집되어 있다.

46. 여자의 태도로 알맞은 것을 고르십시오.

① 고인돌의 활용성에 동의하고 있다.

② 고인돌의 연구에 대해 기대하고 있다.

③ 고인돌의 필요성과 의의를 강조하고 있다.

④ 고인돌의 새로운 형태 적용을 주장하고 있다.

47. 들은 내용과 같은 것을 고르십시오.

① 실직을 하는 신입 사원들이 늘고 있다.

② 경력자들은 회사 적응 기간이 오래 걸린다.

③ 디지털 역량이 있어야 경력자로 입사할 수 있다.

④ 회사는 신입 사원 재교육의 시간과 비용을 아깝게 여긴다.

48. 남자의 태도로 알맞은 것을 고르십시오.

① 취업 시장 변화의 원인을 설명하고 있다.

② 신입 사원 고용을 강력하게 주장하고 있다.

③ 취업 시장이 좁아지는 것을 우려하고 있다.

④ 신입 사원 재교육의 중요성을 검토하고 있다.

49. 들은 내용과 같은 것을 고르십시오.

① 이 제도는 지방 자치 단체에서만 실시한다.

② 이 제도는 특정 개인에게만 제한적으로 적용된다.

③ 이 제도는 각 개인에게 최고의 생활을 보장해 준다.

④ 이 제도는 삶의 수준을 향상시키기 위해 만들어졌다.

50. 남자의 태도로 알맞은 것을 고르십시오.

① 제도의 새로운 변화를 촉구하고 있다.

② 제도의 개념과 목적을 이해시키고 있다.

③ 제도의 개선 방향에 대해 주장하고 있다.

④ 제도의 적용과 문제점을 지적하고 있다.

※ **[51~52] 다음 글의 ㉠과 ㉡에 알맞은 말을 각각 쓰시오. (각 10점)**

51.

| 받는 사람: ○○○ 교수님 |
| 보내는 사람: 마이클 |

○○○ 교수님께

교수님, 안녕하세요? 24학번 한국어학과 마이클입니다.

이번 주 금요일에 있는 세미나와 관련해 부탁드릴 말씀이 있습니다.

제가 이번 주 금요일에 제주도로 문화 체험을 갑니다.

그래서 세미나에 (㉠   )

세미나 참석 대신 과제를 (㉡   ) 알고 싶습니다.

그럼 답장 기다리겠습니다.

안녕히 계십시오.

-마이클 올림-

㉠ : _____

㉡ : _____

52.

　　과일은 현대인들에게 건강한 식품으로 알려져 있어 식후에 디저트로 많이 먹습니다. 그러나 과일은 먹는 시점에 따라 건강에 (㉠   ) 그렇지 않을 수도 있습니다. 과일은 90%의 수분과 약간의 과당으로 이루어져 있습니다. 그래서 식사 후에 바로 (㉡   ) 당이 지방으로 바뀌어 당뇨병에 걸리거나 위장 장애를 일으킬 수도 있습니다. 따라서 과일은 식사 후 2시간 이후에 먹는 것이 가장 이상적입니다.

㉠ : _____

㉡ : _____

53. 다음은 '전기차 수요 변화'에 대한 자료이다. 이 내용을 200~300자의 글로 쓰시오. 단, 글의 제목은 쓰지 마시오. (30점)

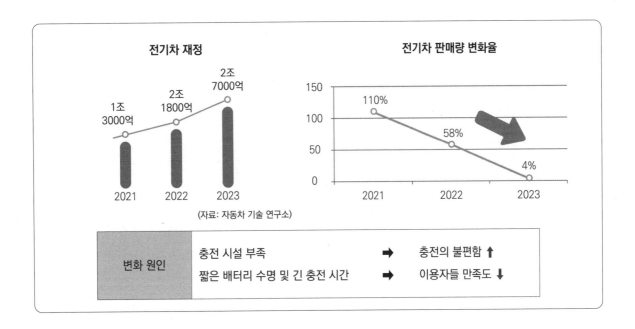

54. 다음을 참고하여 600~700자로 글을 쓰시오. 단, 글의 제목은 쓰지 마시오. (50점)

> 배려는 다른 사람은 도와주거나 보살펴 주려고 마음을 쓰는 것이다. 바쁜 현대 사회에서 다른 사람을 위한 배려는 쉬운 일이 아니다. 아래의 내용을 중심으로 '배려의 필요성과 이를 위한 노력'에 대한 자신의 생각을 쓰라.

- 배려가 필요한 이유는 무엇인가?
- 배려를 했을 때 사회 구성원이 얻는 것은 무엇인가?
- 배려심을 기르기 위한 실천적인 노력은 무엇이 있는가?

* 원고지 쓰기의 예

	저	는		음	악	을		자	주		듣	는		편	이	에	요	.	글	을		쓸		땐
재	즈	,		클	래	식		등	을		듣	습	니	다	.									

제1교시 듣기, 쓰기 시험이 끝났습니다. 제2교시는 읽기 시험입니다.

Test of Proficiency in Korean Actual Mock test

제4회 한국어능력시험 실전 모의고사

TOPIK II

2교시

읽기
(Reading)

수험번호(Registration No.)		
이 름 (Name)	한국어(Korean)	
	영 어(English)	

유 의 사 항
Information

1. 시험 시작 지시가 있을 때까지 문제를 풀지 마십시오.

   Do not open the booklet until you are allowed to start.

2. 수험번호와 이름을 정확하게 적어 주십시오.

   Write your name and registration number on the answer sheet.

3. 답안지를 구기거나 훼손하지 마십시오.

   Do not fold the answer sheet; keep it clean.

4. 답안지의 이름, 수험번호 및 정답의 기입은 배부된 펜을 사용하여 주십시오.

   Use the given pen only.

5. 정답은 답안지에 정확하게 표시하여 주십시오.

   Mark your answer accurately and clearly on the answer sheet.

   Marking example ① ● ③ ④

6. 문제를 읽을 때는 소리가 나지 않도록 하십시오.

   Keep quiet while answering the questions.

7. 질문이 있을 때에는 손을 들고 감독관이 올 때까지 기다려 주십시오.

   When you have any questions, please raise your hand.

TOPIK Ⅱ 읽기 (1번~50번)

※ [1~2] (   )에 들어갈 말로 가장 알맞은 것을 고르십시오. (각 2점)

1. 선생님께서 오늘은 숙제를 꼭 (   ) 하셨어요.

　　① 하라고　　　　　② 하고자　　　　　③ 했더니　　　　　④ 할수록

2. 철수야, 시험을 잘 보려면 이 표현을 열심히 (   ).

　　① 공부해 둬　　　　　　　　　② 공부해 드려

　　③ 공부하는 편이야　　　　　　④ 공부하는 모양이야

※ [3~4] 밑줄 친 부분과 의미가 가장 비슷한 것을 고르십시오. (각 2점)

3. 나는 어제 백화점에 <u>가는 길에</u> 우연히 동창을 만났다.

　　① 가다가　　　　　② 가더니　　　　　③ 가고자　　　　　④ 갈수록

4. 사람들이 밖에서 기다리는 것을 보니 안에 손님이 <u>많은 것 같다.</u>

　　① 많기만 하다　　② 많냐고 한다　　③ 많은 모양이다　　④ 많을 리가 없다

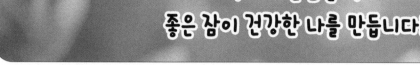

하루의 피곤함을 싹~
좋은 잠이 건강한 나를 만듭니다!

5. ① 신문　　　　② 안경　　　　③ 신발　　　　④ 침대

건강하고 자신 있게!

다이어트에 계속 실패하셨나요?
전문가와 함께 3주의 기적에 도전해 보세요!

6. ① 헬스장　　　　② 미용실　　　　③ 미술관　　　　④ 세탁소

우리 모두를 위해 함께 지켜요!

종이컵 대신 '개인 컵' 사용하기!
가까운 거리는 걷기! 자가용 대신 대중교통 이용하기!
안 쓰는 플러그는 빼 놓기!

7. ① 건강 관리　　　　② 환경 보호　　　　③ 생활 예절　　　　④ 교통 안전

-구매 후 7일 이내에 가능합니다.
-고객 부주의나 훼손된 제품은 불가합니다.
-고객센터나 홈페이지에 먼저 신청해야 합니다.

8. ① 상품 홍보　　　　② 사용 순서　　　　③ 교환 안내　　　　④ 주의 사항

9.

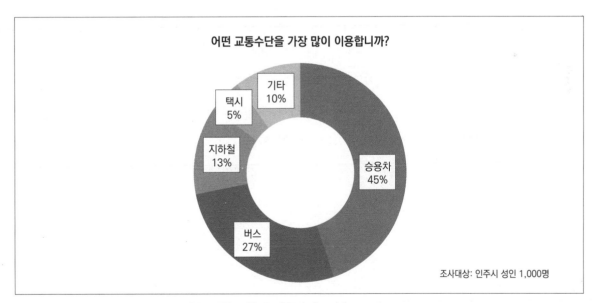

제주 바다 자원 봉사 모집

아름다운 제주 바다의 쓰레기를 치워 주세요.

◆ 신청 기간: 2025년 5월 1일~5월 7일
◆ 모집 대상: 제주 거주자
◆ 활동 내용: 제주 해안가 쓰레기 수거 (일정 추후 공지)
◆ 문의 전화: 제주 해양보호센터 ☎ 064) 4321-1010

▶ 활동 참여 시 봉사 시간 인증과 활동 물품을 지원해 드립니다.

① 활동은 일주일 동안 진행된다.

② 누구나 봉사에 참여할 수 있다.

③ 제주도에 물품을 지원하는 행사이다.

④ 이 활동에 참여하면 봉사 시간이 인정된다.

10.

어떤 교통수단을 가장 많이 이용합니까?

택시 5%
기타 10%
지하철 13%
승용차 45%
버스 27%

조사대상: 인주시 성인 1,000명

① 기타라고 응답한 사람들의 비율이 제일 높다.

② 승용차를 이용한다고 응답한 사람들이 전체의 반을 넘는다.

③ 버스를 이용한다고 응답한 사람들의 비율이 두 번째로 낮다.

④ 지하철 이용자보다 승용차 이용자의 비율이 세 배 이상 많다.

11.

> 최근에 인주시에서는 AI 아나운서를 채용해 화제를 모으고 있다. 이 아나운서는 대본이나 음성, 몸짓까지 미리 입력된 프로그램대로 진행을 할 수 있다. AI 가상 인간은 아나운서뿐만 아니라 모델, 방송인, 가수 등 다양한 방면에서 활용되고 있다. 이러한 추세에 맞춰 앞으로 AI 산업은 새롭고 혁신적인 산업으로 발전해 나갈 것이라는 전망이 나오고 있다.

① AI는 미래 산업으로 성장할 것이다.

② AI는 아나운서의 대본을 직접 작성한다.

③ AI 가상 인간을 고용해야 프로그램이 진행된다.

④ AI 활용은 아나운서나 가수 등 방송에서만 할 수 있다.

12.

> 최근 유명인을 이용한 가짜 뉴스나 허위 광고가 증가하고 있어 SNS 사용자들의 주의가 요구된다. 이러한 가짜 뉴스나 허위 광고는 사람들로 하여금 링크를 클릭하고 개인 정보를 입력하도록 유도한다. 이를 통해 개인 정보 유출과 심하면 금전적 피해까지 입을 수 있기에 사이버 수사대에서는 이러한 피싱 범죄를 방지하기 위해 적극적으로 조사에 임할 예정이다.

① SNS를 이용한 사이버 범죄가 늘고 있다.

② 유명한 사람들이 SNS를 많이 이용하고 있다.

③ SNS를 이용하려면 개인 정보를 입력해야 한다.

④ 사이버 수사대는 SNS 사용자들을 모두 조사할 것이다.

※ [13~15] 다음을 순서에 맞게 배열한 것을 고르십시오. (각 2점)

13.

> (가) 이산화탄소는 불을 끄는 특성을 가지고 있다.
>
> (나) 또한 이 흰색의 고체는 공기 중에서 바로 기체로 변한다.
>
> (다) 이러한 성질로 인해 드라이아이스는 안개와 같은 효과를 나타낸다.
>
> (라) 냉동식품을 보관할 때 사용하는 드라이아이스는 고체로 된 이산화탄소이다.

① (가) - (라) - (나) - (다)　　　② (라) - (가) - (나) - (다)

③ (가) - (나) - (다) - (라)　　　④ (라) - (나) - (다) - (가)

14.

> (가) 응급조치를 한 후 아주머니는 바로 의식이 돌아왔다.
>
> (나) 아주머니는 그 남자에게 몇 번이나 감사의 인사를 했다.
>
> (다) 점심시간에 옆에서 식사를 하던 아주머니가 갑자기 쓰러졌다.
>
> (라) 그때 뒤쪽에 있던 남자 손님이 아주머니에게 심폐소생술을 실시했다.

① (나) - (가) - (다) - (라)　　　② (다) - (라) - (가) - (나)

③ (나) - (라) - (가) - (다)　　　④ (다) - (나) - (라) - (가)

15.

> (가) 다이빙을 할 때 종종 생길 수 있는 병이 잠수병이다.
>
> (나) 그러므로 물 밖으로 올라올 때는 압력을 천천히 낮춰야 한다.
>
> (다) 잠수병은 깊은 물속에 들어갔다가 너무 빨리 올라와서 나타나는 것이다.
>
> (라) 이때 나타나는 증상은 두통이나 청력 이상 또는 어지럼증 등이다.

① (가) - (다) - (나) - (라)　　　② (다) - (가) - (나) - (라)

③ (가) - (다) - (라) - (나)　　　④ (다) - (가) - (라) - (나)

16.

요리를 잘하기 위해서 알아야 하는 기본적인 상식 중의 하나는 양념을 넣는 순서이다. 그럼, 설탕과 소금 중에 어떤 것을 먼저 넣어야 할까? 설탕은 음식 재료를 부드럽게 만들어 주고 다른 양념이 (　　　　) 가장 처음에 넣는다. 그 후에 맛 성분이 빠져나가지 않게 하는 소금을 넣는다.

① 다소 싱겁기 때문에　　　　　　② 맛있다고 느끼기 때문에

③ 섞이지 않기 때문에　　　　　　④ 잘 스며들게 도와주기 때문에

17.

위조지폐란 가짜 지폐를 말하는데, 이것을 만드는 것은 화폐의 가치를 떨어뜨리고 질서를 파괴하는 범죄 행위이다. 화폐는 국가의 안보와 관련된 저작물에 속하기 때문에 마음대로 만들거나 유통시키면 안 된다. 따라서 위조지폐를 (　　　　) 여러 가지 위조 방지 장치를 해 놓았는데, 빛에 비추었을 때 숨은 그림이 나타나거나 무늬나 선이 보인다. 또한 글자나 색깔 등이 홀로그램으로 보이기도 한다.

① 감별하기 위한　　　　　　　② 복사하기 위한

③ 처벌하기 위한　　　　　　　④ 발행하기 위한

18.

산업화는 다양한 방법으로 인간에게 필요한 에너지 생산과 생활의 편리함까지 안겨다 주었다. 그러나 에너지 생산의 많은 (　　　　) 화력 발전소는 많은 양의 이산화탄소를 배출한다. 이산화탄소는 지구의 온도를 오르게 만들고 이산화탄소의 30%를 흡수하여 기후 변화를 막아 주던 바다마저 오염되게 하여 환경에 적지 않은 영향을 주고 있다.

① 균형이 나타나는　　　　　　② 온도가 상승하는

③ 비중을 차지하는　　　　　　④ 연소하며 생기는

식품위생법에는 소비자에게 식품을 판매, 즉 유통할 수 있는 기한을 정한 '유통 기한'이 있다. 제조업자나 판매업자가 유통 기한을 지키지 않으면 과태료가 부과될 수도 있다. 그러나 식품에 아무 문제가 없는데도 (   ) 유통 기한이 지났기 때문에 식품을 폐기 처분하는 것은 낭비라는 인식이 최근에 나타났다. 이를 보완하기 위해 나온 것이 바로 '소비 기한'이다. 소비 기한은 소비자들이 식품을 섭취해도 건강이나 안전에 이상이 없는 기한으로 유통 기한보다 더 길다.

19. (   )에 들어갈 말로 가장 알맞은 것을 고르십시오.

① 과연   ② 단지   ③ 물론   ④ 비록

20. 윗글의 주제로 가장 알맞은 것을 고르십시오.

① 유통 기한은 소비 기한보다 기간이 짧다.

② 유통 기한이 지나면 식품을 폐기해야 한다.

③ 유통 기한을 지키지 않으면 과태료를 내야 한다.

④ 유통 기한의 단점을 보완하기 위해 소비 기한이 나왔다.

최근 환경 보호를 위해 일회용 컵 대신 다회용으로 사용할 수 있는 텀블러를 사용하는 사람들이 늘고 있다. 이런 분위기에 맞춰 대형 커피숍에서도 텀블러 이벤트를 활용한 행사들을 하고 있어 사람들의 (   ). 그러나 소비자들의 관심과 홍보를 위한 이런 이벤트로 인해 텀블러가 남용되고 있어 환경 보호라는 취지에 맞지 않는다는 의견이 있다. 이에 〈환경보호협회〉는 기업들이 텀블러를 홍보 수단으로 이용하는 것을 자제해야 한다고 지적했으며 이러한 문제점을 해결하기 위해 대책을 찾고 있다.

21.   (   )에 들어갈 말로 가장 알맞은 것을 고르십시오.

① 눈감아 주고 있다.

② 눈길을 끌고 있다.

③ 눈치를 보고 있다.

④ 눈을 피하고 있다.

22.   윗글의 내용과 같은 것을 고르십시오.

① 텀블러 사용이 요즘 기업의 유행이다.

② 환경 보호를 위해 텀블러 생산을 늘려야 한다.

③ 환경보호협회에서 텀블러 이벤트를 하고 있다.

④ 텀블러가 기업의 홍보용으로 판매되어 대책이 필요하다.

며칠 전 부모님 댁에 다녀왔다. 아버지는 몇 년 전에 겪은 뇌경색으로 거동이 불편하셔서 자주 누워계신다. 그날도 나는 여느 때와 같이 돌아누워 계신 아버지를 불렀다. '아버지, 저 왔어요.' 아버지는 내 목소리를 듣고는 눈을 뜨시고 두 손을 내밀어 내 두 손을 꼭 맞잡으셨다. '왜 이렇게 차?'라며 온기가 있는 손으로 내 손을 녹여 주시려고 애를 쓰셨다. 아버지는 내가 어릴 때부터 학교에서 돌아오면 항상 꽁꽁 언 내 손을 붙잡고 녹여 주셨다. 예전의 넓은 바다 같던 아버지가 어린아이처럼 변하셨는데도 내 손이 차가운 건 잊어버리지 않으셨나 보다. 집으로 돌아오는 길에 옛 생각이 나서 가슴이 먹먹했다. 이제 나도 나이를 먹었고 더 이상 어린아이가 아니고 아버지도 다시 정정한 그때로 돌아갈 수 없다. 아버지가 내 손을 잡아 주실 때마다 늙어 버린 아버지의 큰 사랑이 시간 속에 점점 사라져 가는 것 같아서 한없이 서글퍼진다.

23. 밑줄 친 부분에 나타난 '나'의 심정으로 가장 알맞은 것을 고르십시오.

① 슬픔이 가득했다

② 나에게 짜증났다

③ 아쉽고 서운했다

④ 화나고 실망했다

24. 윗글의 내용과 같은 것을 고르십시오.

① 아버지는 잠이 많으셔서 항상 주무신다.

② 나는 어렸을 때부터 손에 온기가 없었다.

③ 아버지께서는 언제나 나를 마중 나오셨다.

④ 나는 아버지와 같이 살면서 돌봐 드리고 있다.

25.

> 직장인들 시차출근제 도입, 교통 분산으로 도로 건설 효과

① 직장인들이 출퇴근 시 이용하는 도로를 건설해야 한다.

② 유연한 출퇴근 시간 제도를 만들면 교통수단이 분리된다.

③ 직장인들은 출퇴근 시간이 일정해서 도로의 차가 막히지 않는다.

④ 유연한 출퇴근 시간은 교통 체증을 해소해 도로 건설의 효과를 얻게 된다.

26.

> 연이은 장바구니 물가 상승, 주부들 땅이 꺼지게 '한숨'

① 장바구니의 가격이 올라서 주부들이 고민 중이다.

② 주부들은 장을 볼 때 잠깐 동안의 휴식이 필요하다.

③ 작년과 올해 모두 물건 가격이 올랐다고 주부들이 말했다.

④ 계속되는 생필품의 가격 상승으로 주부들이 크게 걱정한다.

27.

> K 드라마 열풍 전 세계 '들썩', 국내 미디어 콘텐츠 개발사 '웃음꽃 활짝'

① K 드라마는 전 세계적으로 코미디가 가장 인기가 많다.

② K 드라마는 국내에서 개발해 전 세계적으로 방영하고 있다.

③ K 드라마는 국내의 미디어 콘텐츠 개발에 많은 도움을 주고 있다.

④ K 드라마의 세계적인 인기에 드라마를 만든 회사들이 크게 기뻐하고 있다.

28.

장기간 보존할 수 있는 가공식품인 레토르트 음식이 국내뿐만 아니라 해외에서도 인기를 얻고 있다. 찌개, 탕, 만두 등 다양한 음식이 팔리고 있는데 이번에 모 회사에서는 삼계탕을 출시하여 주목을 받고 있다. 집에서 요리해 먹으려면 번거롭고 (   ) 반해 간편 조리 방식으로 만든 삼계탕은 짧은 시간 안에 쉽게 먹을 수 있다는 장점이 있다.

① 시간도 많이 걸리는 데

② 소비자의 기호에 맞춘 데

③ 사람들에게 인기가 많은 데

④ 오랫동안 보관할 수 있는 데

29.

오늘날 많은 사람들은 고대 한국의 국가인 '백제'하면 충청도나 전라도 지역을 떠올린다. 하지만 현재 대한민국의 수도인 서울이 바로 백제의 최초 수도였다는 사실은 잘 알려져 있지 않다. 조선 시대에 한성으로 불렸던 서울은 백제가 수도를 여러 번 옮기기 전, 초기 수도로서 백제의 전성기를 이끈 중심지였다. 백제는 한강 북쪽에 성을 세운 후, 한강 남쪽으로 수도를 옮겨 약 500년간 유지했다. 이러한 역사적 배경 때문에 과거 (   ) 백제를 '한성백제'라고도 한다.

① 서울의 지명을 따와서

② 한강 남쪽을 기념해서

③ 오랫동안 성을 건축해서

④ 백제의 최전성기를 이뤄서

30.

　　인체의 신비로운 점 중 하나로 아침과 저녁의 키 차이를 들 수 있다. 저녁에 측정한 키는 아침에 키를 측정했을 때보다 보통 1~2cm 정도 작게 나온다. 이러한 차이의 원인은 척추뼈 사이의 연골 속에 있는 수분이 낮 동안 활동을 하면서 중력에 의해 빠져나가기 때문이다. 그리고 밤에 누워서 잠을 자는 동안은 중력을 덜 받게 되어 (　　　　　) 아침에는 키가 다시 커지게 된다.

① 수분이 채워지므로

② 활동성이 떨어지므로

③ 일찍 일어나게 되므로

④ 혈액 순환이 잘 되므로

31.

　　현대인들이 건강을 중요시하면서 관심이 증가하고 있는 것이 바로 '비건' 식품이다. '비건'이란 채소, 과일 등 식물성 음식만을 먹는 채식을 뜻하는 말이다. 그런데 이러한 비건 식품 시장이 확대되는 또 하나의 이유는 (　　　　) 인식의 전환 때문이다. 가축을 키우는 과정에서 많은 동물 학대와 자원 소모, 환경 오염 등이 발생하기 때문에 이를 방지하기 위해 친환경적인 비건 식품의 소비가 늘어나고 있는 것이다.

① 건강식품 시장의 유통에 대한

② 동물 복지와 환경 문제에 대한

③ 식품 산업 개발의 다양성에 대한

④ 비건 식품과 질병과의 관계에 대한

32.

　　우리가 흔히 듣는 대중음악의 노래 길이는 대부분 3분 정도이고 5분을 넘지 않는다. 이것은 '표준 시간 음반'이라고 불리는 초기 레코드판의 영향 때문이다. 초기 레코드판은 충격에 약해서 깨지기 쉽고 4분 정도의 음악만 한 면에 녹음할 수 있다는 단점이 있었다. 그러나 레코드판의 대량 생산으로 대중들에게 널리 보급되고 익숙해지게 되었다. 그 이후 짧은 녹음 시간의 단점을 보완한 'LP'(장시간 연주 레코드)와 기술의 발전으로 CD, MP3, 스트리밍 등 음악을 듣는 다양한 방식들이 나타났지만 이미 대중들에게 익숙해진 음악의 길이는 변하지 않고 있다.

① 음악은 장르에 따라 길이가 달랐다.

② 대중들에게 인기 있는 음악의 길이는 3분이었다.

③ 대중음악은 레코드판의 보급으로 널리 알려지게 되었다.

④ 레코드판에 음악을 녹음하는 것은 획기적인 기술이었다.

33.

　　의복은 그 지역의 기후와 관계가 깊다. 대부분이 사막으로 이루어져 건조한 기후를 가진 이집트의 의복은 이러한 날씨의 영향으로 대체로 바람이 잘 통하거나 뜨거운 태양으로부터 피부를 보호하기에 좋은, 단순하고 개방적인 형태로 발전되어 왔다. 고대 이집트인들의 의복은 기후와의 관계뿐만 아니라 신앙과 권력을 상징적으로 나타내기도 했다. 그래서 화려한 화장 기술과 장신구, 가발 등도 같이 사용되었다. 이러한 고대 이집트인들의 의복의 특징은 현대의 의복에도 다양하게 활용되고 있다.

① 신분에 상관없이 옷의 구조가 비슷했다.

② 요란한 장식보다 자연스러운 스타일이 많았다.

③ 덥고 건조한 기후가 의복의 형태에 반영되었다.

④ 현대의 의복 스타일은 모두 고대 이집트 형식이다.

34.

　　최근 세계 여러 나라에서는 출산을 장려하기 위한 다양한 정책과 복지 제도를 실시하고 있다. 출산을 장려하는 이유는 인구란 노동력을 의미하고 노동력이 국가의 경쟁력이 될 수 있기 때문이다. 출산 장려 정책은 조선 시대 세종부터 인조 시대에도 존재했었다. '세종실록'에는 현대 국가들이 도입한 남성의 출산 휴가를 지시한 내용이 기록되어 있으며, 다자녀를 낳으면 임금이 곡식을 하사하기도 하였다. 또한 '인조실록'에는 세쌍둥이를 낳은 집에 필요한 물품을 조사하여 하사한 내용도 나온다. 그러나 출산 장려 정책은 조선 시대 후기에 인구의 증가로 사라지게 되었다.

① 남자의 출산 휴가는 조선 시대에만 있었다.

② 조선 시대에는 출산 장려 정책이 지속되었다.

③ 출산으로 인한 인구의 증가는 국력으로 이어진다.

④ 최근 출산 장려 정책으로 곡식과 물품이 제공된다.

※　**[35~38] 다음을 읽고 글의 주제로 가장 알맞은 것을 고르십시오. (각 2점)**

35.

　　대나무를 먹으며 귀여운 외모로 사람들에게 인기가 많은 판다는 유순하고 사람을 잘 따르는 것 같지만 사실은 육식을 하던 맹수였다. 판다가 하루 종일 먹고 잠만 자기 때문에 게으르다고 여길 수도 있다. 학자들은 판다가 초식 동물로 진화한 것은 기후 변화와 서식지의 감소로 인한 멸종 위기에 따른 것으로 보고 있다. 육식 동물의 신체 구조를 가졌음에도 대나무가 주식인 판다는 섬유질을 잘 소화하지 못해 매일 30kg의 대나무를 하루 종일 먹는다. 일상의 대부분을 먹고 자는 데 할애하고 활동을 최소화하는 것은 판다가 생존에 필요한 에너지를 비축하기 위한 방법인 것이다.

① 판다는 30kg을 먹을 정도로 소화력이 뛰어나다.

② 판다는 기후 변화와 서식지 감소로 멸종되고 말았다.

③ 하루 종일 먹고 잠을 자는 것은 판다의 게으른 습성이다.

④ 판다는 본래 육식 동물이었으나 생존을 위해서 진화하였다.

36.

　　우리는 현대인들의 필수 아이템인 무선 이어폰을 끼고 있는 사람들을 주위에서 흔히 볼 수 있다. 무선 이어폰은 편리함과 즐거움을 주는 동시에 귀 건강에 해로울 수 있다는 사실을 한 번쯤은 들어봤을 것이다. 귀는 신체 부위 중 민감한 부분으로 세균이 번식할 수 있는데 '외이도 진균증'은 귀에 곰팡이가 생기는 질환이다. 무선 이어폰의 착용으로 귓속이 환기가 제대로 되지 않고 습기가 생기면 이 병에 걸리게 된다. 따라서 귀의 염증을 예방하기 위해서는 귓구멍을 막는 이어폰을 오랫동안 착용하지 않는 것이 좋다.

① 무선 이어폰은 현대인들에게 꼭 필요한 생활용품이다.

② 귓속은 예민하기 때문에 습하면 쉽게 곰팡이가 생긴다.

③ 외이도 진균증이란 귀에 곰팡이가 생기는 질환을 말한다.

④ 무선 이어폰이 귀 질환을 일으킬 수 있으므로 주의해야 한다.

37.

　　최근 문화재청은 문화재로 지정된 고궁 담벼락 낙서의 복구 작업 비용이 최소 1억 원 이상 든다고 밝혔다. 이러한 문화재 훼손 문제는 최근 세계 곳곳에서 발생하고 있는데 이것은 문화재의 가치에 대한 무지와 무관심에서 비롯되는 경우가 많다. 귀중한 문화유산을 보존하기 위해서는 문화유산에 대한 교육과 캠페인 등을 통해 사회적인 관심을 우선적으로 높여야 한다. 더불어 문화재 보호와 훼손에 대한 법령의 강화 또한 이루어져야 할 것이다.

① 문화재 관리에는 비용이 많이 든다.

② 문화재 훼손 방지를 위한 정책이 시행되어야 한다.

③ 문화재 보호를 위한 강력한 경비 시설이 필요하다.

④ 문화재는 귀중한 문화유산이기에 훼손된 채로 보존해야 한다.

38.

> 요즘 사람들은 건강에 대한 관심이 높아지면서 건강 기능 식품을 찾는 이들도 늘고 있다. 그러나 이에 따라 허위·과대 광고로 인한 피해 사례도 증가하고 있다. 이러한 광고는 모호한 표현으로 소비자들을 현혹하며, 건강 기능 식품이 질병을 치료하는 의약품이 아님에도 불구하고 질병 치료 효과나 체험 후기를 과도하게 강조하는 경우가 많다. 소비자는 이러한 피해를 예방하기 위해 '식품의약품 안전처'의 건강 기능 식품 규정과 같은 신뢰할 수 있는 정보를 반드시 확인해야 한다.

① 광고는 식품의약품 안전처의 규정에 따라서 해야 한다.

② 질병에 효과가 있는지 과학적인 근거가 제공되어야 한다.

③ 소비자들의 올바른 정보 검색을 위한 표시가 있어야 한다.

④ 건강 기능 식품 구입 시 피해 방지를 위한 주의가 요구된다.

※ **[39~41] 주어진 문장이 들어갈 곳으로 가장 알맞은 것을 고르십시오 (각 2점)**

39.

> 그래서 저자가 선택한 방법은 과거의 어머니들이 남긴 일기나 편지, 메모 등의 일화를 제시하는 것이었다.

> 『엄마의 역사』는 과거 어머니들의 임신, 출산, 육아의 과정들과 같은 조각조각 남겨진 기록들을 모아서 기록한 책이다. (㉠) 그리고 책의 저자 자신의 임신과 출산의 경험들도 에세이 형식으로 함께 기술되어 있다. (㉡) 힘을 가진 남성 위주의 역사들에 비해 과거 수 세기 동안 엄마의 역할과 모성의 변천사는 분할되어 있고 단편적인 조각들만이 존재하였다. (㉢) 글쓴이는 이 책을 통해 그동안 관심을 못 받은 어머니들의 일상을 소개하고자 하였다. (㉣)

① ㉠   ② ㉡   ③ ㉢   ④ ㉣

40.

실제로 경도인지장애 환자가 꾸준히 운동을 한 후 치매 진행 가능성이 낮아졌다는 보고도 있다.

*경도인지장애 : 치매가 되기 바로 직전 단계

건강이나 다이어트를 위해 하는 운동이 뇌 기능을 향상시킨다는 연구 결과가 나왔다. (㉠) 연구에 따르면 규칙적인 운동은 인지 능력을 향상시켜 기억력과 학습을 돕고 신경퇴행성 질환을 감소시킨다고 하였다. (㉡) 특히 유산소 운동은 뇌 혈액의 원활한 순환을 도와주고 혈류를 증가시켜 뇌에 산소와 영양소를 더 많이 공급하도록 도와준다. (㉢) 따라서 일상생활 속에서 할 수 있는 간단한 유산소 운동을 꾸준히 하는 것이 좋다. (㉣)

① ㉠   ② ㉡   ③ ㉢   ④ ㉣

41.

책과 함께 당시 문인들의 풍류를 보여주는 다양한 물건을 볼 수 있다.

책거리는 책이나 학습에 필요한 물건들을 그린 조선 시대 민화이다. (㉠) 주전자, 시계, 촛대, 안경 이외에도 점차 다양한 계층으로 확대가 되면서 소재 또한 다양해졌다. (㉡) 학문을 중시하던 당시에 책을 구하기가 어려웠기에 그림으로라도 즐기고 싶었던 의미를 지닌다. (㉢) 또한 자녀의 밝은 미래를 소망하는 부모들이 갓 태어난 아이 방에 걸기도 했다. (㉣)

① ㉠   ② ㉡   ③ ㉢   ④ ㉣

어제 교직원 회의에서 결정이 나기 전까지는 대수롭지 않게 생각되었다. 하지만 막상 이런 여학생들을 정면으로 딱 대하고 보니까 통 입이 떨어지지 않았다. 수업료를 못 가지고 왔다고 책가방을 챙겨서 당장 집으로 돌아가라는 말을 하는 것이…. 점점 혀가 굳어졌다. 더욱이 서무실에서 지적하여 준 미납자 명단을 보면 거의 절반이 성적이 좋은 모범생들뿐이었다. 이 학생들을 다 보내면 백번 가르쳐도 알아듣지 못하고 장난만 치는 말괄량이들만 남을 텐데…. (중략)

수업료 이야기는 차마 나오지 않고 선생은 어리둥절 학생들의 얼굴만 멍하니 바라보고 있었다. 그때 한 학생이 "선생님, 이 시간은 말이죠. 어제 배운 것을 다시 한번 해석해 주세요. 모르는 어휘가 엄청 많아서 여간 어렵지 않았어요."라고 했다. 이 학생의 제의를 또한 들은 척 만 척 그대로 무시할 수는 없는 일이어서 우선 그것은 뒤로 미룬다는 뜻으로, "그런데…" 하고 (중략)

다시 "그런데…" 하고 선생은 더듬으며 "수업료를 못 가져온 학생들은 에, 에, 오늘부터 집으로 돌아가 자습을 하기로 됐어." "킹!"하고 설움이 터지는 것 같은 눈물 어린 소리가 들리더니 한 아이가 머리를 숙인 채 책가방을 들고 뛰쳐나갔다.

42. 밑줄 친 부분에 나타난 '선생'의 심정으로 가장 알맞은 것을 고르십시오.

① 괘씸하다   ② 난처하다

③ 서운하다   ④ 억울하다

43. 윗글의 내용으로 알 수 있는 것을 고르십시오.

① 수업료를 안 낸 학생들도 수업을 받을 수 있다.

② 수업을 열심히 듣는 학생들은 수업료를 완납했다.

③ 선생님은 수업료를 안 낸 학생들이 누구인지 안다.

④ 모든 학생들은 집으로 가서 공부하는 것으로 결정됐다.

한국에서는 삼겹살을 먹을 때 상추나 깻잎에 싸서 먹는 독특한 식문화가 있다. 쌈 속에는 주로 된장이 들어가며, 때로는 소금과 참기름을 섞은 기름장이 들어가기도 한다. 이 기름장에 들어가는 중요한 재료 중 하나가 후추이다.

흥미롭게도 후추는 한 때 금이나 은처럼 화폐로 사용될 정도로 귀한 향신료였다. 과거 귀족만이 후추를 소유하거나 사용할 수 있었으며, 중요한 손님을 대접할 때 후추를 내놓는 것이 관례였다. 불과 700년 전만 해도 후추는 아주 값비싼 향신료로 여겨졌으며, 중세에는 비싼 물건을 비유할 때 (   ) 사용되었다. 중세 유럽에서는 전염병으로 인해 인구가 크게 줄었지만, 오히려 사람들의 생활 수준이 향상되는 기현상이 나타났다. 이를 계기로 육식 문화가 더욱 확산되었고 14세기 말부터 후추는 고기 노린내를 제거하고 방부제 역할을 하며 약효까지 있는 향신료로 주목받게 되었다. 이로 인해 후추에 대한 수요는 더욱 증가하게 되었다.

44. (   )에 들어갈 말로 가장 알맞은 것을 고르십시오.

① '후추보다 맵다'는 말이

② '후추마저 없다'는 말이

③ '후추만큼 작다'는 표현이

④ '후추처럼 비싸다'는 표현이

45. 윗글의 주제로 가장 알맞은 것을 고르십시오.

① 후추로 인해 전염병이 전 세계에 퍼지게 되었다.

② 요즘 사람들은 음식을 먹을 때 꼭 후추를 먹는다.

③ 후추는 음식을 오래 보관할 수 있는 기능이 있다.

④ 과거 후추는 효능이 많아서 사람들의 관심과 주목을 받았다.

'세계화'는 국제 사회에서 상호 의존성이 증가하며 세계가 하나의 단일 체제로 나아가는 과정을 뜻한다. 세계화가 가속화된 주된 원인으로는 교통의 발달과 인터넷을 통한 컴퓨터 통신망의 발전을 꼽을 수 있다. 이로 인해 세계는 경제적, 기술적, 문화적으로 상호 의존성이 점차 높아지고 있다.

세계화의 장점 중 하나는 외국 과자나 휴대전화와 같은 다양한 해외 제품을 자국에서 쉽게 구매할 수 있다는 점이다. 이러한 변화는 우리의 삶을 더욱 풍요롭게 만들어 준다. 가격 경쟁에 밀려 많은 기업이 값싼 노동력을 찾아 공장을 해외로 이전하면서 국내 실업률이 상승하는 문제가 발생한다. 또한, 외국 문화의 유입으로 저개발국가의 고유한 문화가 점차 사라질 위기에 처하고 있다. 특별한 대책이 마련되지 않는다면 세계화는 빈익빈 부익부 현상을 더욱 심화시킬 가능성이 크다.

46. 윗글에 나타난 필자의 태도로 가장 알맞은 것을 고르십시오.

① 세계화의 가속 현상에 대해 감탄하고 있다.

② 세계화가 주는 혜택에 대해 전적으로 옹호하고 있다.

③ 세계화로 인해 피해를 받게 될 현상을 우려하고 있다.

④ 세계화를 통해 사람들이 누릴 삶의 질에 대해 기대하고 있다.

47. 윗글의 내용과 같은 것을 고르십시오.

① 서로 의존의 강도가 느슨해지는 것을 세계화라고 한다.

② 교통과 통신 기술의 발달은 세계화 가속 현상과 무관하다.

③ 세계화는 긍정적인 측면이 크기에 부정적인 측면은 간과해도 된다.

④ 세계화는 많이 가진 자와 못 가진 자로 사람들을 양극화할 수도 있다.

중세 국어의 '어리다'의 뜻은 '어리석다'였는데 '나이가 적음'으로 변화하게 되었다. 방정환은 '어리다'의 관형사형 '어린'에 원래 없던 높임의 뜻을 더하는 의존명사 '이'를 합쳐 '어린이'라는 단어를 새롭게 쓰기 시작했다. 당시 사람들에게 어린 사람들은 무시를 해도 당연한 존재였는데 이것을 계기로 어린이에 대한 존중의 의식이 생겨나게 된 것이다. 하지만 요즘 SNS를 도배하고 있는 수많은 '○린이'라는 단어를 우리는 자주 접할 수 있다. 정겹고 귀엽다는 의견이 있는 반면에 (   ) 많다. 골프에 입문한 사람은 '골린이', 테니스 입문자는 '테린이', 헬스장에 갓 들어온 신입 회원은 '헬린이', 주식 투자를 처음 시작한 사람은 '주린이'라고 한다. 앞에서 말한 '○린이'에 대해 곱지 않은 시선을 가진 사람들은 그 말이 지닌 '불완전하고 어눌한 느낌'이 어린이의 특성으로 고착화되는 것을 우려하는 것으로 보인다. 그러나 SNS에 작성된 '○린이'는 타인을 가리키기보다는 작성자 본인이 입문자임을 밝힐 때 주로 사용된다. 어린이가 가진 가능성이라는 측면에 주목해 본다면 해당 신조어가 그리 불편하게 들리지는 않을 것이다.

48. 윗글을 쓴 목적으로 가장 알맞은 것을 고르십시오.

① 아동을 위한 다양한 프로그램 소개하기 위해

② SNS 이용자들의 인터넷 용어를 지적하기 위해

③ 신조어를 바라보는 또 다른 입장을 설명하기 위해

④ 어떤 일을 처음 시작하는 이들의 심리를 분석하기 위해

49. (   )에 들어갈 말로 가장 알맞은 것을 고르십시오.

① 쌍수를 흔들며 환영하는   ② 곱지 않게 보는 사람들도

③ 무섭고 두렵다고 느끼는 이들도   ④ 예쁘고 깜찍하다고 보는 이들도

50. 윗글의 내용과 같은 것을 고르십시오.

① 예전에는 어린이들이 어른들을 많이 무시했다.

② '어리다'는 똑똑하거나 지혜롭다는 뜻이 있었다.

③ 처음 입문한 이들은 다른 사람들의 도움이 많이 필요하다.

④ '○린이'라는 신조어는 주로 자기 자신이 초보자임을 지칭할 때 쓴다.

초판 1쇄 인쇄 | 2024년 11월 22일
초판 1쇄 발행 | 2024년 11월 25일

지은이 | 노병호·강은진·김현우·서태순·최현실
발행인 | 김태웅
편 집 | 최채은, 김현아
디자인 | 남은혜, 김지혜
마케팅 총괄 | 김철영
제 작 | 현대순

발행처 | (주)동양북스
등 록 | 제 2014-000055호
주 소 | 서울시 마포구 동교로22길 14 (04030)
구입 문의 | 전화 (02)337-1737 팩스 (02)334-6624
내용 문의 | 전화 (02)337-1762 이메일 dymg98@naver.com

ISBN 979-11-7210-898-4(13710)

한국어능력시험
TOPIK II
1 교시 (듣기)

성 명 (Name)	한국어 (Korean)	
	영 어 (English)	

수 험 번 호

번호	답 란			
1	①	②	③	④
2	①	②	③	④
3	①	②	③	④
4	①	②	③	④
5	①	②	③	④
6	①	②	③	④
7	①	②	③	④
8	①	②	③	④
9	①	②	③	④
10	①	②	③	④
11	①	②	③	④
12	①	②	③	④
13	①	②	③	④
14	①	②	③	④
15	①	②	③	④
16	①	②	③	④
17	①	②	③	④
18	①	②	③	④
19	①	②	③	④
20	①	②	③	④

번호	답 란			
21	①	②	③	④
22	①	②	③	④
23	①	②	③	④
24	①	②	③	④
25	①	②	③	④
26	①	②	③	④
27	①	②	③	④
28	①	②	③	④
29	①	②	③	④
30	①	②	③	④
31	①	②	③	④
32	①	②	③	④
33	①	②	③	④
34	①	②	③	④
35	①	②	③	④
36	①	②	③	④
37	①	②	③	④
38	①	②	③	④
39	①	②	③	④
40	①	②	③	④

번호	답 란			
41	①	②	③	④
42	①	②	③	④
43	①	②	③	④
44	①	②	③	④
45	①	②	③	④
46	①	②	③	④
47	①	②	③	④
48	①	②	③	④
49	①	②	③	④
50	①	②	③	④

번호	답란
1	① ② ③ ④
2	① ② ③ ④
3	① ② ③ ④
4	① ② ③ ④
5	① ② ③ ④
6	① ② ③ ④
7	① ② ③ ④
8	① ② ③ ④
9	① ② ③ ④
10	① ② ③ ④
11	① ② ③ ④
12	① ② ③ ④
13	① ② ③ ④
14	① ② ③ ④
15	① ② ③ ④
16	① ② ③ ④
17	① ② ③ ④
18	① ② ③ ④
19	① ② ③ ④
20	① ② ③ ④

번호	답란
21	① ② ③ ④
22	① ② ③ ④
23	① ② ③ ④
24	① ② ③ ④
25	① ② ③ ④
26	① ② ③ ④
27	① ② ③ ④
28	① ② ③ ④
29	① ② ③ ④
30	① ② ③ ④
31	① ② ③ ④
32	① ② ③ ④
33	① ② ③ ④
34	① ② ③ ④
35	① ② ③ ④
36	① ② ③ ④
37	① ② ③ ④
38	① ② ③ ④
39	① ② ③ ④
40	① ② ③ ④

번호	답란
41	① ② ③ ④
42	① ② ③ ④
43	① ② ③ ④
44	① ② ③ ④
45	① ② ③ ④
46	① ② ③ ④
47	① ② ③ ④
48	① ② ③ ④
49	① ② ③ ④
50	① ② ③ ④

수 험 번 호				8						
⓪	⓪	⓪	⓪		⓪	⓪	⓪	⓪	⓪	⓪
①	①	①	①		①	①	①	①	①	①
②	②	②	②		②	②	②	②	②	②
③	③	③	③		③	③	③	③	③	③
④	④	④	④		④	④	④	④	④	④
⑤	⑤	⑤	⑤		⑤	⑤	⑤	⑤	⑤	⑤
⑥	⑥	⑥	⑥		⑥	⑥	⑥	⑥	⑥	⑥
⑦	⑦	⑦	⑦		⑦	⑦	⑦	⑦	⑦	⑦
⑧	⑧	⑧	⑧	●	⑧	⑧	⑧	⑧	⑧	⑧
⑨	⑨	⑨	⑨		⑨	⑨	⑨	⑨	⑨	⑨

※ 주관식 답안은 정해진 답란을 벗어나거나 답란을 바꿔서 쓸 경우 점수를 받을 수 없습니다.
(Answers written outside the box or in the wrong box will not be graded.)

51
㉠
㉡

52
㉠
㉡

53
㉠
㉡

아래 빈칸에 200자에서 300자 이내로 작문하십시오 (띄어쓰기 포함).
(Please write your answer below; your answer must be between 200 and 300 letters including spaces.)

53

※ 54번은 뒷면에 작성하십시오.
(Please write your answer for question number 54 at the back.)

300 250 200 150 100 50

54

주 관 식 답 란 (Answer sheet for composition)

아래 빈칸에 600자에서 700자 이내로 작문하십시오 (띄어쓰기 포함).
(Please write your answer below; your answer must be between 600 and 700 letters including spaces.)

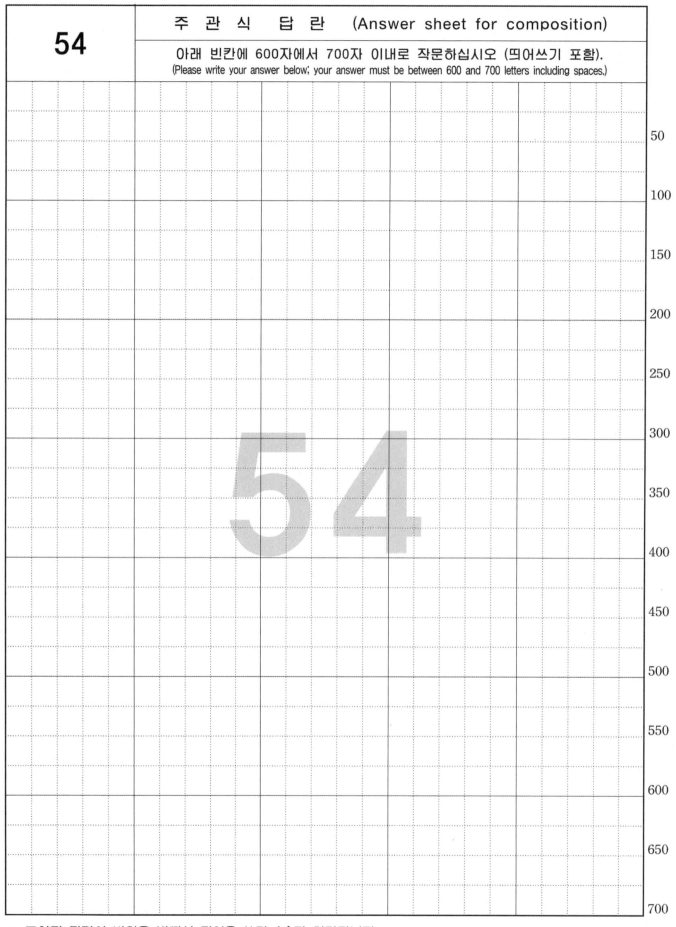

50

100

150

200

250

300

350

400

450

500

550

600

650

700

한국어뱅크

일단 합격

TOPIK II

한국어 능력시험

실전 모의고사

해설집

동양북스

일단 합격

TOPIK II

한 국 어 능 력 시 험

실전 모의고사

노병호·강은진·김현우·서태순·최현실 지음

해설집

동양북스

듣기 (1번~50번)

1	③	2	③	3	④	4	②	5	④
6	④	7	①	8	③	9	③	10	①
11	③	12	④	13	③	14	③	15	③
16	④	17	③	18	④	19	③	20	③
21	①	22	③	23	④	24	②	25	③
26	④	27	③	28	④	29	②	30	①
31	③	32	③	33	①	34	②	35	①
36	②	37	③	38	④	39	④	40	④
41	④	42	③	43	①	44	③	45	④
46	①	47	③	48	④	49	①	50	④

듣기 (1번~3번) p.15

1.

여자 : 실례합니다. 박물관이 어디에 있어요?

남자 : 저 앞에서 오른쪽으로 가세요.

여자 : 감사합니다.

- ➡ 길을 알려주는 남자
- ➡ 박물관이 어디 있는지 물어보는 여자

답은 ③이다.

2.

여자 : 민수 씨, 저 좀 도와주세요.

남자 : 네, 알겠어요.

여자 : 휴, 고마워요. 무거워서 힘드네요.

- ➡ 사무실 안
- ➡ 여자의 무거운 물건을 들어 주려고 하는 남자
- ➡ 무거운 물건을 들고 도움을 청하는 여자

답은 ③이다.

2.

남자 : 직장인 300명을 대상으로 선호하는 음료를 조사한 결과, 커피를 좋아하는 남자는 50%, 여자는 70%였으며, 그 다음으로 남자는 탄산음료, 차를, 여자는 차, 탄산음료 순을 선호했습니다. 커피를 마시는 장소로는 남녀 모두 커피숍이 가장 많았으며 직장, 집, 자판기가 뒤를 이었습니다.

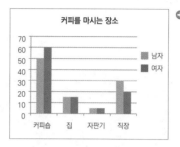

➡ 순위 그래프로 '커피를 마시는 장소로 남녀 모두 커피숍이 가장 많았다.'에 해당하는 그래프는 ④이다.

듣기 (4번~8번) p.16

4.

여자 : 우리 드라마 같이 봐요. 새로 하는 드라마가 재미있대요.

남자 : 좋아요. 텔레비전 리모컨은 어디에 있어요?

여자 : 소파 위에 있을 거예요.

➡ 남자가 물건(리모컨)의 위치를 묻는 상황이다. 남자가 '어디에 있어요?'라고 하여 다음에 이어질 말은 물건이 있을 만한 정확한 장소나, 물건이 있을 만한 장소를 추측하는 말이다. 여자의 반응으로 알맞은 답은 ②이다.

5.

여자 : 휴대전화를 하나 사려고 해요. 어디가 좋을지 추천해 주세요.

남자 : 학교 앞에 휴대전화 대리점이 있어요. 오늘 갈래요?

여자 : 아니요. 가 봤는데 집 근처보다 비싸던데요.

➡ 남자의 제안에 여자가 응답하는 상황이다. 남자가 '학교 앞에 대리점이 있어요. 오늘 갈래요?'라고 하여 다음에 이어질 말은 제안에 대한 수락 혹은 거절이다. 여자의 반응으로 알맞은 답은 ④이다.

6.

남자 : 저, 인쇄를 하고 싶은데 이 프린터를 어떻게 사용하는지 아세요?

여자 : 컴퓨터에서 인쇄 버튼을 누르면 돼요.

남자 : 눌러도 안 되네요.

➡ 남자가 여자에게 프린터 사용법을 묻는 상황이다. 여자가 프린터 사용법을 남자에게 알려주고 남자의 반응으로 알맞은 답은 ④이다.

7.

> 여자 : 민수 씨 집들이에 어떤 선물을 가지고 갈 거예요?
>
> 남자 : 저는 휴지를 준비하려고 해요. 수미 씨는 세제를 사는 게 어때요?
>
> 여자 : <u>좋아요. 같이 사러 갈까요?</u>

➡ 여자와 남자는 집들이 선물을 사기 위해 대화를 하는 상황이다. 남자가 여자에게 세제를 사는 것이 어떻냐고 제안했으므로 여자의 반응으로 알맞은 답은 ①이다.

8.

> 남자 : 아주머니, 보일러가 고장 난 것 같아요. 방이 따뜻하지 않아요.
>
> 여자 : 이상하네요. 전원을 껐다 켜 봤어요?
>
> 남자 : <u>전원 버튼이 어디에 있어요?</u>

➡ 남자가 여자에게 보일러 문제를 이야기하는 상황이다. 여자가 남자에게 해결 방법을 제시하고 남자의 반응으로 알맞은 답은 ③이다.

듣기 (9번~12번) p.17

9.

> 남자 : 안녕하세요. 비행기 표 예약은 하셨습니까?
>
> 여자 : 네, 한국항공 홈페이지에서 4시 하와이행 비행기를 예약했어요.
>
> 남자 : 네, 확인이 되었습니다. **여권을 좀 확인하겠습니다.**
>
> 여자 : 네, 잠깐만요.

➡ 남자가 '여권을 좀 확인하겠습니다.'라고 하였으므로 여자는 여권을 제시하는 것이 자연스럽다. 그러므로 답은 ③이다.

10.

> 남자 : 이게 무슨 냄새지요? 탄 냄새가 나요.
>
> 여자 : 제가 요리를 하다가 TV를 오래 보는 바람에 음식을 조금 태웠어요.
>
> 남자 : **그럼 빨리 창문을 열고 환기를 해야죠.**
>
> 여자 : 알겠어요.

➡ 남자가 '그럼 빨리 창문을 열고 환기를 해야죠.'라고 하였으므로 여자는 창문을 여는 것이 자연스럽다. 그러므로 답은 ①이다.

11.

> 여자 : 어제 이 옷을 샀는데 여기에 얼룩이 있네요.
>
> 남자 : 죄송합니다. 다른 제품으로 교환해 드리겠습니다.
>
> 여자 : 제가 깜빡하고 영수증을 안 가져 왔는데요.
>
> 남자 : 아. 영수증이 있어야 교환이 가능합니다.

➡ 남자가 '영수증이 있어야 교환이 가능합니다.'라고 하였으므로 영수증을 가지고 있지 않은 여자는 영수증을 가지러 가는 것이 자연스럽다. 그러므로 답은 ③이다.

12.

> 여자 : 화분의 꽃이 계속 시들어요. 어떻게 해야 할까요?
>
> 남자 : 방이 따뜻하니 온도 문제는 아니고, 물을 얼마나 자주 줘요?
>
> 여자 : 매일 한 컵씩 주고 있어요.
>
> 남자 : **너무 많이 주네요.** 이 꽃은 2~3일에 한 컵으로 충분해요.

➡ 남자가 '너무 많이 주네요.'라고 하였으므로 여자는 꽃에 주는 물의 양을 줄이는 것이 자연스럽다. 그러므로 답은 ④이다.

듣기 (13번~16번) p.18

13.

> 남자 : 어. 목소리가 왜 그래요? 감기에 걸렸나 봐요?
>
> 여자 : 네, 어제 창문을 열어 놓은 채로 자서 ⑧감기에 걸렸어요.
>
> 남자 : 약은 먹었어요?
>
> 여자 : ⓐ아직이요. 약국에 갈 시간이 없었어요.

➡ ① 여자는 감기약을 먹었다.

　→ 여자는 감기약을 (아직 먹지 않았다). not ⓐ

② 두 사람은 모두 감기에 걸렸다.

　→ (여자만) 감기에 걸렸다. not ⑧

③ 여자는 창문을 안 닫고 잠을 잤다.

　→ 정답

④ 남자는 여자에게 약을 사 줄 것이다.

　→ 정보 없음

14.

> 여자 : 안내 말씀 드리겠습니다. 오전 8시 30분에 도착 예정이었던 런던발 인천행 항공기는 ⓐ짙은 안개로 인해 도착이 지연되고 있습니다. **비행기 도착은 1시간 후로 예상됩니다.** ⑧손님 여러분들께서는 조금만 더 기다려 주시기 바랍니다.

➡ ① 오늘 날씨는 아주 좋다.

　→ 오늘 (짙은 안개가 꼈다). not ⓐ

② 손님들은 비행기를 타기 시작했다.

　→ 손님들은 (1시간 더 기다려야 한다). not ⑧

③ 비행기는 9시 30분에 도착할 것이다.

　→ 정답

④ 비행기에 문제가 생겨 출발을 못 했다.

　→ (날씨에) 문제가 생겨 (도착)을 못 했다. not ⓐ

15.

남자 : ⓒ어제 오전 4시쯤 인주시 인주대학교 기숙사 2층에서 불이 났습니다. 불은 기숙사 생활관 내부를 태우고 1시간 10분 만에 진화됐습니다. 사고 당시 1층 생활관에 있던 학생 1명은 혼자 힘으로 대피해 ④인명 피해는 발생하지 않았습니다. ⑧경찰과 소방당국은 정확한 화재 원인과 피해 규모를 조사 중입니다.

➡ ① 불이 나서 많은 사람들이 다쳤다.
　　→ 불이 났지만 인명 피해는 발생하지 않았다. `not ④`

② 경찰은 왜 불이 났는지 알아냈다.
　　→ 경찰과 소방당국은 화재 원인을 조사 중이다. `not ⑧`

③ 불을 끄는 데 1시간 이상이 걸렸다.
　　→ 정답

④ 학생들이 기숙사에 없는 오후에 불이 났다.
　　→ 학생들이 기숙사에 없는 (오전)에 불이 났다. `not ⓒ`

16.

여자 : 'K-푸드' 열풍으로 김에 대한 관심이 커지고 있습니다. 수산물 수출 확대를 위한 방안은 무엇입니까?

남자 : 김이 세계를 지배하고 있습니다. 올해 김 수출액은 10억 달러를 달성할 것으로 보는데 이럴 때 어떻게 하면 ④김의 맛을 다양화할 것인지, 가치를 높게 만들 것인지의 연구와 지원이 뒷받침되어야 한다고 생각합니다.

➡ ① 남자는 김을 재배하고 있다.
　　→ 정보 없음

② 남자는 김을 수출하는 일을 하고 있다.
　　→ 정보 없음

③ 남자는 김의 맛을 좋게 하는 연구를 하고 있다.
　　→ 남자는 김의 맛을 (다양하게 하는 연구를 해야한다고 한다). `not ④`

④ 남자는 김의 수출량 확대를 위한 방법을 제시하고 있다.
　　→ 정답

듣기 (17번~20번) p.19

17.

여자 : 이 자동차는 색깔이 마음에 안 들어요. 너무 어두워요.

남자 : 자동차가 튼튼하기만 하면 되죠.

여자 : 그래도 예쁜 자동차가 보기에도 좋잖아요.

➡ 남자의 중심 생각을 고르는 문제이다. 여자가 '이 자동차는 색깔이 마음에 안 들어요.'라고 하였고, 남자는 '자동차가 튼튼하기만 하면 되죠.'라고 하였다. 남자는 자동차의 색깔은 중요하지 않고, 튼튼하면 좋다고 하였으므로 답은 ③이다.

18.

남자 : 나나 씨, 제주도에 가 봤어요?

여자 : 아니요. 여행 비용이 많이 들더라고요.

남자 : 한번 가 보세요. 제주도는 풍경이 예뻐서 안 가면 후회할 만한 곳이에요.

➡ 남자의 중심 생각을 고르는 문제이다. 남자는 '제주도는 풍경이 예뻐서 안 가면 후회할 만한 곳이에요.'라고 하였다. 제주도는 풍경이 예뻐서 여행 비용이 많이 들더라도 가 보는 것이 좋다고 하였으므로 답은 ④이다.

19.

남자 : 민정 씨 무슨 걱정 있어요?

여자 : 어제 친구에게 화가 나서 큰소리로 짜증을 내고 싸웠어요.

남자 : 그럼 먼저 사과하세요. 사과는 빠르면 빠를수록 좋다고 생각해요.

여자 : 그렇지만 무슨 말을 어떻게 꺼내야 할지 모르겠어요.

➡ 남자의 중심 생각을 고르는 문제이다. 남자는 '그럼 먼저 사과하세요. 사과는 빠르면 빠를수록 좋다고 생각해요.'라고 하였으므로 답은 ③이다.

20.

여자 : 뮤지컬 안무가로서 언제 보람을 느끼십니까?

남자 : 무용수가 완벽한 무대를 만들기 위해 끊임없는 노력을 하고 그 과정에서 살아 있는 표정으로 예술성을 표현하는 것은 관객과 무용수 모두를 만족시키는 일입니다. 그들의 연기로 관객들은 잊지 못할 추억을 쌓게 되고 무용수들이 관객들의 큰 박수를 받을 때 저도 보람을 느낍니다.

➡ 남자의 중심 생각을 고르는 문제이다. 남자가 '무용수들이 관객들의 큰 박수를 받을 때 저도 보람을 느낍니다.'라고 하였다. 무용수들이 박수와 환호를 받는다는 것은 관객들이 공연을 보고 만족해서 박수를 치는 것을 의미하므로 답은 ③이다.

실전 모의고사

제1회

실전 모의고사

제2회

실전 모의고사

제3회

실전 모의고사

제4회

듣기 (21번~22번) p.20

여자 : 여보세요? 2주 후에 떠나는 여행지 숙소에 대해 문의하고 싶은데요.

남자 : ⑧21일 일본으로 가는 3박 4일 여행 상품 말씀이시죠?

여자 : 네. 숙소는 보통 2인 1실인데 저흰 일행이 3명이에요. 혹시 보조 침대를 넣어 줄 수 있나요?

남자 : 필요하시면 ④보조 침대를 넣어 드릴 수 있는데 침대가 작아서 불편하실 수도 있습니다. 그러면 여행에도 영향을 줄 수 있으니 통화 이후에 ⓒ제가 호텔 측에 남는 방이 있는지 알아보겠습니다. 그 후에 다시 연락을 드리겠습니다.

21.

◐ 남자의 중심 생각을 고르는 문제이다. 남자가 '침대가 작아서 불편하실 수도 있습니다. 그러면 여행에도 영향을 줄 수 있습니다.'라고 하였으므로 남자는 잠자리가 편해야 한다고 생각한다는 것을 알 수 있다. 답은 ①이다.

22.

◐ ① 보조 침대는 일반 침대만큼 편하다.
→ 보조 침대는 (불편하다). not ④

② 일본 여행을 갔다가 23일에 돌아온다.
→ 일본 여행을 갔다가 (24)일에 돌아온다. not ⑧

③ 숙소는 일반적으로 방 하나에 두 명이 사용한다.
→ 정답

④ 남자는 여자에게 보조 침대를 사용하라고 제안하고 있다.
→ 남자는 여자에게 (남는 방이 있는지 알아보겠다고 했다). not ⓒ

듣기 (23번~24번) p.20

남자 : 안녕하세요? 주민자치센터에서 수강생을 **다음 주부터 모집**한다고 들었는데 어떤 프로그램이 있는지 알 수 있을까요?

여자 : 네, 이번 학기는 주중 월, 수, 금요일은 ④영어 수업반이고 화, 목요일은 ④요리 수업반이 새로 개설되었습니다. 주말은 ④컴퓨터반이 열려 있으니 ⑧자세한 내용은 홈페이지에서 확인하시면 됩니다.

남자 : 요리 수업이 생겼어요? 재미있겠네요.

여자 : 네, 이번 강좌를 위해 우리 센터에서 조리실을 새로 만들었거든요. 처음 준비하는 수업이라 많이 신경 쓰고 있습니다.

23.

◐ 남자가 '주민자치센터에서 수강생을 다음 주부터 모집한다고 들었는데

어떤 프로그램이 있는지 알 수 있을까요?'라고 하였으므로 남자는 주민자치센터의 프로그램에 대해서 문의하고 있다. 그러므로 답은 ④이다.

24.

◐ ① 이번 학기는 4개의 강좌가 열려 있다.
→ 이번 학기는 (3)개의 강좌가 열려 있다. not ④

② 이번 학기는 강좌 등록을 다음 주부터 할 수 있다.
→ 정답

③ 이번 학기에 영어 강좌가 새로 열려서 관심이 많다.
→ 이번 학기에 (요리 수업이 새로 열렸다). not ④

④ 이번 학기에 대한 상세 내용은 이메일로 확인하면 된다.
→ 이번 학기에 대한 상세 내용은 (홈페이지)로 확인하면 된다. not ⑧

듣기 (25번~26번) p.21

여자 : 따스한 한 끼를 위해 서울역 ④'무료 급식소'에서 봉사활동을 하며 이웃 사랑을 실천하는 분이 계십니다. 안녕하세요? 어떻게 봉사를 시작하셨습니까?

남자 : 네, 안녕하세요. 저는 ⑧올해 5년째 참여하고 있습니다. ⓒ처음에는 가벼운 마음으로 친구들과 같이 시작했습니다. 그런데 식자재 준비부터 재료 손질, 음식 조리, 운반 및 배식까지 아주 분주하게 진행이 되어 쉽지만은 않은 것 같습니다. 그러나 이 한 끼로 고달픈 삶을 살아가는 분들을 위로해 드릴 수 있어서 저는 행복합니다. 앞으로도 지속적으로 관심을 가지고 마음이 훈훈해지는 세상을 만들기 위해 계속 봉사활동을 하려고 합니다.

25.

◐ 남자의 중심 생각을 고르는 문제이다. 남자가 '앞으로도 지속적으로 관심을 가지고 마음이 훈훈해지는 세상을 만들기 위해 계속 봉사활동을 하려고 합니다.'라고 하였으므로 남자는 소외된 사람들에게 꾸준한 관심을 줄 것이라는 것을 의미한다. 그러므로 답은 ③이다.

26.

◐ ① 남자는 '무료 급식소' 운영 책임자다.
→ 남자는 '무료 급식소' (봉사자이다). not ④

② 남자는 올해 처음 봉사활동을 시작했다.
→ 남자는 올해 (5년째 봉사활동을 하고 있다). not ⑧

③ 남자는 친구를 통해서 봉사활동을 알게 되었다.
→ 남자는 (친구들과 함께 봉사활동을 시작했다). not ⓒ

④ 남자는 봉사활동이 쉬운 일이 아니라고 생각한다.
→ 정답

여자 : Ⓐ뉴스를 보니까 만 12세 이하의 아동을 대상으로 ⓒ아이 돌보미가 집으로 찾아가는 돌봄 서비스를 제공하고 있다던데….

남자 : 맞아. 그런데 부모의 맞벌이나 출장 혹은 야근으로 Ⓑ돌봄이 필요할 때 이용하는 서비스지만 아이를 키우는 가정에서 필요할 때 원하는 만큼 쓰지 못하는 것이 큰 문제라고 해.

여자 : 그렇구나. 돌봄 서비스는 왜 필요한 거야?

남자 : 아이들을 안전하게 보호하고 부모의 **양육 부담을 줄여서, 일과 가정생활의 균형을 이룰 수 있는 사회 환경을 만들기 위해서지.**

27.

◯ 말하는 의도는 중심 생각 문제를 푸는 방법으로 답을 선택하면 된다. 남자는 '돌봄이 필요할 때 이용하는 서비스지만 아이를 키우는 가정에서 필요할 때 원하는 만큼 쓰지 못하는 것이 큰 문제라고 해.'라고 하며 필요할 때 필요한 만큼 쓸 수 없는 돌봄 서비스의 문제를 이야기한다. 그리고, 남자는 '양육 부담을 줄여서, 일과 가정생활의 균형을 이룰 수 있는 사회 환경을 만들기 위해서지.'라고 하며 돌봄 서비스의 목적을 이야기한다. 남자는 돌봄 서비스의 문제점과 목적을 이야기하고 있으므로 답은 ②이다.

28.

◯ ① 여자는 뉴스 내용을 남자에게 들었다.

　　→ 여자는 (뉴스를 봤다). not Ⓐ

② 맞벌이 부부들은 돌봄 서비스를 잘 이용한다.

　　→ 맞벌이 부부들은 돌봄 서비스를 (원하는 만큼 쓰지 못한다). not Ⓑ

③ 돌봄 서비스는 일과 가정생활의 균형을 위해 만들었다.

　　→ 정답

④ 돌봄 서비스는 아이가 센터에 가야 혜택을 받을 수 있다.

　　→ 돌봄 서비스는 (아이 돌보미가 집으로 찾아간다). not ⓒ

여자 : 최근 스마트폰 사용이 늘면서 시력이 점점 나빠지고 있다고 느끼는 사람들이 많은데요. 병원장님 생각은 어떠신지요?

남자 : 네, 스마트폰의 장시간 사용은 시력 저하의 원인이 됩니다.

여자 : 어떻게 하면 시력을 보호할 수 있을까요?

남자 : 눈 건강을 지키는 방법으로는 우선, ⓒ스마트폰을 볼 때 주변을 밝게 하는 것부터 시작하시면 좋습니다. 그렇게 해야 눈의 피로도를 줄일 수 있습니다. 또한 Ⓑ안구가 건조할 때 안약을 넣어 주거나, 안구 운동으로 눈의 피로를 덜어 주면 좋습니다. 이외에도 Ⓐ당근이나 시금치, 생선 등을 섭취하여 눈에 좋은 영양소를 보충하는 것도 좋은 방법입니다.

29.

◯ 여자가 남자를 '병원장님'이라고 부르고 있으며, 남자가 안구 관련 전문 지식을 이야기하고 있으므로 남자는 안과 전문 의사이다. 그러므로 답은 ②이다.

30.

◯ ① 안구 운동이 눈의 피로를 푸는 데 도움이 된다.

　　→ 정답

② 시력을 보호하기 위해 음식을 많이 먹어야 한다.

　　→ 눈 건강을 지키기 위해 눈에 좋은 영양소(당근, 시금치, 생선 등)를 먹어야 한다. not Ⓐ

③ 스마트폰을 볼 때 눈이 건조하면 눈물을 흘리게 한다.

　　→ 스마트폰을 볼 때 눈이 건조하면 (안약을 넣는다). not Ⓑ

④ 시력을 보호하기 위해 주변을 어둡게 하고 스마트폰을 본다.

　　→ 시력을 보호하기 위해 주변을 (밝게) 하고 스마트폰을 본다. not ⓒ

실전 모의고사

제1회

실전 모의고사

제2회

실전 모의고사

제3회

실전 모의고사

제4회

듣기 (31번~32번) p.22

> 여자 : 갯벌 간척 공사로 관광 시설과 체험 공간을 조성하면 지역 경제에 활력을 불어넣을 수 있을 것 같습니다.
>
> 남자 : 간척지 개발은 **어민들의 생계를 위협할 뿐만 아니라 생태계와 환경에 막대한 영향을 줄 수 있어서 환경 문제가 심각해질 겁니다.**
>
> 여자 : 그래도 관광지가 생겨서 사람들이 많이 오면 좋지 않을까요?
>
> 남자 : 관광지가 생긴다면 지역 주민의 생활이 불편해질 뿐만 아니라 교통 혼잡이 발생할 수 있습니다. 게다가 관광지 공사로 인한 지형 변화로 생태계가 파괴되어 큰 문제를 일으킬 수 있습니다. 또한 토지 개발로 인한 폐수 배출은 수질 오염을 일으켜 우리 인체에 위험을 초래할 수 있습니다.

31.

● 남자의 중심 생각을 고르는 문제이다. 남자가 '어민들의 생계를 위협', '생태계와 환경에 막대한 영향', '지형 변화', '수질 오염'이라고 하였으므로 남자는 생태계와 환경 보호를 위해 간척 공사를 금지하고 싶어 한다. 그러므로 답은 ③이다.

32.

● 남자가 '관광지가 생긴다면 지역 주민의 생활이 불편해질 뿐만 아니라 교통 혼잡이 발생할 수 있습니다. 게다가 관광지 공사로~'라고 하며 상대방 의견을 반박하고 본인의 의견을 주장하고 있으므로 답은 ③이다.

듣기 (33번~34번) p.23

> 여자 : 안녕하세요? 여러분, '청자상감운학문매병'을 들어 본 적이 있나요? 상감은 도자기에 무늬를 새긴 후 Ⓐ그 부분에 다른 색 흙을 넣어 굽는 것입니다. 여기에 Ⓑ구름과 학 그리고 꽃무늬를 새겨 넣어 독창적인 작품으로 완성된 것이 고려청자입니다. 푸른 하늘이 연상되는 청자의 몸통에 구름과 학을 새겨 넣었으며 흑백으로 상감한 Ⓒ원 안의 학은 하늘로 날아가는 모습이고 원 밖의 학은 아래쪽을 향해 내려가는 모습입니다. 학의 진행 방향을 일정하게 표현하지 않은 것을 통해 자유로움과 변화를 추구하는 고려인의 정신과 창의성을 알 수 있습니다.

33.

● 내용을 듣기 전 선택지를 보면 '고려청자'가 주제이다. 그리고 내용에서는 고려청자의 독창성에 대해 설명하고 있으므로 답은 ①이다.

34.

● ① 상감은 도자기 무늬에 같은 색 흙을 넣어 굽는다.
  → 상감은 도자기 무늬에 (다른) 색 흙을 넣어 굽는다. not Ⓐ

② 고려시대 사람들의 생각을 고려청자를 통해 알 수 있다.
  → 정답

③ 청자에 꽃무늬를 넣는 것은 다른 나라에도 있는 기법이다.
  → 청자에 (구름과 학 그리고 꽃무늬를 새겨 넣어 독창적인 작품으로 완성하였다). not Ⓑ

④ 원 안과 밖의 학이 날아가고 있는 모습은 모두 한 방향이다.
  → 원 안과 밖의 (학은 진행 방향이 일정하지 않다). not Ⓒ

듣기 (35번~36번) p.23

> 남자 : 여러분들도 아시다시피 **경기가 좋지 않을 때는 소비자의 구매 심리가 위축됩니다.** 재작년부터 불경기가 계속되어 상품을 판매하는 상인 대부분이 울상을 짓고 있다는 기사를 쉽게 볼 수 있었을 것입니다. 하지만 이 시기에 Ⓐ오히려 판매가 급증한 상품이 있는데요. 그것이 바로 '립스틱'입니다. Ⓑ저렴한 립스틱 구매를 통해 소비자는 위축된 심리를 극복하고 최대한의 만족을 얻으려고 하는 것입니다. 이것을 '립스틱 효과'라고 부르며 이와 비슷하게 남성 소비자들의 넥타이 소비가 증가하는 현상을 '넥타이 효과'라고 부릅니다.

35.

● 남자는 '경기가 좋지 않을 때는 소비자의 구매 심리가 위축됩니다.'라고 하며 불경기 때는 소비 심리가 위축된다는 사실을 설명한다. 그리고 남자는 '립스틱 효과'라는 경제 용어와 함께 소비자의 소비 심리에 대해 설명하고 있으므로 답은 ①이다.

36.

● ① 불경기 때는 모든 상품의 판매가 준다.
  → 불경기 때 (립스틱, 넥타이의 판매는 늘어난다). not Ⓐ

② 경기가 불황일 때 소비자는 구매를 꺼린다.
  → 정답·

③ 립스틱이 팔리지 않으면 경기가 좋은 것이다.
  → 정보 없음

④ 고가의 제품을 구매해야 최대의 만족을 얻을 수 있다.
  → (저렴한 립스틱으로도) 최대의 만족을 얻을 수 있다. not Ⓑ

듣기 (37번~38번) p.24

남자 : 요즘 일부 기업에서 외국어 능력, 자기 계발 능력에다가 몸 관리 능력까지 승진 평가에 반영시킨다던데요?

여자 : 네, 능력이 있고 일을 오랫동안 수행할 수 있는 건강한 사람이 필요해서 그럴 수도 있다고 생각해요. 하지만 업무 특성에 따라 야근이 없는 부서도 있지만 그렇지 않은 곳도 많잖아요. 그래서 헬스장이나 요가 학원에 갈 수 없는 상황인 사원들도 많고요. 퇴근 시간을 보장해 주거나 건강을 위한 비용 지원이 있어야 직원들의 호응을 얻을 수 있을 것 같아요.

37.

➡ 여자의 중심 생각을 고르는 문제이다. 여자는 퇴근 시간의 보장이 없고 야근이 많은 부서에서 일하는 사람이 많고, 건강 관련 비용 지원도 없이 몸 관리 능력을 평가 요소에 넣는 것은 잘못되었다는 것을 지적하고 있으므로 답은 ③이다.

38.

➡ ① 외국어 능력이 승진 평가에서 제일 중요하다.
　　→ 정보 없음
② 퇴근 이후에 운동을 하는 사원들은 별로 없다.
　　→ 정보 없음
③ 보다 더 많은 평가 요소를 넣어야 공정해진다.
　　→ 정보 없음
④ 승진을 하려면 여러 가지 다양한 능력이 있어야 한다.
　　→ 정답

듣기 (39번~40번) p.24

여자 : 네, 그렇다면 교수님께서는 그동안 진행한 '작은 도서관 사업'을 긍정적으로 평가하신다는 말씀이시지요?

남자 : 네, 말씀드렸다시피 ⑧제일 큰 성과는 주민 소통 공간의 활성화입니다. 또한 도서, 산간 지역 주민들의 접근 용이성도 좋아졌고요. 물론 사립인 경우에 공공성의 유지가 어렵다는 점, 지속적인 정부 지원의 비효율성 등을 지적하는 의견도 있는 것이 사실입니다. 그러나 이러한 단점 때문에 사업을 중단하는 것은 큰 장점을 버리는 꼴이 될 것입니다. 따라서 **단점을 극복할 수 있게** 사서 파견 및 Ⓐ자체 예산 확보 방안을 꾸준히 이어나가야 할 것입니다.

39.

➡ 여자는 ''작은 도서관 사업'을 긍정적으로 평가하신다는 말씀이시지요?'라고 물었고, 남자는 '네 말씀드렸다시피'라고 대답하며 사업을

통해 좋아진 점을 부연 설명하고 있으므로 이 대화 전에 사업의 성공적인 결과에 대해서 이야기 했음을 알 수 있다. 그러므로 답은 ④이다.

40.

➡ ① 독서를 하는 사람들이 감소했다.
　　→ 정보 없음
② 정부 도서관은 비용이 들지 않는다.
　　→ 정부 도서관은 비용이 (든다). not Ⓐ
③ 이 사업에는 개선해야 할 것이 있다.
　　→ 정답
④ 도서관의 기능은 독서 장소일 뿐이다.
　　→ 도서관의 기능은 독서 장소 (뿐만 아니다). not ⑧

듣기 (41번~42번) p.25

여자 : 우리는 날마다 많은 음식을 접하고, 다양한 맛을 느끼며 살아갑니다. 그렇다면 맛이란 입 안에서 어떻게 느껴질까요? 그리고 맛은 입 안에서만 느끼는 감각일까요? 여러분들은 그동안 혀의 위치에 따라 단맛, 쓴맛, 신맛, 짠맛을 구분해서 느낀다고 배웠을 것입니다. 하지만 우리 연구팀이 최근 Ⓐ혀의 모든 지점에 모든 감각 세포가 있다는 것을 밝혀냈습니다. 또한 연구에서 놀라운 사실이 하나 더 밝혀졌는데요. **코도 맛을 느낄 수 있게 하는 데 중요한 역할을 한다는 겁니다.** 콧속으로 느껴지는 신경 물질이 뇌로 전달되면서 미각을 자극하는 것입니다.

41.

➡ 여자는 '연구에서 놀라운 사실이 하나 더 밝혀졌는데요.'를 통해 기존에 일반적으로 알고 있던 정보가 틀렸다는 것을 설명하였다. 그러므로 답은 ④이다.

42.

➡ ① 혀의 각 부위에서는 정해진 맛만 느낀다.
　　→ 혀의 (모든 지점에서 모든 맛을) 느낀다. not Ⓐ
② 혀는 맛을 느끼는 것에 관여하지 않는다.
　　→ 혀는 맛을 느끼는 것에 (관여한다). not Ⓐ
③ 맛을 느끼는 데는 코도 중요한 역할을 한다.
　　→ 정답
④ 음식의 양이 많아지면 맛을 느끼기가 어렵다.
　　→ 정보 없음

실전
모의고사

제1회

실전
모의고사

제2회

실전
모의고사

제3회

실전
모의고사

제4회

듣기 (43번~44번) p.25

> 남자 : '자제력 실험'에 관해 들어 본 적이 있나요? 1966년, 어느 대학교에서 진행된 이 실험은 '마시멜로 실험'이라는 이름으로도 유명합니다. 4세 어린이 653명을 대상으로 한 이 실험은 다음과 같이 진행되었는데요. 마시멜로 하나를 주고, 15분 동안 참으면 마시멜로를 하나 더 주겠다는 제안을 한 뒤, 아이들의 선택을 관찰했습니다. 실험 결과, 대부분의 아이들이 15분을 참지 못하고 마시멜로를 먹었지만 일부 아이들은 인내심을 발휘하여 두 개의 마시멜로를 얻었습니다. 이 실험이 유명해진 이유는 15년 후 발표된 추적 조사 결과 때문이었습니다. 마시멜로를 참고 기다린 아이들이 그렇지 않은 아이들에 비해 대학 입학 시험에서 평균 210점이나 더 높은 점수를 받았던 것입니다.

43.

⊙ 마시멜로를 먹지 않고 참은 학생과 그렇지 않은 학생들의 학업 성취도를 비교한 실험이다. 그러므로 답은 ①이다.

44.

⊙ 마지막 문장에 의하면 마시멜로 실험은 후속 연구 때문에 유명해졌으므로 답은 ③이다.

듣기 (45번~46번) p.26

> 여자 : 비빔국수, 잔치국수, 콩국수, 열무국수, 김치말이국수 등을 드셔 보셨나요? 결혼식 날을 '국수 먹는 날'이라고 하는 것처럼 한국 문화와 관련이 깊은 것이 국수입니다. 결혼식 때 먹는 음식이면 매일 먹는 음식은 아니겠죠? Ⓑ과거에는 밀을 빻아서 만든 Ⓐ밀가루가 꽤 고가의 음식 재료였습니다. 그래서 결혼식 같이 잔치를 하는 날에나 먹을 수 있어서 '국수' 앞에 '잔치'가 붙게 되었습니다. 최근엔 국수가 그렇게 비싼 음식은 아니지요? 1950년대 부산 구포의 5일장에 타국에서 보내 온 구호물자로 밀이 많이 들어왔기 때문입니다. Ⓒ면을 뽑는 제면소가 생겨나며 점차 서민 음식으로 자리매김을 한 것이지요.

45.

⊙ ① 예전에는 국수의 판매 가격이 쌌다.
   → 예전에 국수의 판매 가격이 (비쌌다). not Ⓐ
② 잔치 국수는 쌀을 빻아서 만든 음식이다.
   → 잔치 국수는 (밀)을 빻아서 만든 음식이다. not Ⓑ
③ 최근에 국수는 다시 고가의 음식이 되었다.
   → 국수는 점차 서민 음식으로 자리매김을 하였다. not Ⓒ

④ 옛날에는 결혼식이 있는 날에 국수를 먹었었다.
   → 정답

46.

⊙ 국수라는 음식이 한국 문화와 역사에 어떤 관련이 있는지 설명하고 있다. 그리고 국수는 비싼 음식이었는데 1950년대에 밀이 많이 들어와서 가격이 낮아진 것이라고 역사와 문화를 통해 설명하고 있다. 그러므로 답은 ①이다.

듣기 (47번~48번) p.26

> 여자 : 연구원님, 최근 각종 매체에서 '지방 소멸 위기'라는 말이 나오고 있는데요. 꼭 방송이 아니더라도 일부 지방에 가 보면 인구가 많이 감소했다는 생각이 듭니다.
> 남자 : 네, '지방 소멸 위기'는 Ⓐ출산 비율 저하와 고령화가 확대되는 상황 속에서 지방 도시의 인구가 대도시로 유출되어 지방 인구가 감소하고 쇠퇴하는 것을 뜻합니다. 이에 대해 Ⓒ중앙과 지방 부처가 현재 상황을 정확히 공유하고 해결 방안을 함께 모색하면서 대책을 마련해야만 할 것입니다. 현재 지방으로 유입되는 이주민을 위한 주택과 기반 시설이 부족한 것을 간과하고 Ⓑ비현실적인 대책을 내놓고 있는 것이 큰 문제라고 할 수 있습니다.

47.

⊙ ① 낮은 출산율은 지방 소멸의 위기와 관계가 없다.
   → 낮은 출산율은 지방 소멸의 위기와 관계가 (있다). not Ⓐ
② 각 부처는 지방 소멸을 막으려는 대책이 아무것도 없다.
   → 각 부처는 지방 소멸을 막으려는 대책이 (있다). not Ⓑ
③ 소도시로의 인구 유입을 위해서는 시설 확충이 필요하다.
   → 정답
④ 대도시와 지방의 공공기관은 스스로 해결 방안을 찾아야 한다.
   → 대도시와 지방의 공공기관은 (함께) 해결 방안을 찾아야 한다.

48.

⊙ 남자는 '지방으로 유입되는 이주민을 위한 주택과 기반 시설이 부족한 것을 간과하고 비현실적인 대책을 내놓고 있는 것이 큰 문제라고 할 수 있습니다.'라고 하며 인구가 감소하는 지역(지방)에 대한 해결책(대책)이 필요한데, 그 대책이 비현실적인 대책이라서 문제점이라고 지적하고 있다. 그러므로 답은 ④이다.

남자: 저는 이것을 '기회'라고 말하고 싶습니다. '장기 이식' 은 간, 신장, 각막 등의 ⑧장기가 손상되었거나 기능을 상실한 환자에게 건강한 장기를 이식하는 것을 말합니다. 뇌사자 1명의 장기 기증은 최대 9명에게, 새 삶이 라는 큰 선물이 될 수 있습니다. 하지만 장기 기증에 대한 부정적인 사회적 인식으로 인해 지원자가 턱없이 부족한 것이 현실입니다. 장기 기증의 활성화를 위해서는 ⑧장기 기증자 및 유족이 받는 불이익에 대한 처우 개선이 선행되어야 합니다. ©그런데 이런 제도 개선만으로 큰 효과를 기대하기는 어렵습니다. 의료진의 책임감 있는 의료 서비스와 함께 장기를 기증하는 것에 대한 인식 전환 교육이 무엇보다 시급합니다. 긍정적인 인식 전환으로 더 많은 환자가 '기회'를 얻을 수 있는 환경이 되길 바랍니다.

49.

➡ ① 뇌사자의 경우도 장기 기증이 가능하다.

　　→ 정답

② 장기 기증을 한 사람이나 가족에게는 이익이 된다.

　　→ 장기 기증을 한 사람이나 가족에게는 (불이익)이 된다. not ⓐ

③ 장기에 문제가 생긴 사람도 해당 장기를 남에게 줄 수 있다.

　　→ (건강한) 장기를 남에게 줄 수 있다. not ⓑ

④ 제도가 개선만 된다면 이식 신청자가 큰 폭으로 늘어날 것이다.

　　→ 제도 개선만으로 큰 효과를 기대하기는 어렵다. not ©

50.

➡ 남자는 '인식 전환 교육이 무엇보다 시급합니다. 긍정적인 인식 전환으로 더 많은 환자가 '기회'를 얻을 수 있는 환경이 될 바랍니다.'라고 하였다. 인식과 의식은 생각을 나타낸다는 측면에서 바꾸어 표현할 수 있다. 시급하다는 부분에서 그것에 대한 필요성을 주장한다는 것을 알 수 있다. 그러므로 답은 ④이다.

51.

㉠ : 누구나 참석할 수 / 누구든지 볼 수
㉡ : 추가 신청은 없으니(까) / 신청 기간 이후에는 신청을 받지 않으니(까)

👥 〈공연 초대 알림〉 👥

대상: 올해 신입생

안녕하세요. 한국 대학교 어학 교육원입니다.

신입생을 위한 무료 공연 정보가 있어서 알려드리려고 합니다.

신입생은 (㉠누구나 참석할 수 / 누구든지 볼 수) 있는 공연입니다.

참석을 원하는 학생은 이번 주말까지 홈페이지에서 신청해 주십시오.

주말 이후에는 (㉡추가 신청은 없으니(까) / 신청 기간 이후에는 신청을 받지 않으니(까)) 기한을 꼭 지켜 주시기 바랍니다.

많은 신청 바랍니다.

➡ ㉠ : 안내문의 제목이 '공연 초대 알림'이고 신입생을 대상으로 무료 공연 정보를 알려준다고 했으니까 괄호에는 '신입생은 모두 참석할 수 있습니다. 참석이 가능하다'는 내용이 나와야 합니다.

㉡ : 괄호 앞 문장에서 언제까지 신청해 달라고 했고 괄호에 이어지는 부분에는 시간을 지켜 달라고 안내를 하고 있으므로 괄호에는 '추가 신청은 없으니(까) / 신청 기간 이후에는 신청을 받지 않으니까' 등의 시간을 지켜 달라는 이유가 나와야 합니다.

52.

㉠ : 갈색으로 바뀐다
㉡ : 없어졌을 거라고 말한다 / 죽었을 거라고 말한다

　　동물들은 여러 방법으로 자신을 보호하는데 그중에서 몸의 색깔을 바꾸는 것을 '보호색'이라고 한다. 북극에 사는 동물인 북극여우는 겨울에는 눈이 쌓여있기때문에 몸이 흰색이다. 그러나 여름에 눈이 녹고 땅의 색이 보이면 몸이 (㉠갈색으로 바뀐다). 이 여우가 갈색이 되는 것처럼 청개구리 역시 계절이나 환경의 변화에 따라 몸의 색을 바꾼다. 생물학자들은 이 기능이 없다면 많은 동물들이 (㉡없어졌을 거라고 말한다 / 죽었을 거라고 말한다).

➡ ㉠ : 보호색은 다른 동물로부터 자신을 보호하는 방법으로 몸의 색깔을 바꾸는 것을 괄호 앞에서 말했습니다. 그리고 겨울과 대비되는 여름의 내용을 써야 하기 때문에 '갈색, 바뀌다(피동사)'를 활용해 문장을 완성해야 합니다.

㉡ : 괄호 앞의 내용이 동물은 자신의 생명을 보호하기 위해 '보호색' 기능이 필요하다고 했습니다. 그리고 학자들이 이 기능이 없다고 가정하여 말하는 것을 표현해야 하므로 간접 인용 표현으로 끝나야 합니다. '없어지다, 죽다, 멸종하다'의 어휘와 함께 '-(으)ㄹ 거라고 (말)한다'를 사용해 문장을 완성하면 됩니다.

쓰기 (53번~54번) p.29

실전 모의고사

제1회

실전 모의고사 제2회

실전 모의고사 제3회

실전 모의고사 제4회

53.

	인	주	시		자	원		봉	사		협	회	에	서		인	주		시
민		30	0	명	을		대	상	으	로		자	원		봉	사		참	여
경	험	에		대	해		설	문		조	사	를		실	시	하	였	다	.
'	자	원		봉	사	에		참	여	한		적	이		있	는	가	'	에
대	해		'	참	여	한		적	이		있	다	'		가		70	%	이	고
'	참	여	한		적	이		없	다	'		는		응	답	이		30	%	였
다	.		참	여		이	유	로	는		학	교	나		직	장	의		단	체
활	동	에		동	참	하	기		위	해	서	와		남	을		돕	는	
것	이		행	복	해	서	라	는		답	변	이		나	왔	다	.		한	편
자	원		봉	사		참	여		장	소	로	는		노	인		시	설	이
61	%	로		가	장		높	게		나	왔	으	며		복	지	관	은	
20	%	로		노	인		시	설	보	다		낮	았	다	.		또	한		장
애	인		시	설	이		14	%	로		그		뒤	를		이	었	고	
기	타	는		5	%	로		나	타	났	다	.							

290자

○ **처음** : 조사 기관명과 조사 대상을 작성합니다.
　　　예) 조사기관에서 OO을/를 대상으로 OO에 대해 설문 조사를 실시하였다.

중간 : 왼쪽 위 그래프의 내용을 쓰고 하단 부분의 내용을 작성합니다.
　　　예) OO은 OO%이고 □□은 □□%였다.(원그래프)
　　　예) OO은 △△에 OO%(/명/개)였는데 □□에는 □□%로 증가(/감소)하였다.(선그래프)

끝 : 오른쪽 그래프의 수치를 비교해 내용을 작성합니다.
　　　예) OO은 OO%이고 □□은 □□%로 나왔다.(막대그래프/막대 비율그래프: 순위 비교)

왼쪽 위 그래프 : 경험 유무에 대한 수치 비교 OOO이/가 OO%이고 OOO은/는 OO%였다.

왼쪽 하단 박스 : 참여 이유로는 ~와/과, ~이라는 답변이 나왔다./ (이)라고 응답하였다.

오른쪽 그래프 : ~(으)로는 OO이/가 O%로 가장 높게 나왔으며 OO은/는 O%로 (O보다) 낮았다.
　　　　　또한 OO이/가 O%로 그 뒤를 이었다.

54.

　　고도화된　사회일수록　다양한　원인으로 사회적　고립이　발생하게　되고,　이는　심 각한　사회문제로　부상하고　있다.　그 원인으로　첫째,　디지털　기술의　발전에 따른　사회적　관계의　변화가　있다.　인터 넷과　스마트폰의　보편화로　대면　소통이 줄어들어　가족이나　친구와의　유대감이 약화되고,　가상　세계에　빠져　사회로부터 멀어질　수　있다.　둘째,　경제적　어려움 역시　고립을　촉발하는　원인　중　하나이 다.　경제적으로　어려운　상황에　처한　개 인은　사회적　활동에　참여하기　어려워져 사회적　연결성이　떨어지게　된다.

　　이러한　사회적　고립의　심화는　다양한 부정적인　결과로　이어질　수　있다.　몇 가지　주요한　부작용으로　정신적　건강 문제,　삶의　질　저하,　감정적　고립,　사회 적　불평등의　확대　등이　있다.　고립된 개인은　타인과의　소통　부족으로　우울증, 불안,　자살　충동과　같은　정신　건강　문 제에　노출될　가능성이　높아지며,　삶의 질이　하락할　수　있다.

실전
모의고사
제1회

실전
모의고사
제2회

실전
모의고사
제3회

실전
모의고사
제4회

　이에　대한　해결책으로　개인적　측면으
로는　디지털　기술을　적절히　활용하고
균형을　유지하는　것이　중요함을　인지해
야　하며, 온라인과　오프라인　활동을　결
합하여　대면　소통과　대인　간의　소통을
확대하도록　노력해야　한다. 또한　정부는
사회적　고립의　심각성을　알리고, 이를
예방하고　해결할　수　있는　방안을　제시
해야　한다. 의식　교육, 정책　제정, 커뮤
니티　프로젝트　등을　통해　사회적　고립
을　줄이고　건강하게　연결된　사회를　구
축해야　할　것이다.

689자

● 서론에서는 현대 사회에서의 사회적 고립으로 인한 사회 문제를 제기하고 본론에서는 사회적 고립의 원인과 부작용을 제시합니다. 결론에서는 본론에서 제시한 문제들을 해결할 수 있는 방안들을 예를 들어 설명하고 보다 바람직한 사회를 전망하는 내용으로 마무리를 합니다.

읽기 (1번~50번)

1 ①	2 ②	3 ③	4 ②	5 ①
6 ④	7 ③	8 ②	9 ①	10 ②
11 ④	12 ②	13 ②	14 ①	15 ③
16 ④	17 ①	18 ③	19 ③	20 ④
21 ②	22 ①	23 ①	24 ③	25 ③
26 ④	27 ③	28 ②	29 ②	30 ①
31 ①	32 ③	33 ③	34 ①	35 ③
36 ②	37 ④	38 ④	39 ④	40 ①
41 ①	42 ③	43 ③	44 ②	45 ③
46 ③	47 ②	48 ④	49 ②	50 ③

읽기 (1번~2번) p.33

1.

한국어를 배워 <u>보니까</u> 어렵지 않다는 것을 알았다.

➡ '-니까'는 앞의 행위가 진행된 결과로 뒤에 새롭게 행위가 일어나거나 새로운 사실이 나타나는 것을 나타내는 표현이다. 그러므로 답은 ①이다.

2.

어제 버스에서 자리를 양보해야 하는데 너무 피곤해서 <u>자는 척했다.</u>

➡ '-ㄴ 척하다'는 그럴듯하게 꾸미는 거짓 태도, 모양을 나타내는 표현이다. 그러므로 답은 ②이다.

읽기 (3번~4번) p.33

3.

➡ '-ㄴ 후에'와 '-고 나서'는 앞의 일과 행동이 끝나고 난 다음에라는 의미이다. 그러므로 답은 ③이다.

4.

➡ '-기 마련이다'는 그렇게 되도록 되어 있다는 의미이며, '-ㄴ 법이다'는 앞에 오는 내용이 당연하고 필연적이라는 의미이다. 그러므로 답은 ②이다.

읽기 (5번~8번) p.34

5.

> 통증이 싸~~악!!!
> 센 것이 부드럽기까지!
> 드신 후 빠르게 흡수되어 효과가 빨라요

➡ [핵심어] 통증이 싸악/드신다/흡수/효과/때문에 답은 <u>①약</u>이다.

6.

> ♪ 아메리카로~ 좋아 좋아 좋아 ♪
> 준비부터 기분 좋은 미국 **여행**
> 합리적인 우리투어에서 **예약**하세요!

➡ [핵심어] 여행/투어/예약/때문에 답은 <u>④여행사</u>이다.

7.

> 함께 사는 아름다운 배려
> - 우리 집 바닥은 아랫집 천장
> - 쿵쿵쾅쾅☹, **사뿐사뿐**☺
> - 청소, 세탁은 낮 시간에

➡ [핵심어] 배려/사뿐사뿐/청소, 세탁은 낮 시간에/때문에 답은 <u>③생활 예절</u>이다.

8.

> - 직사광선을 **피해 주세요.**
> - 통풍이 잘 되는 곳에 **설치해 주세요.**
> - 습기나 먼지가 많은 곳은 **설치하지 마세요.**

➡ [핵심어] 피해 주세요/설치해 주세요/설치하지 마세요/는 주로 어떤 제품을 사용하거나 설치할 때 조심해야 할 내용이므로 답은 <u>②주의 사항</u>이다.

9.

캘리그라피 자격증반, 취미반 모집

Ⓑ자격증 취득 후 창업 가능

◆ 2급 자격증반 : 2개월 과정

◆ 1급 자격증반 : 3개월 과정

◆ 취미반　　　 : 1개월 과정

☎ 자세한 사항은 Ⓐ02) 530-0001로
문의하시기 바랍니다.

➲ ① 강좌에 따라 수강 기간이 다르다.

　➜ 정답

② 취미반도 자격증 취득이 가능하다.

　➜ 정보 없음

③ 자격증 관련 문의는 직접 방문해야 한다.

　➜ 자격증 관련 문의는 (전화로 해야) 한다. not Ⓐ

④ 창업을 하면 자격증반 수업을 들을 수 있다.

　➜ 자격증반 수업을 들으면 창업을 할 수 있다. not Ⓑ

10.

➲ ① 필리핀 결혼 이민자 비율이 가장 낮게 나왔다.

　➜ (미국) 결혼 이민자 비율이 가장 낮게 나왔다.

② 일본 결혼 이민자보다 베트남 결혼 이민자 비율이 더 높다.

　➜ 정답

③ 태국 결혼 이민자가 일본 결혼 이민자보다 두 배 이상 많다.

　➜ (일본) 결혼 이민자가 (태국) 결혼 이민자보다 두 배 이상 많다.

④ 중국(조선족 포함)인이 국적별 결혼 이민자의 과반수를 차지했다.

　➜ 중국(조선족 포함)인이 국적별 결혼 이민자의 (⅓ 이상을) 차지했다.

11.

Ⓐ최근에 한국 드라마가 전 세계적으로 인기를 끌며 관심을 받고 있다. ©인기의 비결은 시청자들의 높아진 눈높이에 맞추어 만들어졌다는 점이다. 그밖에도 내용이 점점 더 흥미로워졌을 뿐만 아니라 Ⓑ배우의 외모와 뛰어난 연기력도 영향을 주었다고 한 대중문화 평론가는 말했다.

➲ ① 한국 드라마는 인기가 없지만 관심을 받았다.

　➜ 한국 드라마는 (인기를 끌며 관심을 받고 있다). not Ⓐ

② 한국 드라마의 배우는 연기력이 훌륭하지 않다.

　➜ 한국 드라마의 배우는 연기력이 (훌륭하다). not Ⓑ

③ 한국 드라마는 시청자들이 이해하기에는 꽤 어렵다.

　➜ 한국 드라마는 (시청자들의 눈높이에 맞추어 만들어져서 이해하기 쉽다). not ©

④ 한국 드라마는 시청자들 수준에 맞게 제작되어 인기가 많다.

　➜ 정답

12.

Ⓐ지난 1월 3일부터 10일까지 성인 남녀 3,000여 명에게 설에 대한 설문 조사를 했다. 설날에 받는 가장 큰 스트레스가 무엇이냐는 질문에 1위로 ©45%가 명절 비용이라고 답했으며, 차례상 준비 등 가사 노동이 30%로 그 뒤를 이었다. Ⓑ설날 주요 계획으로는 55%가 가족과 집에서 쉬겠다고 답했고 집에서 게임이나 영상을 즐기겠다고 한 사람이 20%, 기타 응답이 25%를 차지했다.

➲ ① 지난 1월 3일부터 10일까지는 설날 연휴여서 설문 조사를 했다.

　➜ 지난 1월 3일부터 10일까지 (설날 연휴에 대한) 설문 조사를 했다. not Ⓐ

② 가사 노동보다 명절에 드는 비용 때문에 받는 스트레스가 더 크다.

　➜ 정답

③ 집에서 게임이나 영상을 보고 싶어 하는 응답이 가장 높게 나왔다.

　➜ (가족과 집에서 쉬고) 싶어 하는 응답이 가장 높게 나왔다. not Ⓑ

④ 명절에 드는 비용 때문에 스트레스를 받는다는 응답이 절반을 넘는다.

　➜ 명절에 드는 비용 때문에 스트레스를 받는다는 응답이 절반을 (넘지 않는다). not ©

13.

➡ (나)에서 '태풍의 눈에서는 왜 바람이 불지 않을까?'라는 질문으로 시작한다. (나)의 질문에 이유를 설명하는 '-기 때문입니다'가 있는 (라)가 뒤에 온다. (가)에서 태풍의 원리를 설명하고 (다)에서 예를 들어 설명하며 마무리한다. 그러므로 답은 ②이다.

(나) 태풍의 눈에서는 왜 바람이 불지 않고 조용할까요? / (라) 바람은 회전하면서 태풍의 눈 쪽으로 빨려들지만, 그 속으로는 들어가지 못하기 때문입니다. / (가) 그것은 들어가려는 힘과 바람을 바깥으로 밀어내는 힘의 크기가 같다는 것을 의미합니다. / (다) 마치 두 사람이 손을 잡고 회전할 때 서로 같은 힘으로 상대를 밀어내는 것과 같습니다. / 로 내용이 구성된다.

14.

➡ 두피 관리의 중요성에 대한 내용이다. (나)에서 두피에 노폐물이 생기는 원인을 말하고 (다)에서 그것으로 인해 탈모가 생기며 (가)에서 탈모를 방지하는 방법을 소개하고 (라)에서 두피 관리의 중요성을 강조하며 마무리한다. 그러므로 답은 ①이다.

(나) 봄에는 황사와 자외선으로 모발이 건조해져 두피에 노폐물이 많이 생긴다. / (다) 이 노폐물은 두피의 모공을 막아 탈모를 일으킨다. / (가) 탈모를 방지하기 위해서는 외출 후 5분 정도 빗질해서 두피의 노폐물을 제거하는 것이 좋다. / (라) 두피가 깨끗해야 모발이 건강하므로 두피를 관리하는 것이 중요하다. / 로 내용이 구성된다.

15.

➡ 혀를 깨물었을 때 어떻게 해야 하는지에 대한 내용이다. (다)에서 혀를 깨물었을 때의 상황이 나오고 (라)에서 약간의 출혈이 발생했을 때 대처법이 나온다. (나)에서 출혈이 멈은 후에 해야 하는 것에 대한 내용이 나오며 마지막으로 (가)에서 출혈이 멈지 않는 경우 병원으로 가야한다는 응급 상황에 대한 대처 방법을 제시하고 있다. 그러므로 답은 ③이다.

(다) 혀를 깨물었을 때, 약간의 출혈이 발생할 때가 있다. / (라) 그럴 경우, 얼음 한 조각을 입에 물고 있으면 통증이 덜할 뿐만 아니라 출혈도 쉽게 멈춘다. / (나) 출혈이 멈추면 구강 청정제를 사용해서 세균 감염을 막는다. / (가) 만약 시간이 지나도 피가 멈추지 않으면 즉시 병원으로 가야 한다. / 로 내용이 구성된다.

16.

➡ 첫 문장에서 '우리가 삶을 살아가면서 부딪치는 많은 문제에 대한 답은 독서를 통하여 찾을 수 있다.'라고 하였으므로 답은 ④이다.

17.

➡ 첫 문장에서 '유아에게 책을 읽어 주면 언어 능력 향상과 더불어 부모와 아이 사이의 신뢰감을 깊게 하며 아이가 안정감을 느끼는 데 도움

을 준다.'라고 하였다. 이는 서로에게 영향을 주고 받는 것을 의미하기에 답은 ①이다.

18.

➡ 괄호 앞 '심리적인 지지와 믿음, 그리고 서로에게 기댈 수 있는 상대가 필요하다.'라고 하였다. 서로 믿고 의지한다는 것을 의미하므로 답은 ③이다.

> 많은 사람들은 비타민이 천연비타민이라고 잘못 알고 있지만 실제로는 많은 비타민 보충제가 합성으로 만들어진다. 또한 '비타민을 많이 먹으면 건강에 더 좋다'는 생각도 흔한 오해이다. 필요 이상으로 비타민을 섭취하는 것은 오히려 건강에 해로울 수 있다. '비타민 C 과다 섭취가 감기 예방에 도움이 된다'는 믿음도 널리 퍼져 있으나 감기 예방에는 큰 효과가 없다. 건강을 위해서는 균형 잡힌 식사를 통해 적절한 양의 비타민을 섭취하는 것이 중요하다.

19.

➡ '필요 이상으로 비타민을 섭취하는 것은 (　　) 건강에 해로울 수 있다.'에서 '생각과 다르게'라는 의미를 가진 '오히려'가 들어가야 한다. 그러므로 답은 ③이다.

20.

➡ '건강을 위해서는 균형 잡힌 식사를 통해 적절한 양의 비타민을 섭취하는 것이 중요하다.'는 건강한 식단을 통한 비타민 섭취가 바람직하다는 것이므로 답은 ④이다.

> 쇼핑을 하면 우울했던 기분이 좋아진다는 사람이 많다. 즉 쇼핑 자체에 즐거움을 느낀다는 것이다. Ⓐ보통 쇼핑하러 가기 전에 필요한 것만 사겠다고 마음을 먹는다. 그렇지만 결심과 다르게 쓸데없는 물건까지 사게 된다. 이렇게 물건을 마구 사면 자신도 모르게 쇼핑 중독이 될 수 있다. Ⓑ쇼핑 중독에서 벗어나기 위해서는 구매를 유혹하는 자극에서 거리를 두는 것과 신용카드를 없애는 것과 같은 실천이 중요하다고 한다.

21.

➡ '마음을 먹다'는 결심한다는 의미이다. 그러므로 답은 ②이다.

22.

○ ① 쇼핑 때문에 기분 전환이 된다는 사람이 많다.

　→ 정답

② 쇼핑 중독이란 필요한 물건만 자주 구매하는 것이다.

　→ 쇼핑 중독이란 (쓸데없는 물건을 마구) 구매하는 것이다. not @

③ 쇼핑할 때는 카드를 집에 두고 사용하지 않아야 한다.

　→ 신용카드를 없애면 쇼핑 중독에서 벗어날 수 있다. not @

④ 쇼핑 전에 계획한 대로 물건을 구입하는 사람들이 많다.

　→ 보통 쇼핑할 때 쓸데없는 물건까지 구입하는 사람들이 많다. not @

읽기 (23번~24번)　p.41

"우리도 마침 쌀이 떨어졌다."고 하면 펴들었던 쌀자루를 어떻게 다시 접어들고 돌아서서 나올까, 걱정걱정하느라고 걸음이 잘 걸리지 않는 것을 억지로 걸어서, 그 집 대문 앞까지 가서는 몇 번이나 들어갈까 말까하고 망설이면서 대문턱을 밀고는 돌아서고 또 가서 밀고는 돌아서고 하였습니다. 그럴 때는 그 집 대문이 무서운 경찰서나 감옥문같이 원망스러워 보였습니다. ⓐ해가 산머리에 질 때가 되도록 밖에서 망설이기만 하는데, 마침 그 집의 아저씨가 밖에서 돌아오다가 나를 보고 "너 학교에서 인제 돌아가니?"하고 묻고는, "왜 집에 들어가서 놀다 가지, 밖에서 그러니?"합니다. 별안간 어리둥절한 판에, ⓑ"아녜요, 쌀 꾸러 왔어요."하는 소리는 나오지도 않고 "아녜요, 얼른 가야 해요. 집에서 일찍 오라고 그러셨어요."하고는 그냥 꾸벅하고는 급히 걸어갔습니다.

23.

○ '그 집 대문 앞까지 가서는 몇 번이나 들어갈까 말까하고 망설이면서 대문턱을 밀고는 돌아서고 또 가서 밀고는 돌아서고 하였습니다.'로 보아 쌀을 빌리러 가는 길이 부끄러웠던 것을 알 수 있다. 그러므로 답은 ①이다.

24.

○ ① 나는 해가 뜰 무렵에 쌀을 꾸러 갔다.

　→ 나는 해가 (질) 무렵에 쌀을 꾸러 갔다. not @

② 나는 쌀을 꾸러 갔다가 아저씨를 보자마자 숨었다.

　→ 나는 쌀을 꾸러 갔다가 아저씨를 (보고 숨지 않았다). not @

③ 나는 쌀 꾸러 간 집 대문 앞에서 한동안 서 있었다.

　→ 정답

④ 나는 아저씨께 쌀을 꾸러 왔다고 큰 소리로 말했다.

　→ 나는 아저씨께 쌀을 꾸러 왔다고 큰 소리로 (말하지 못했다). not @

읽기 (25번~27번)　p.42

25.

기술 유출 심각, 반도체 25건 핵심 기술 '콸콸'

○ '콸콸'은 많은 양의 액체가 급히 쏟아져 흐르는 소리를 나타내는 말이다. 25건이나 되는 반도체의 핵심 기술이 다른 나라나 기업으로 빠져나갔다는 것을 의미하므로 답은 ③이다.

26

한우 싸게 판다고 '난리법석'...부상자도 발생

○ '난리법석'은 난리가 난 것처럼 몹시 소란스럽고 두서없이 행동하는 것을 뜻하는 말이다. 우리나라 소고기인 한우를 싸게 사려고 많은 사람이 모여 난리가 났고 그런 상황에서 다치는 사람이 생겼다는 것을 의미하므로 답은 ④이다.

27.

통신비 부담에 소비자들 인하 요구.... 이통 3사 '우왕좌왕'

○ '우왕좌왕'은 이리저리 왔다 갔다 하며 일이나 나아가는 방향을 종잡지 못함을 뜻하는 말이다. 소비자들이 휴대전화 통신비(요금)가 너무 비싸서 내리라고 요구를 하는 상황에서 이동통신회사 3곳이 결정을 못 내리고 있다는 것을 의미하므로 답은 ③이다.

읽기 (28번~31번)　p.43

28.

뇌-컴퓨터 인터페이스(BCI)는 뇌에 전극 칩을 심은 환자가 머릿속 생각만으로 컴퓨터를 움직일 수 있게 하는 의료기기로 그 임상 실험이 이제 막 시작되었다. 임상 실험 소식은 신기술의 신기함과 놀라움뿐 아니라 뇌에 전극을 심는 방식으로도 언론의 주목을 받았다. 뇌의 겉부분에 전극을 심어 개별 신경세포의 신호를 수신하고 무선으로 전송하는 이런 기기는 이전에는 없던 새로운 기술이 적용된 것이다.

○ 뇌-컴퓨터 인터페이스(BCI)의 임상 실험 소식이 언론의 주목을 받은 내용을 찾는 문제이다. 언론의 주목을 받은 이유는 첫째, 기술의 신기함과 놀라움이고 두 번째는 괄호 뒤의 문장에서 찾을 수 있다. 괄호 뒤 '뇌의 겉부분에 전극을 심어'라고 하였으므로 답은 ②이다.

29.

　　동양 의학에서 중요한 약재인 동충하초는 곤충의 내장을 양분으로 삼아 기생하는 버섯으로 겨울에는 곤충의 상태였다가 여름에는 약초가 되는 특이한 버섯입니다. 곤충이 이 버섯을 먹게 되면 버섯의 세포가 곤충의 몸속에 들어가서 겨울을 지냅니다. 봄이 되면 몸 안에서 세포가 퍼져 곤충의 몸 안은 내장이 사라지고 버섯으로 가득 차서 죽게 됩니다.

◐ 첫 문장 '곤충의 내장을 양분으로 삼아 기생하는'을 통해 겨울이 지나면 곤충의 내장이 사라지고 몸 안에서 버섯이 생긴다는 것을 알 수 있다. 그러므로 답은 ②이다.

30.

　　졸음 쉼터는 운전자가 급한 용무가 있거나 피곤할 때 잠시 쉬었다가 갈 수 있도록 고속도로나 국도에 설치한 휴게 장소이다. 졸음 쉼터는 이름 그대로 졸음운전 방지를 위해 만든 시설이다. 운전자가 충분한 수면을 취하지 못했을 시 발생할 수 있는 사고를 예방하는 차원에서 만든 시설이라고 할 수 있다. 졸음 쉼터에는 간이 화장실과 음료수 자판기가 설치되어 있고 차를 주차할 수 있는 주차 공간이 마련되어 있다.

◐ 첫 문장에서 졸음 쉼터라는 이름과 목적(간단한 휴식, 안전 보장)을 알 수 있다. 졸음 쉼터는 졸음운전을 막는 안전을 위한 장소인 것을 알 수 있다. 그러므로 답은 ①이다.

31.

　　컵라면은 뜨거운 물의 열에너지를 이용해 면을 익힌다. 컵에 뜨거운 물을 넣으면 위쪽에는 뜨거운 물, 아래쪽에는 조금 식은 물이 내려간다. 이 때문에 컵라면의 면의 모양은 보통 위쪽은 면발이 촘촘하고 아래쪽은 성글게 짜여있다. 면발이 컵라면의 그릇 모양과 비슷하게 깎여 있어 면이 많은 위쪽에는 뜨거운 물에 닿고 조금 식은 물이 닿는 아래쪽의 면은 양이 많지 않은 것도 열에너지를 최대한 활용하려는 과학적인 원리가 숨어 있다.

◐ 첫 문장에 글의 주제가 드러나있다. 면발의 밀도와 컵라면 용기의 모양까지 과학적으로 만들어진 이유를 설명하는 글이다. 그러므로 답은 ①이다.

읽기 (32번~34번) p.45

32.

　　음악 치료라고 하면 음악을 듣고 그저 조용히 감상하는 것으로 알고 있는 경우가 많다. 물론 기분이 안 좋을 때나 화가 났을 때 음악을 듣는 것은 마음을 진정시키는 아주 좋은 방법이다. 하지만 ⓐ음악 치료는 단순한 감상이 아니다. 음악 치료를 할 때 치료사는 환자와 함께 노래를 부르거나 악기를 연주하기도 한다. 노래를 만들어 부르거나 음악에 맞춰서 춤을 추는 것도 음악치료의 한 방법이다.

◐ ① 가수나 음악가들에게 음악 치료가 필요하다.
　　→ 정보 없음
　② 음악 치료는 음악을 듣고 감상하는 방법이 가장 좋다.
　　→ 음악 치료는 (단순한 감상이 아니다). not ⓐ
　③ 치료사는 환자들에게 여러 가지 방법을 통해 음악 치료를 한다.
　　→ 정답
　④ 화가 났을 때는 음악을 듣는 것 보다 노래를 부르는 것이 더 좋다.
　　→ 정보 없음

33.

　　디즈니랜드나 유니버셜 스튜디오 같은 놀이공원을 디자인하는 디자이너들이 있다. 그들은 놀이공원의 주제를 설정하고 그에 맞는 놀이 기구를 설치하며 관람객들이 편하게 움직일 수 있는 동선을 설계한다. ⓐ동선 설계는 놀이공원 디자인에서 가장 중요한 요소인데 동선을 어떻게 설계하느냐에 따라 관람객에게 설렘, 그리움, 긴장감, 편안함 등을 제공할 수 있기 때문이다. ⓑ놀이공원 입구가 작은 문으로 되어있는 것도 입장 전에 설레는 감정을 끌어올리기 위함이다.

◐ ① 놀이공원 디자인은 서로 비슷하다.
　　→ 정보 없음
　② 관람객들이 움직이는 동선은 중요하지 않다.
　　→ 관람객들이 움직이는 동선은 (중요하다). not ⓐ
　③ 놀이공원 입구가 작아서 관람객들은 입장이 힘들다.
　　→ 놀이공원의 작은 입구는 설레는 감정을 끌어올린다. not ⓑ
　④ 동선의 설계에 따라 관람객들이 느끼는 감정이 다르다.
　　→ 정답

34.

봄철에 흔히 볼 수 있는 민들레의 하얀 씨앗은 조금의 바람에도 쉽게 떨어져 날아간다. Ⓐ민들레의 씨앗이 붙어 있는 둥근 공 모양의 부분을 꽃턱이라고 하는데 다른 식물들과 구별되는 모습이다. 민들레의 꽃턱이 공 모양인 이유는 무엇일까? 꽃턱의 모양은 공기의 흐름과 관계가 있다. 사각형이나 삼각형 모양보다는 Ⓑ둥그란 공 모양이 바람이 어느 방향에서 불건 꽃턱에 붙은 씨앗을 잘 날릴 수 있도록 설계된 것이기 때문이다.

➡ ① 공 모양 꽃턱은 작은 바람에도 씨앗을 잘 날린다.

→ 정답

② 민들레의 씨앗은 공 모양으로 생겨 잘 굴러다닌다.

→ 민들레의 (꽃턱은 공모양으로 생겼다). not Ⓐ

③ 봄철에 보이는 민들레는 둥근 공 모양으로 꽃이 핀다.

→ 정보 없음

④ 공 모양의 꽃턱보다 다른 모양의 꽃턱이 더 바람에 강하다.

→ 공 모양의 (꽃턱의 씨앗이 바람에 더 잘 날린다). not Ⓑ

읽기 (35번~38번) p.46

35.

화재가 발생하면 사람들은 공포에 사로잡혀 재빨리 대피하려고만 한다. 그러나 무조건 대피하는 것은 좋은 방법이 아니다. 아파트에 화재가 발생하면 현관문을 닫은 후 계단을 이용해 낮은 자세로 지상이나 옥상 등으로 신속히 대피해야 한다. 그러나 만약 우리 집에 연기나 불길이 들어오지 않을 때는 무조건적인 대피보다는 실내에 대기하면서 창문과 문틈 등 연기 유입 통로를 막고 안내방송에 따라 행동하는 편이 더 안전하다.

➡ 화재 발생 시의 대피 방법에 대한 안내이다. 아파트에 불이 났을 때는 지상이나 옥상으로 대피하는 방법이 있고, 집에 연기나 불길이 들어오지 않을 때는 실내에서 대기하면서 기다리는 방법이 있다고 한다. 화재 상황에 따라서 여러 가지 대피 방법이 있다는 것을 알려주고 있으므로 답은 ③이다.

36.

연예인들의 모든 행동은 대중들의 관심거리이다. 얼마 전 유명 배우도 비밀리에 만나고 있던 연인의 개인 정보가 밝혀져 너무 많은 관심이 쏠리며 헤어지게 된 경우도 있었다. 대중들은 TV 밖에서의 연예인들의 생활도 궁금하긴 하겠지만 무차별적인 사생활 유출과 호기심은 지양되어야 할 것이다. 연예인의 사생활을 보호할 장치를 만드는 것은 현실적으로 불가능하겠지만 우리 사회에서, 대중들의 인식에서 공인의 인권을 존중해 주는 토대는 마련되어야 한다.

➡ '무차별적인 사생활 유출과 호기심은 지양되어야 할 것이다.', '대중

들의 인식에서 공인의 인권을 존중해 주는 토대는 마련되어야 한다.'를 보면 대중들이 연예인의 사생활에 너무 관심을 가지고 그로 인해 연예인들의 인권과 사생활이 침해를 받는 상황에서 연예인들의 인권을 존중해야 한다는 주장을 하고 있으므로 답은 ②이다.

37.

인터넷 사용자가 특정 웹사이트에 접속할 때 생성되는 작은 데이터 파일을 쿠키라고 한다. 수많은 기업이 사용자 선호를 분석할 수 있고, 사용자가 이전에 입력한 정보를 기억할 필요가 없는 이유 역시 쿠키 덕분이다. 하지만 이러한 쿠키는 오늘날 비난의 대상이 됐다. 개인정보를 유출하고, 사용자 동의 없이 저장되기 일쑤며, 컴퓨터 성능을 저하시키기 때문이다.

➡ 쿠키의 장점(사용자 분석, 편리성)과 쿠키의 단점(개인정보 유출, 컴퓨터 성능 저하)에 대해 알 수 있다. 그러므로 답은 ④이다.

38.

짧은 시간 동안 강렬한 자극을 주는 1분 내외의 짧은 영상을 숏폼이라고 한다. 숏폼을 보면 마약이나 알코올처럼 뇌를 자극해 쾌락을 느끼게 하는 신경전달물질 도파민이 분비된다. 그런데 유사한 자극이 지속되면 도파민 분비가 줄어들어 지속적인 쾌감을 느끼기 위해서는 더 강렬한 자극을 찾게 된다. 그 과정에서 중독 현상이 나타나는데, 중독을 유발하는 다른 자극과 달리 숏폼은 접근성이 높고 무한대로 이용할 수 있기 때문에 중독의 폐해가 더 심각하게 나타날 수 있다.

➡ 첫 문장에는 숏폼의 정의를 서술하였다. 숏폼을 보면 쾌락을 느끼게 되고, 지속적으로 쾌락을 느끼기 위해 자극적인 영상에 중독되는데, 구하기 어려운 마약보다 쉽고 무한대로 접근할 수 있는 영상 매체의 특성으로 중독의 피해가 더 심하다는 내용이다. 그러므로 답은 ④이다.

실전 모의고사

제1회

실전 모의고사

제2회

실전 모의고사

제3회

실전 모의고사

제4회

39.

> 안동은 유네스코가 세계유산으로 지정한 한국의 역사 마을로 약 800년 전부터 전승되어 오던 '하회별신굿탈놀이'가 있다. (㉠) 마을 공동체는 탈놀이로 마을의 안녕과 풍요를 기원했고, 별신굿을 통해 새로운 세상을 꿈꿨다. (㉡) 이러한 안동의 문화 자산인 하회별신굿탈놀이는 '안동국제탈춤페스티벌'로 승화되었다. (㉢) 안동의 다양한 문화 자원과 안동에서 탈과 탈춤이 가지는 문화 가치 지향점에 대한 철학을 바탕으로 <u>1997년 안동국제탈춤페스티벌이 시작되었다.</u> (㉣)

보기

> <u>20년이 지난 지금</u> 안동국제탈춤페스티벌은 한국을 대표하는 문화 관광 축제가 되었다.

➡ 보기의 문장에 '20년이 지난 지금'이라는 내용이 나왔으므로 보기의 문장은 1997년에 시작된 것을 말하는 문장 뒤에 들어가는 것이 문맥의 흐름상 자연스럽다. 그러므로 답은 ④이다.

40.

> <u>보통 하품을 하거나 눈을 비비는 것이 '졸리다'</u> 표시라고 합니다. 하품을 하는 이유는 뇌에 신선한 산소를 공급해 주기 위해서입니다. (㉠) 졸리기 시작하면 손과 발이 따뜻해져 오는데, 이것은 혈액을 손과 발의 피부 표면 가까이 집결시켜 혈액 속의 열을 방출시키고 체온을 떨어뜨리게 됩니다. (㉡) 이렇게 혈액이 피부에 모이는 현상이 눈 주변에서 일어나면 눈물샘 조직의 활동이 둔화되고 눈물의 생산량이 감소합니다. (㉢) 그래서 눈을 자주 깜박이게 되고 자꾸 비비고 싶어지게 되는 것입니다. (㉣)

보기

> 그렇다면 졸릴 때 <u>눈을 비비게 되는</u> 특별한 이유라도 있는 것일까요?

➡ 첫 문장에 졸림의 표시로 '하품'과 '눈을 비비다'가 나왔다. 다음 문장에서 하품의 이유를, ㉠괄호 다음 문장에서 혈액이 몰리는 현상을 이야기한다. 그래서 눈을 비비는 이유를 묻는 보기의 문장은 ㉠에 들어가는 게 적절하다. 그러므로 답은 ①이다.

41.

> 이 책에서는 <u>시대를 앞서간 천재들의 삶과 그들의 성과 속에서 인간의 가능성의 위대함</u>을 보여주고 있다. (㉠) 이어서 창조력을 발휘하기 위한 도구로 저자는 13가지를 말하고 있다. (㉡) 그것은 바로 관찰, 형상화, 추상화, 패턴 인식, 패턴 형성, 유추, 몸으로 생각하기, 감정이입, 차원적 사고, 모형 만들기, 놀이, 변형, 통합이다. (㉢) 이러한 도구들은 음식으로 따지면 재료와 양념으로 작용해서 이 세상에 선구적 음식물인 창조성을 만들어 왔다고 저자는 주장한다. (㉣)

보기

> <u>우선</u> 위대한 천재들이 자신의 생각을 어떻게 창작해 나갔고 익혔는지를 구체적으로 설명한다.

➡ 첫 문장에는 '시대를 앞서간 천재들의 삶'과 '인간의 가능성의 위대함'에 대한 내용이 담겨있다. ㉠괄호 뒤의 문장이 '이어서'로 시작하기에, 보기의 문장 '우선'에서 힌트를 얻어 ㉠에 보기 문장을 넣는 것이 자연스럽다. 그러므로 답은 ①이다.

> 지독히도 더운 7월의 마지막 날이었다. 사람들은 연신 손부채질을 하며 얼굴을 찡그렸다. 아지랑이 뿜는 아스팔트 위에서, Ⓐ삐쩍 마른 노인은 폐지가 가득 실린 낡은 리어카를 힘겹게 끌고 있었다. 노인은 전신주 아래 놓인 박스를 집어 들어, 리어카 한쪽 구석에 찔러 넣고는 다시 육중한 박스 더미를 출발시켰다. 흘러내리는 땀, 씩씩대는 숨소리와 함께 위태롭게 나아가던 리어카는 얼마 가지 않아 갓길에 멈춰 섰다. 뒤를 따르던 택시가 빠앙- 거리며 경적을 울렸다. Ⓑ노인은 창문에 붙어 누가 가지고 갈까 봐 리어카를 주시하고 있었다. (중략)
>
> "뭐 도와드릴 거 있습니까?" 청원경찰이었다. 노인은 말없이 밖으로 나가려 했지만, 친절한 청원경찰은 Ⓒ"물 한잔 드시고 가세요, 어르신." 하며 노인의 손을 잡아끌고, 은행으로 이어진 문을 열었다. 노인은 짧은 목례를 하고 물을 들이켰다. (중략)
>
> 노인의 이마에 식은 땀 한줄기가 흘렀다. 놀라 주위를 두리번거리다가, 가까운 버스정류장으로 뛰어가 사람들에게 소리쳤다.
>
> "누가 리어카 끌고 가는 거 못 봤소?"
>
> 몇몇은 본 체도 하지 않았고, 몇몇은 작게 고개를 저었다. 구석에 앉아 쭈쭈바를 빨던 아이가 저쪽을 가리켰다.

42.

➡ '낡은 리어카를 힘겹게 끌고 있었다.' → 리어카를 이용해 일을 한다는 의미 / '노인은 창문에 붙어 누가 가지고 갈까 봐 리어카를 주시하고 있었다.'→ 노인에게 리어카는 중요한 물건이라는 의미 / '놀라 주위를 두리번거리다가, 가까운 버스정류장으로 뛰어가 사람들에게 소

리쳤다.' → 리어카가 없어진 것을 발견하고 깜짝 놀랐다는 의미 / '누가 리어카 끌고 가는 거 못 봤소?'→ 당황하면서 물건을 찾는 모습을 의미 / 그러므로 답은 ③이다.

43.

➡️ ① 노인은 다양한 종이를 생산하는 일을 한다.
→ 노인은 (폐지를 줍는) 일을 한다. `not Ⓐ`

② 리어카는 노인에게 대수로운 물건이 아니다.
→ 리어카는 노인에게 대수로운 (물건이다). `not Ⓑ`

③ 노인은 리어카를 가지고 간 사람을 못 봤다.
→ 정답

④ 은행을 이용하는 손님만 물을 마실 수 있다.
→ 은행을 (이용하지 않아도) 물을 마실 수 있다. `not Ⓒ`

*대수롭다 : 대단하거나 중요하게 여길 만하다 (=소중하다)

읽기 (44번~45번)   p.51

'실크로드'란 '비단길'이란 뜻으로 옛날 동방에서 서방으로 간 교역로를 의미한다. 아시아와 인도아대륙, 중앙아시아, 서아시아를 이은 교통망으로서, 세계에서 길이가 독보적으로 긴 교통망 중 하나이기도 하다. 당시 대표적인 교역물이 비단이라 그렇게 불리게 된 것이다. 이 무역로는 단순하게 물품만을 교환하는 교역 통로의 의미를 넘어서서 동양과 서양의 문화 교류의 창구였다는 역사적 의의를 지니고 있다. 세계 문명의 발전과 인류 사회의 진보를 촉진했다는 것에서도 그 가치를 찾을 수 있는 것이다. 최근 인주시는 실크로드를 통해서 유라시아 국가들과 교류한 고대 신라 사람들의 특유의 진취성과 포용력, 개방 정신이 지금의 인주시와 대한민국을 있게 만든 근원이라 생각하고 이를 기념해 문명 교류 전시회를 마련했다.

44.

➡️ 괄호 뒤 문장 '교역 통로의 의미를 넘어서서 동양과 서양의 문화 교류의 창구였다는 역사적 의의를 지니고 있다.'를 보면 괄호 안의 내용이 단순하게 하나의 의미만을 가리키는 것이 아닌 표현이 나와야 함을 알 수 있다. 그러므로 답은 ②이다.

45.

➡️ '인류 사회의 진보를 촉진했다는 것에서도 그 가치를 찾을 수 있는 것이다.'에 주제가 드러나있다. 그러므로 답은 ③이다.

읽기 (46번~47번)   p.52

Ⓒ한 설문에 따르면 한국 국민 10명 중 8명은 대한민국이 '다문화 사회'라고 생각한다고 했다. 앞으로 다문화 국가가 될 것 같다는 응답도 77%에 달했다. 최근에는 Ⓑ한국에 입국하여 체류하는 외국인이 많아지면서 그들과 함께 온 아동의 수도 증가하고 있다. Ⓐ이런 이주 배경 아동은 '이주'라는 경험에서 비롯된 언어 능력, 문화적 차이, 정체성 등에서 그렇지 않은 아동과는 다른 어려움을 겪는다. 이들은 특히 한국어보다 제1언어를 많이 사용하기 때문에 한국어 발달이 더디고 나아가 학교생활에도 적응하기가 힘들다. 즉, 소통의 문제가 발목을 잡고 있어서 학령기의 한국 아동들과 어울리지 못하게 되는 것이다. 이주 배경 아동의 교육은 공교육만으로 해답을 찾기에는 무리가 따른다. **인근 학교와 연계해 소통 능력을 배양하고 지역 다문화 공동체와의 협업 프로그램을 통해 문화 이해력을 높일 필요가 있다.**

46.

➡️ 이주 배경 아동이 늘어나고 있다고 하며 여러 측면에서 어려움을 겪고 있다고 설명한다. 특히, 소통의 문제가 어울림에 영향을 준다고 한다. 마지막 문장 '인근 학교와 연계해 소통 능력을 배양하고 지역 다문화 공동체와의 협업 프로그램을 통해 문화 이해력을 높일 필요가 있다.'에서 교육의 방향에 대해 제시를 하였다. 그러므로 답은 ③이다.

47.

➡️ ① 이주를 한 아동과 하지 않은 아동 모두 같은 이유로 힘들어 한다.
→ 이주를 한 아동과 하지 않은 아동은 (다른 어려움을 겪는다). `not Ⓐ`

② 한국으로 온 외국의 아동은 여러 가지의 프로그램을 배울 필요가 있다.
→ 정답

③ 한국에 입국하는 외국인의 수는 줄어드는 반면 아동의 입국은 늘어났다.
→ 한국에 입국하는 (외국인들이 많아지면서 그들과 함께 온 아동의 수도 증가했다). `not Ⓑ`

④ 한국이 다문화 사회라고 느끼는 사람은 응답자의 절반에 미치자 못한다.
→ 한국이 다문화 사회라고 느끼는 사람은 응답자의 (절반이 넘는다). `not Ⓒ`

'이미 굳어져서 쉽게 바뀌지 않는 생각'을 고정 관념이라고 한다. 사람들은 어떤 일을 하다 보면, 고정 관념이 생기기 마련이다. 그 속에 얽매이다 보면 다른 생각을 할 수 없는 지경에 이른다. 즉, 사고의 유연성이 없어지는 것이다. 영국의 수의사였던 던롭은 어느 날 아이의 말에 귀를 기울였다. "아빠, 이 축구공을 보세요, 아주 얇은 고무인데, 내가 올라가도 터지지 않아요." 그리고 ⓐ그는 후에 공기압 타이어를 발명해 우리의 삶을 편하게 해 주었다. 또한 유명 자동차 회사를 설립한, 한 인물이 있었는데 그는 간척지 사업을 앞두고 난관에 부딪혔다. ⓒ유속이 너무나 빨라지는 곳이라서 공사가 어렵다고 모든 토목공학 박사들이 반대를 한 것이었다. 이에 그는 고철로 사용하려고 사 둔 ⓑ23만 톤의 폐유조선을 끌고 와서 바다에 가라앉혔다. 그 결과 유속이 잡히면서 방조제가 연결되고 공사비 280억 원을 절약하며 사업도 성공했다. 이처럼 발상의 전환은 문제를 해결하고 새로운 결과를 만들 수 있다.

48.

◈ 첫 문장 '이미 굳어져서 쉽게 바뀌지 않는 생각'을 고정 관념이라고 한다.'는 고정관념에 대한 정의이다. 두 가지 예를 들며 고정 관념에서 벗어나면 문제 해결에 도움이 된다고 말하고 있다. 그러므로 답은 ④이다.

49.

◈ 생각·관념·사고는 유의어이다. 어딘가에 얽매이지 않고 유연하게 생각하게 되는 것이 괄호 앞 '다른 생각을 할 수 없는 지경'에 이르지 않는 길이다. 그러므로 답은 ②이다.

50.

◈ ① 공기를 넣는 타이어는 한 아이가 만든 것이다.
　　→ 공기를 넣는 타이어는 (한 아이의 아버지가) 만든 것이다.
　　not ⓐ

　② 배가 바다에 가라앉아서 공사비를 낭비하게 되었다.
　　→ 배가 바다에 가라앉아서 공사비를 (절약하게) 되었다. not ⓑ

　③ 고정된 생각은 새롭게 생각을 하지 못한다는 뜻이다.
　　→ 정답

　④ 물살이 빠른 곳에서의 공사 작업은 그리 어려운 일이 아니다.
　　→ 물살이 빠른 곳에서의 공사 작업은 (어려운 일이다). not ⓒ

듣기 (1번~50번)

1	①	2	③	3	③	4	③	5	②
6	①	7	③	8	②	9	③	10	③
11	①	12	③	13	③	14	②	15	①
16	③	17	①	18	④	19	③	20	③
21	③	22	②	23	③	24	④	25	③
26	③	27	①	28	③	29	③	30	②
31	③	32	③	33	③	34	②	35	①
36	①	37	③	38	②	39	②	40	③
41	③	42	④	43	②	44	②	45	②
46	③	47	①	48	①	49	①	50	④

듣기 (1번~3번) p.57

1.

여자 : 식당 분위기가 정말 좋아요. 냄새도 좋고 음식
도 맛있어 보여요.
남자 : 다행이에요. 오늘 저녁은 제가 사는 거니까 맛
있게 드세요.
여자 : 네, 잘 먹을게요.

➡ 식당 안
➡ 마주보고 있는 여자와 남자
➡ 책상 위의 음식
➡ 답은 ①이다

2.

여자 : 여기가 드라마에 나와서 유명해진 곳이래요.
남자 : 그래요? 와, 드라마에 나올 만하네요.
여자 : 빨리 가서 서 있어 봐요. 멋있게 찍어 줄게요.

➡ 여행지
➡ 한국의 전통 가옥을 보고 있는 남
자와 여자
➡ 카메라를 들고 있는 여자
➡ 답은 ③이다

2.

남자 : 환경부에서 '수돗물'에 대한 만족도를 조사하였
습니다. '만족'이 가장 높았고 다음으로 '보통'
과 '불만족'이 뒤를 이었는데요. 물을 마실 때
어떻게 사용하는가에 대한 조사 결과로는 '수
돗물 정수기를 설치해서'가 50%이고 '수돗물을
끓여서'가 30%, '생수를 구매해서'가 20%로 나
타났습니다.

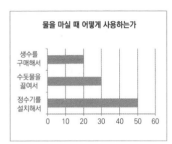

➡ 순위 그래프로 '물을 마실
때 어떻게 사용하는가에 대
한 조사 결과'에 해당하는
그래프는 ③이다.

듣기 (4번~8번) p.58

4.

여자 : 여보세요, 한국 치과입니다.
남자 : 네, 저는 김민수라고 하는데요. 다음 주 수요일
11시에 진료 예약을 했는데 오후로 바꿀 수 있
을까요?
여자 : 죄송한데, 오후에는 예약이 꽉 찼습니다.

➡ 남자가 치과 예약을 수요일 오후로 바꿀 수 있는지 묻는 상황이다. 남
자의 질문에 여자는 오후에 예약이 불가능하다는 답을 해야 한다. 여
자의 반응으로 알맞은 답은 ③이다.

5.

여자 : 다음 주 토요일에 영화 보러 갈래요?
남자 : 영화요? 전 등산을 가기로 했는데요.
여자 : 요즘 매주 등산을 자주 가는 것 같던데 누구하
고 가요?
남자 : 직장 동료들하고 가요.

➡ 여자가 남자에게 등산을 누구하고 가는지 묻는 상황이다. 남자는 누
구와 함께 등산을 가는지에 대한 대답을 해야한다. 남자의 반응으로
알맞은 답은 ②이다.

6.

여자 : 요즘 몸이 좀 이상해요. 잠을 계속 자도 피곤하
고 입맛도 없어요.
남자 : 아마 겨울에서 봄으로 바뀌는 계절이어서 그럴
거예요.
여자 : 그럴까요? 어디가 아픈 건 아닐까요?
남자 : 잘 드시고 푹 쉬면 좋아질 거예요.

➡ 여자가 춘곤증 증세로 걱정을 하고 있는 상황이다. 남자는 여자에게

영양가 있는 음식을 먹고 휴식을 취하면 좋아질 것이라고 조언한다. 남자의 반응으로 알맞은 답은 ①이다.

*춘곤증: 봄철에 몸에 기운이 없고 피로를 쉽게 느끼는 증상

7.

> 여자 : 여보세요? 거기 한국 백화점이지요?
>
> 남자 : 네, 뭘 도와드릴까요?
>
> 여자 : 어제 산 스웨터가 좀 작은데 교환할 수 있을까요? 영수증은 있어요.
>
> 남자 : <u>네, 영수증을 가지고 오시면 가능합니다.</u>

➡ 여자가 스웨터를 교환 요청하는 상황이다. 여자는 영수증이 있다고 말했고 남자는 영수증을 가지고 오면 교환이 가능하다고 대답하는 것이 자연스럽다. 남자의 반응으로 알맞은 답은 ③이다.

8.

> 남자 : 내가 맛있는 김치찌개 집을 찾아 놨는데 우리 같이 가 볼까? 여기에서 가까워.
>
> 여자 : 좋아. 그런데 너는 그런 맛집을 어떻게 찾는 거야?
>
> 남자 : <u>블로그에서 평이 좋은 곳을 찾아.</u>

➡ 여자가 남자에게 맛집을 찾는 방법에 대해 묻는 상황이다. 남자는 맛집을 찾는 방법에 대한 대답을 해야 한다. 남자의 반응으로 알맞은 답은 ②이다.

듣기 (9번~12번) p.59

9.

> 여자 : 과장님, 오늘 회식 어떻게 할까요? 그대로 진행할까요?
>
> 남자 : 아무래도 오늘은 어렵겠어요. 오늘 보고서를 마무리해야 할 것 같아서 다음 주 화요일로 미뤄야겠어요. **직원들에게도 전달해 주세요.**
>
> 여자 : 네, 알겠습니다.

➡ 남자가 '직원들에게도 전달해 주세요.'라고 하였으므로 여자는 회식 연기를 공지하는 것이 자연스럽다. 그러므로 답은 ③이다.

10.

> 여자 : 회사도 출근해야 하고 이사도 해야 하고…. 어떻게 해야 할지 모르겠어요.
>
> 남자 : 포장 이사를 해 보세요. 제 친구가 그러는데요, 비용이 좀 들기는 하지만 이삿짐을 모두 옮겨 주고 정리까지 해 줘서 아주 편리하대요.
>
> 여자 : 그래요? **이삿짐센터에 연락해 봐야겠네요.**

➡ 여자가 '이삿짐센터에 연락해 봐야겠네요.'라고 하였으므로 여자는 이삿짐센터에 전화하는 것이 자연스럽다. 그러므로 답은 ③이다.

11.

> 여자 : 봄인데 도서관에만 있으니까 너무 답답해. 우리 꽃구경 가면 안 될까?
>
> 남자 : 다음 주가 시험인데 공부해야지.
>
> 여자 : 놀러 갔다 와서 공부해도 되잖아. 머리 식힐 겸 갔다 오자.
>
> 남자 : 그러면 **책 빌리고 가방 가지고 와.**

➡ 남자가 '책 빌리고 가방 가지고 와.'라고 하였으므로 여자는 책을 대출하러 가는 것이 자연스럽다. 그러므로 답은 ①이다.

12.

> 여자 : 나 친구 생일 선물을 깜빡하고 사지 못했어. 어떻게 하지?
>
> 남자 : 현금으로 주면 어때? 본인이 필요한 물건을 사라고 해.
>
> 여자 : 그건 너무 성의가 없는 것 같아. 그래도 **한번 물어 보고 사야겠다.**

➡ 여자가 '한번 물어 보고 사야겠다.'라고 하였으므로 여자는 친구에게 전화를 하는 것이 자연스럽다. 그러므로 답은 ③이다.

듣기 (13번~16번) p.60

13.

> 남자 : Ⓐ음식을 대충 먹으니까 건강이 안 좋아진 것 같아요.
>
> 여자 : Ⓒ제가 자주 사 먹는 곳이 있는데 알려줄까요? 조금 비싸기는 하지만 건강 유지에 도움이 되는 음식인 것 같아요.
>
> 남자 : Ⓑ요즘 몸도 안 좋고 속도 좀 불편하거든요. 어떤 음식이에요?
>
> 여자 : 닭가슴살 샐러드인데 맛도 좋고 다음 날 아침에 속도 편해서 **제가 즐겨 먹는 음식이에요.**

➡ ① 남자는 음식을 잘 챙겨 먹는다.
    ➜ 남자는 음식을 (대충) 챙겨 먹는다. `not Ⓐ`

② 남자는 새로운 음식에 관심이 없다.
    ➜ `not Ⓑ`

③ 여자는 본인이 먹는 음식에 만족한다.
    ➜ 정답

④ 여자는 좋은 재료를 사서 만들어 먹는다.
    ➜ 여자는 (음식을 사서) 먹는다. `not Ⓒ`

14.

여자 : 관리 사무실에서 안내 말씀드리겠습니다. Ⓑ다음 주 월요일과 화요일 이틀 동안 Ⓐ지하 주차장 물청소를 실시하니 모든 차량을 지상으로 옮겨 주시기를 바랍니다. Ⓒ이동이 불가능하면 관리 사무실로 연락 주시기를 바랍니다. 감사합니다.

➡ ① 지하 주차장 공사를 시작한다.
→ 지하 주차장 (물청소를 실시한다). not Ⓐ

② 차량은 모두 지상으로 이동해야 한다.
→ 정답

③ 어번 주 주차장 물청소는 2일간 진행한다.
→ (다음 주) 주차장 물청소는 2일간 진행한다. not Ⓑ

④ 차량을 이동할 때 관리 사무소에 연락해야 한다.
→ 차량 (이동이 불가능하면) 관리 사무소에 연락해야 한다. not Ⓒ

15.

남자 : 국립공원에서 주최하는 Ⓒ'국립공원 한 달 살기'가 여행 활성화를 위해 진행될 예정입니다. 프로그램 참여자는 국립공원 근처에 살면서 다양한 지역 체험을 하게 됩니다. 국내 여행 활성화를 위해 진행되는 이 프로그램은 9월 11일부터 20일까지 참여자를 모집합니다. Ⓐ행사 참여자는 지역의 물건을 할인받아 살 수 있는 혜택과 Ⓑ여행용 물품을 무료로 제공받습니다.

➡ ① 이 프로그램은 열흘간 신청자를 받는다.
→ 정답

② 국립공원에서 할인된 물건을 판매할 수 있다.
→ 국립공원에서 할인된 물건을 (살) 수 있다. not Ⓐ

③ 행사 참여자는 여행 용품을 저렴하게 살 수 있다.
→ 행사 참여자는 여행 용품을 (무료로 받을 수 있다). not Ⓑ

④ 국립공원 당일 여행자를 위해 만든 프로그램이다.
→ 국립공원 (한 달 살기) 프로그램이다.

16.

여자 : 호텔에서 일회용품을 사용하지 못하게 한다는데 왜 그런지 아십니까?

남자 : 2024년 1월 1일부터 실시한 규정으로 Ⓑ50실 이상의 객실을 보유한 호텔은 일회용 면도기, 칫솔, 치약 등의 제공이 제한됩니다. 이는 플라스틱 사용으로 인한 심각한 Ⓐ환경 오염이 사회적 문제로 커지면서 사용 제한을 강화한 것입니다.

➡ ① 남자는 호텔을 관리하는 사람으로 환경에 관심이 많다.
→ 정보 없음

② 플라스틱으로 인한 오염이 사회 문제로 확대되자 않았다.
→ 플라스틱으로 인한 오염이 사회 문제로 (확대되었다). not Ⓐ

③ 남자는 일회용품 사용을 제한하는 이유에 대해 말하고 있다.
→ 정답

④ 50실보다 적은 방을 가지고 있는 호텔에 해당하는 규정이다.
→ 50실보다 (많은) 방을 가지고 있는 호텔에 해당하는 규정이다. not Ⓑ

듣기 (17번~20번) p.61

17.

여자 : 요즘 화려한 대형 카페가 너무 많이 생기는 것 같아.

남자 : 그러게, 나는 작은 공간을 가게 주인의 참신한 아이디어로 꾸민 소형 카페가 좋더라. 발견하는 재미도 있고.

여자 : 맞아. 큰 카페는 상업적인 느낌이 너무 들어.

➡ 남자의 중심 생각을 고르는 문제이다. 남자가 '나는 작은 공간을 가게 주인의 참신한 아이디어로 꾸민 소형 카페가 좋더라. 발견하는 재미도 있고.'라고 한다. 카페 주인의 개인 취향을 느낄 수 있어서 작은 카페가 좋다는 의미이다. 그러므로 답은 ②이다.

18.

여자 : 어제 늦은 시간에 마트에 갔는데 사람이 그렇게 많은 줄 몰랐어요.

남자 : 문을 닫는 시간쯤에 가면 식재료를 싸게 살 수 있어요. 저도 그래서 일부러 그 시간에 장을 보러 가요.

여자 : 그렇군요. 저는 늘 오전에 갔거든요.

➡ 남자의 중심 생각을 고르는 문제이다. 남자는 '문을 닫는 시간쯤에 가면 식재료를 싸게 살 수 있어요.'라고 하였다. 그러므로 답은 ④이다.

*폐장: 영업이 끝나다

19.

남자 : 예전에는 비를 맞아도 괜찮았는데 이제는 그러면 안 될 것 같아요.

여자 : 네, 비를 맞으면 집에 가서 꼭 머리를 감아야 해요. 대기 오염이 점점 심각해지는 것 같아요.

남자 : 그러게요. 앞으로는 더 심해질 것 같은데 걱정되네요.

➡ 남자의 중심 생각을 고르는 문제이다. 남자는 '앞으로는 더 심해질 것 같은데 걱정되네요.'라고 하였다. 남자는 공기 오염에 관한 걱정, 우려를 하고 있으므로 답은 ③이다.

20.

여자 : 날씨가 추워졌는데 건강 관리를 어떻게 하십니까?

남자 : **겨울철에도 밖에서 활동하는 것이 건강에 좋습니다.** 제 주변을 보면 요즘도 밖에서 여가를 즐기는 사람이 꽤 많습니다. 축구 동호회에 가입해서 주말마다 축구하는 사람도 있고 공원에서 자전거를 타는 사람도 많습니다. 춥다고 집에만 계시지 마시고 다양한 방법으로 야외 활동을 즐기시길 바랍니다.

➡ 남자의 중심 생각을 고르는 문제이다. 남자가 '겨울철에도 밖에서 활동하는 것이 건강에 좋습니다.'라고 하였으므로 답은 ③이다.

듣기 (21번~22번)　p.62

남자 : Ⓐ요즘 신세대는 한복이 아름답지만 불편하다고 생각해서 잘 안 입던데…. 이게 생활 한복이라는 거예요?

여자 : 네, 전통 한복과 달리 Ⓑ**생활 한복은 저렴하고 활동하기에 아주 편리해요.** 게다가 Ⓒ**한복은 품이 넉넉해서 꽉 조이는 서양 옷에 비해 활동하는 데 불편함을 주지 않아 우리의 건강도 지킬 수 있고요.**

남자 : 아, 그래요? 저도 한번 입어 봐야겠어요.

여자 : 좋은 생각이에요. 한복의 가치와 아름다움에 비해 많은 사람이 즐겨 입지 않아서 아쉽다는 생각이 들어요.

21.

➡ 여자의 중심 생각을 고르는 문제이다. 여자가 '한복의 가치와 아름다움에 비해 많은 사람이 즐겨 입지 않아서 아쉽다는 생각이 들어요.'라고 하였다. 한국 전통 옷의 의미를 깨닫고 대중화가 되면 좋을 것 같다는 것을 의미하므로 답은 ③이다.

22.

➡ ① 전통 한복은 요즘 젊은 사람들에게 인기가 많다.
　　➡ 전통 한복은 요즘 젊은 사람들에게 인기가 (없다). not Ⓐ
　② 생활 한복은 불편함을 줄이고 실용적으로 만들었다.
　　➡ 정답
　③ 생활 한복은 고유의 멋을 살릴 수 있지만 가격이 비싸다.
　　➡ 생활 한복은 (가격이 저렴하다). not Ⓑ
　④ 서양 옷은 전통 한복에 비해 몸에 스트레스를 적게 준다.
　　➡ (한복은 서양 옷에 비해) 몸에 스트레스를 적게 준다. not Ⓒ

듣기 (23번~24번)　p.62

여자 : 케이밀크(K-MILK) 인증 마크란 무엇인가요?

남자 : 케이밀크(K-MILK) 인증은 한국 낙농육우협회에서 운영하는 우유 인증 제도로 Ⓐ국내산 우유만을 사용한 제품에 부여됩니다.

여자 : 그럼, 이 제도를 실시하게 된 목적이 있을까요?

남자 : Ⓑ유통 과정에서 더 신선하고 안전한 우유를 소비자에게 가능한 한 빨리 공급하기 위함입니다. 이를 통해 국내 우유의 시장 경쟁력을 높이고 소비를 촉진하기 위해 도입되었습니다. 장보실 때 그냥 지나치지 마시고 케이밀크(K-MILK)를 한번쯤 꼭 체크해 보세요.

23.

➡ 남자는 '유통 과정에서 더 신선하고 안전한 우유를 소비자에게 가능한 한 빨리 공급하기 위함입니다. 이를 통해 국내 우유의 시장 경쟁력을 높이고 소비를 촉진하기 위해 도입되었습니다.'라고 하며 케이밀크(K-MILK) 인증 마크 실시 목적에 대해 설명하였다. 그리고 남자는 '장보실 때 그냥 지나치지 마시고 케이밀크(K-MILK)를 한번쯤 꼭 체크해 보세요.'라고 하며 우유를 권유하고 있는 것이므로 홍보에 해당한다. 그러므로 답은 ③이다.

24.

➡ ① 인증 마크는 수입 우유도 한국 낙농육우협회에서 받을 수 있다.
　　➡ 인증 마크는 (국내산 우유만) 한국 낙농육우협회에서 받을 수 있다. not Ⓐ
　② 인증 마크 우유는 수입 우유보다 유통 과정이 더 길어 안전하다.
　　➡ 인증 마크 우유는 수입 우유보다 유통 과정이 더 (짧아) 안전하다. not Ⓑ
　③ 인증 마크 우유는 소비자에게 도달하기까지 꽤 시간이 오래 걸린다.
　　➡ 인증 마크 우유는 소비자에게 도달하기까지 (짧은 시간이) 걸린다. not Ⓑ
　④ 인증 마크 도입 이유는 국산 우유의 경쟁력 강화와 우유 소비 증진이다.
　　➡ 정답

여자 : 선생님, Ⓑ우리 주변에서 경범죄에 해당하는 것들을 흔히 볼 수 있는데요. 좀 더 자세한 설명을 부탁드리겠습니다.

남자 : Ⓐ경범죄는 일상생활에서 일어날 수 있는 가벼운 위법 행위를 말합니다. 예를 들어 새치기, 쓰레기 투기, 무단 횡단, 금연 장소에서의 흡연 등이 해당됩니다. ©경범죄는 사회 질서를 해치고 공동체에 불편을 일으킵니다. 경범죄 적발 시 처벌법에 따라 벌금을 내야 합니다. 따라서 사회 구성원으로서 책임과 법을 잘 지키는 것이 중요합니다.

25.

◑ 남자의 중심 생각을 고르는 문제이다. 남자가 '사회 구성원으로서 책임과 법을 잘 지키는 것이 중요합니다.'라고 하였다. 법을 지키는 준법 정신을 의미하므로 답은 ③이다.

26.

◑ ① 우리 주변에서 경범죄를 찾아보기란 힘들다.

→ 우리 주변에서 경범죄를 찾아보기란 (쉽다). not ⒷⒷ

② 경범죄란 살인, 강도, 폭행 등 중대한 범죄를 말한다.

→ 경범죄란 (일상생활에서 일어날 수 있는 가벼운 위법 행위를) 말한다. not ⒶⒶ

③ 사소해 보이더라도 사회 질서를 위반하면 경범죄이다.

→ 정답

④ 경범죄는 사회를 결속시키고 공동체에 편안함을 준다.

→ 경범죄는 (사회 질서를 해치고 공동체에 불편을 일으킨다). not ©

남자 : Ⓑ복지 제도가 발달한 여러 나라에서 '복지병' 때문에 문제가 되었대요.

여자 : 맞아요. 1960년대 영국에서 시작되어 영국병이라고도 한대요. 복지병은 Ⓐ스스로 열심히 살지 않고 복지 혜택에만 의지하여 살아가려는 현상이라던데요. 사회 복지 정책을 강화하려는 정부와 국민이 한번쯤 생각해 봐야 할 것 같아요.

남자 : 일을 하려는 의지가 없는 사람들이 일을 할 수 있게 취업 준비 같은 교육에 참여시키면 어떨까요? 아니면 복지 혜택을 제공하는 조건으로 교육 이수나 봉사 활동에 참여를 요구하는 것도 좋을 것 같고요.

27.

◑ 말하는 의도는 중심 생각 문제를 푸는 방법으로 답을 선택하면 된다. 남자는 '일을 하려는 의지가 없는 사람들이 일을 할 수 있게 취업 준비

같은 교육에 참여시키면 어떨까요? 아니면 복지 혜택을 제공하는 조건으로 교육 이수나 봉사 활동에 참여를 요구하는 것도 좋을 것 같고요.'라고 하며 복지병에 대해 의견을 제시한다. 그러므로 답은 ④이다.

28.

◑ ① 복지 혜택을 받아서 취업 준비에 도움이 되었다.

→ 정보 없음

② 혼자 열심히 살아가는 사람들도 복지병에 걸렸다.

→ (열심히 살지 않는 사람들이) 복지병에 걸렸다. not ⒶⒶ

③ 사회 복지에만 의지하여 살아가려는 것이 복지병이다.

→ 정답

④ 영국에서 시작된 복지병은 복지 정책에 좋은 영향을 주었다.

→ 영국에서 시작된 복지병은 복지 정책에 (문제가 되었다). not ⒷⒷ

여자 : 안녕하세요? 최근 이혼율이 꾸준히 증가하는 이유는 무엇인가요?

남자 : 조사 자료에 의하면 여러 요인 중 가장 큰 이유는 개인 주의의 증가와 결혼에 대한 가치관 변화에 있습니다. Ⓐ자기의 행복과 만족을 우선시하는 경향이 강해지면서 결혼 생활에서의 어려움을 극복하려는 노력보다는 개인의 행복을 선택하는 사람들이 늘어났죠.

여자 : 이런 변화가 사회에 미치는 영향은 어떤 것이 있을까요?

남자 : 이혼율의 증가는 가족 구조에 변화를 가져왔고 이것은 사회적 지지 체계의 변화를 요구하게 됩니다. 또한 정신 건강에도 영향을 줄 수 있어서 사회적으로 이에 대한 지원과 이해가 필요할 것입니다.

29.

◑ 남자는 '조사 자료에 의하면'이라 말하였고, 인구의 변화, 사회의 조직 개편 등을 설명하는 것으로 보아 사회학을 연구하는 교수이다. 그러므로 답은 ③이다.

30.

◑ ① 결혼으로 인해 개인주의의 개념이 약해졌다.

→ not ⒶⒶ

② 이혼율 상승에 따른 사회적 조직의 변화가 필요하다.

→ 정답

③ 배우자를 선택할 때 신중하게 생각하고 결정해야 한다.

→ 정보 없음

④ 개인의 행복보다 결혼 생활의 어려움을 극복하려는 것이 우선시 된다.

→ (결혼 생활의 어려움을 극복하는 것보다 개인의 행복이) 우선시 된다. not ⒶⒶ

듣기 (31번~32번) p.64

> 여자 : 전자책(e-book)은 다양한 책을 언제든지 쉽고 빠르게 접할 수 있어 인기가 많은 것 같아요.
>
> 남자 : **그렇기는 하지만** 페이지 넘기는 실제 소리나 종이 질감은 종이책만이 가지고 있는 독특한 장점이에요. 또한 장시간 읽어도 눈의 피로가 적기도 하고요.
>
> 여자 : 그래도 종이 제작이나 인쇄 과정에서 환경에 미치는 영향이 없어서 전자책을 사용하는 것이 일석이조인 것 같아요.
>
> 남자 : **그런 장점도 많지만** 종이로 봐야 편한 사람들도 있기 때문에 종이책이 없어지기는 힘들 것 같아요. **각자의 취향과 편안한 방식대로 책을 읽으면 좋겠어요.**

31.

➡ 남자의 중심 생각을 고르는 문제이다. 남자가 '각자의 취향과 편안한 방식대로 책을 읽으면 좋겠어요.'라고 했다. 개인의 상황과 성향에 따라 맞는 책을 사용하는 것이 좋다는 것을 의미하므로 답은 ③이다.

32.

➡ 남자가 '그렇기는 하지만', '그런 장점도 많지만'이라고 했다. 이는 상대방의 의견에 동의할 때 사용하는 표현이다. 또한 남자는 종이책은 꾸준히 사랑받을 것이라는 의견과 함께 전자책과 종이책을 상황에 맞게 사용하라고 한다. 상대방의 의견에 동의하면서 본인의 의견을 제시하고 있으므로 답은 ④이다.

듣기 (33번~34번) p.65

> 여자 : 안녕하세요? 여러분 '초충도'에 대해 들어 본 적이 있나요? 초충도는 풀과 곤충을 소재로 그린 그림으로 Ⓐ자연을 세밀하게 관찰하고 기록한 민화입니다. 조선시대 신사임당의 '초충도'는 섬세하게 표현된 사실화인데요, 닭이 그림 속 풀벌레가 진짜인 줄 알고 착각해 그림을 쪼아 찢었다는 이야기로 유명합니다. **특히 생동감 넘치는 식물과 곤충의 묘사를 통해** 자연에 대한 깊은 관찰과 이해를 드러낸 예술 작품이기에 그 예술적 가치를 인정받고 있습니다.

*민화 : 옛날에, 유명한 화가가 아닌 사람이 실용적인 목적으로 그렸던 소박하고 재미있는 그림

33.

➡ 내용을 듣기 전 선택지를 보면 '초충도'가 주제이다. 그리고 내용에서는 '생동감 넘치는 식물과 곤충의 묘사를 통해 자연에 대한 깊은 관찰과 이해를 드러낸 예술 작품이기에 그 예술적 가치를 인정받고 있습니다.'라고 하며 초충도의 작품성에 대해 설명하고 있으므로 답은 ①이다.

34.

➡ ① 초충도는 자연을 세련되게 표현된 그림이다.
  → not Ⓐ

② 식물과 곤충을 생생하게 표현한 것이 특징이다.
  → 정답

③ 풀과 벌레를 소재로 상상해서 그린 작품도 있다.
  → 풀과 벌레를 소재로 (사실적으로) 그린 작품도 있다. not Ⓐ

④ 신사임당의 초충도는 왕의 명령을 받고 그린 작품이다.
  → 정보 없음

듣기 (35번~36번) p.65

> 남자 : 여러분의 입사를 진심으로 축하드립니다. 오늘 여러분이 우리 조직의 일원이 되었으므로, Ⓐ저는 여러분에게 인격 함양의 중요성을 강조하고 싶습니다. 직장 생활은 기술과 지식뿐만이 아니라 인격을 통한 성장의 장입니다. **성실함, 존중, 팀워크는 모든 업무의 기반이며** 이러한 가치들이 우리 조직을 더욱 강하고 건강하게 만듭니다. 여러분이 가진 Ⓑ긍정적인 태도와 인격은 여러분의 삶뿐만 아니라 우리 조직의 문화에도 큰 영향을 미칠 것입니다. 항상 개방적인 마음으로 배우고 성장하는 자세를 가지십시오. Ⓒ여러분의 인격적 성장이 우리 모두의 성장으로 이어지길 바랍니다.

35.

➡ 남자는 '항상 개방적인 마음으로 배우고 성장하는 자세를 가지십시오.'라고 하며 신입 사원들에게 부탁을 하고 있다. 그러므로 답은 ①이다.

36.

➡ ① 업무의 실적은 인격 함양에 기반을 두고 있다.
  → 정답

② 조직에서는 인격적 성장보다 업무의 실적이 중요하다.
  → 조직에서는 (업무의 실적보다 인격적 성장이 중요하다). not Ⓐ

③ 직장에서 긍정적인 태도와 조직 문화의 관계는 무관하다.
  → 직장에서 긍정적인 태도와 조직 문화의 관계는 (무관하지 않다). not Ⓑ

④ 인격 함양을 완벽히 갖춘 사람에 한하여 입사가 가능하다.
  → 인격 함양을 완벽히 (갖추지 않아도 입사가 가능하다). not Ⓒ

남자 : 현 입시 제도의 근본적인 문제는 무엇이라고 생각하시는지 의견을 주시면 고맙겠습니다.

여자 : 현재의 입시 제도는 주로 표준화된 시험 성적에 의존함으로써 학생들의 ⓐ다양한 재능과 창의력을 제대로 평가하지 못하는 문제를 안고 있습니다. 이로 인해 학생들은 지나친 경쟁에 시달리며 정신적 스트레스를 받고, 교육의 본질적인 목적인 사고력과 문제 해결 능력의 배양보다는 시험 대비에 집중하는 경향이 강해집니다. 또한 ⓑ사교육 의존도가 높아져 교육 격차를 심화시키고, 학생들 사이의 불평등을 증가시키는 원인이 되고 있습니다. 현시점에서 이러한 문제점 해결이 시급합니다.

37.

○ 여자의 중심 생각을 고르는 문제이다. 여자는 '현재의 입시 제도는 주로 표준화된 시험 성적에 의존함으로써 학생들의 다양한 재능과 창의력을 제대로 평가하지 못하는 문제를 안고 있습니다.', '시험 대비에 집중하는 경향이 강해집니다.', '교육 격차를 심화시키고, 학생들 사이의 불평등을 증가시키는 원인이 되고 있습니다.'라고 문제를 제시하며 교육 개혁이 필요한 이유를 설명하고 있다. 그러므로 답은 ③이다.

38.

○ ① 현 입시 제도는 재능과 창의성 평가 방법을 강화하고 있다.

→ 현 입시 제도는 재능과 창의성을 (제대로 평가하지 못한다). not ⓐ

② 현 입시 제도로 인해 수험생들은 지나친 경쟁 시대에 살고 있다.

→ 정답

③ 현 입시 제도의 표준화된 시험지는 높은 평가 기준을 담고 있다.

→ 정보 없음

④ 현 입시 제도로 인해 사교육의 격차가 점점 완화되어 가고 있다.

→ 현 입시 제도로 인해 사교육의 격차가 점점 (심화)되어 가고 있다. not ⓑ

여자 : 네, 가축의 ⓑ분뇨가 환경 오염의 제일 큰 주범이었다니 좀 놀랍습니다. 그렇다면 이를 해결할 방안으로는 무엇이 있을까요?

남자 : 가축의 분뇨를 바이오가스로 전환하는 에너지 재활용 프로젝트를 활성화하는 것입니다. 이는 재생 가능 에너지 생산과 함께 폐기물 처리를 동시에 해결할 수 있습니다. 이 방식은 가축의 분뇨를 고체와 액체로 분리한 후 발효 과정을 거쳐 퇴비를 만들어 재활용하는 것입니다. 이와 더불어 ⓐ정부와 축산 농가의 협력하에 축산 규모를 적정하게 관리하면 ⓒ환경 오염을 줄이고 지속 가능한 축산이 가능하게 될 것입니다.

39.

○ 여자는 '가축의 분뇨가 환경 오염의 제일 큰 주범이었다니 좀 놀랍습니다.'라고 하였다. 가축 분뇨가 환경 오염에 미치는 영향에 대해 놀라서 하는 말이므로 답은 ②이다.

40.

○ ① 축산 농가의 경영 안정을 위해 축산 규모를 확대해야 한다.

→ 축산 규모를 적정하게 관리해야 한다. not ⓐ

② 환경 오염의 큰 요인이 가축의 분뇨였다는 것을 알고 있었다.

→ 환경 오염의 큰 요인이 가축 분뇨였다는 것을 (몰랐다).

③ 가축의 분뇨는 기술을 적용시켜 농업 비료로 재활용할 수 있다.

→ 정답

④ 가축의 분뇨 처리 과정이 복잡하여 오염 농도 저감 조치가 불가능하다.

→ 가축의 분뇨 처리 과정을 통해 오염 농도 저감 조치가 (가능하다). not ⓒ

듣기 (41번~42번) p.67

여자 : 오늘은 우리 삶에 깊은 영향을 미치는 풍수지리학의 하나인 '명당'에 대해 이야기를 나누고자 합니다. ⓐ명당은 자연의 기운을 최대한 긍정적으로 활용할 수 있는 장소를 말하는데 사람들은 이곳에서 생활하면 자연의 긍정적인 에너지를 받아 인생에 큰 도움이 된다고 믿습니다. 예를 들어 뒤로는 산에 의해 보호받고 앞으로는 물이 흐르며 좌우에는 '용'과 '호랑이'로 여겨지는 산이 형성되어 있는 곳이 바로 명당입니다. ⓑ이러한 조건들이 충족될 때 그 장소는 자연의 생명력과 에너지가 넘쳐 거주하는 사람들에게 긍정적인 영향을 끼칩니다. 명당의 가치는 자연과의 조화를 통해 우리의 삶을 더욱 풍요롭게 한다는 데 의미가 있습니다.

41.

❸ 여자는 '명당은 자연의 기운을 최대한 긍정적으로 활용할 수 있는 장소를 말하는데 사람들은 이곳에서 생활하면 자연의 긍정적인 에너지를 받아 인생에 큰 도움이 된다고 믿습니다.'라고 하였다. 그러므로 답은 ③이다.

42.

❸ ① 좋은 흙을 가지고 있는 땅을 명당이라 일컫는다.
　→ (자연의 기운을 최대한 활용할 수 있는 장소를) 명당이라 일컫는다. not ⓐ

② 명당이란 자연의 기운을 최소한으로 활용하는 곳이다.
　→ 명당이란 자연의 기운을 (최대한)으로 활용하는 곳이다. not ⓐ

③ 명당은 여러 조건 중 한 가지 조건만 충족이 되어도 된다.
　→ 명당의 여러 (조건들이 충족되어야) 된다. not ⓑ

④ 자연 환경의 기운을 최적으로 활용할 수 있는 곳이 명당이다.
　→ 정답

듣기 (43번~44번) p.67

남자 : 이상 기후 변화는 지구 곳곳에서 극단적인 날씨 현상으로 나타나며, 화석 연료 사용 증가가 주요 원인입니다. 호주 산불, 유럽 폭염, 아프리카 가뭄은 이 변화의 명확한 증거입니다. 이에 대응하기 위해, 우리는 재생 가능 에너지 사용을 확대하고, 에너지 효율에 관심을 가져야 합니다. 또한 태양광과 풍력 같은 친환경 에너지로의 전환, 지속 가능한 대중교통 이용, 그리고 나무 심기와 산림 보호 참여가 필요합니다. 기후 문제에 대처하기 위해 전 세계적인 협력과 개인의 노력이 중요합니다. 우리 모두의 행동이 지구를 보호하고 더 나은 미래를 만드는 데 결정적인 역할을 할 것입니다.

43.

❸ 남자는 '이상 기후 변화는 지구 곳곳에서 극단적인 날씨 현상으로 나타나며,', '기후 문제에 대처하기 위해 전 세계적인 협력과 개인의 노력이 중요합니다.'라고 하며 이상 기후 변화의 대처 방안을 말하고 있다. 그러므로 답은 ②이다.

44.

❸ '화석 연료 사용 증가가 주요 원인입니다.'라고 하였으므로 답은 ②이다.

듣기 (45번~46번) p.68

여자 : 한국 전통 건축의 아름다움을 완성하는 두 가지 기와, 수막새와 암막새에 대해 아십니까? 한옥의 지붕을 이루는 이 기와들은 단순한 건축 재료를 넘어서 한국 전통 건축의 멋과 지혜를 상징합니다. ⓑ수막새는 물을 막는 기와로서 지붕의 끝부분에서 물이 흘러내리지 않도록 하는 역할을 합니다. 반면 ⓒ암막새는 수막새와 맞물려 설치되어 지붕의 물 흐름을 조절하고 내부로의 물 유입을 방지합니다. ⓐ이 두 기와는 실용적일 뿐만 아니라 다양한 문양을 넣어 조화롭고 우아한 외관을 만드는 데 중요한 역할을 합니다. 수막새와 암막새를 통해 우리는 한국의 전통 건축이 과학적이고 아름다운 공간을 추구했음을 알 수 있습니다.

45.

❸ ① 수막새와 암막새는 실용성보다 장식적인 역할이 크다.
　→ 수막새와 암막새는 (실용성은 물론이고 장식적인 역할도 있다). not ⓐ

② 수막새와 암막새는 우아함과 실용성을 증진하는 요소이다.
　→ 정답

③ 암막새는 지붕 끝에서 물이 새는 것을 방지하는 역할을 한다.
　→ (수막새)는 지붕 끝에서 물이 새는 것을 방지하는 역할을 한다. not ⓑ

④ 수막새는 비가 내릴 때 지붕의 물 흐름을 조절하는 기능을 한다.
　→ (암막새)는 비가 내릴 때 지붕의 물 흐름을 조절하는 기능을 한다. not ⓒ

46.

❸ 수막새와 암막새가 한옥에서 어떤 기능을 가지고 있는지에 관해 설명하고 있다. 또한, 두 기와에 다양한 문양을 넣어 조화롭고 우아한 외관을 만드는 데 중요한 역할을 한다는 사실을 설명하고 있고, 두 기와에 대해 근거를 들어 자신의 의견을 말하고 있다. 그러므로 답은 ③이다.

> 여자 : 급변하는 경쟁 사회에서 우리는 개인 역량을 강화해야
> 한다고 생각합니다. 역량을 키우는 시작의 방향 설정과
> 방법에 대해 간단하게 말씀해 주시지요.
>
> 남자 : 급변하는 경쟁 사회에서 개인 역량 강화는 필수인데요,
> 자신의 강점과 관심사를 명확히 파악하는 것에서부터
> 시작해야 합니다. 이를 토대로 관련 분야의 지식을 넓
> 히고, Ⓑ실제 경험을 쌓으며 전문성을 높여야 합니다.
> 또한, 지속적인 학습과 Ⓐ새로운 기술 습득을 통해 변
> 화하는 환경에 빠르게 적응할 수 있어야 합니다. 네트
> 워킹을 활용해 지식을 넓히거나 멘토링을 받는 것도 자
> 기 계발을 위한 중요한 역량 강화 방법의 하나입니다.
> 다양한 상황에 적응 능력을 키우고 지속 가능한 성장을
> 하는 것이 중요합니다.

47.

○ ① 변화하는 사회 현상에 유연하게 대응해야 한다.

　→ 정답

② 새 기술 습득보다는 기존의 기술을 연마해야 한다.

　→ 새 기술 습득(을 통해 변화하는 환경에 빠르게 적응할 수 있어
　　 야 한다). not Ⓐ

③ 개인의 강점 파악보다 단점을 강화하는 것이 중요하다.

　→ 정보 없음

④ 전문성을 높이는 것보다는 다양한 경험을 쌓는 것이 중요
　 하다.

　→ 경험을 쌓으며 전문성을 높여야 한다. not Ⓑ

48.

○ 여자는 '역량을 키우는 시작의 방향 설정과 방법에 대해 간단하게 말
씀해 주시지요.'라고 하며 방향성과 개인 역량 강화 방법에 대해 설명
해 달라고 한다. 그러므로 답은 ①이다.

> 남자 : 향신료는 고대부터 인류 문명과 밀접하게 연결되어 왔
> 습니다. Ⓑ초기에는 보존과 의료 목적으로 사용되었으
> 나, Ⓐ점차 요리를 향상시키는 데 중요한 역할을 하게 되
> 었습니다. 고대 이집트인들은 무덤에 향신료를 두어 사
> 후 세계를 준비했으며, Ⓒ로마인들은 후추와 계피 같은
> 향신료를 사치품으로 여겼습니다. 중세 시대에는 향신료
> 무역이 유럽의 경제를 활성화시키는 주요 원동력 중 하
> 나였습니다. 이는 대항해 시대의 탐험을 촉진하고 새로
> 운 무역 경로 개척으로 이어졌습니다. 현대에 이르러 향
> 신료는 요리를 통해 문화와의 연결 고리를 찾고 새로운
> 맛과 향을 탐색하는 데 중요한 역할을 합니다.

49.

○ ① 향신료는 전 세계적으로 문화적 교류의 큰 매개체 역할을
　 했다.

　→ 정답

② 고대 로마 시대부터 현대까지 음식 문화의 발전은 진전이
　 없었다.

　→ 향신료는 점차 요리를 향상시키는 데 중요한 역할을 하게 되었
　　 다. not Ⓐ

③ 향신료는 처음에 음식의 풍미를 더하는 기능으로만 사용
　 이 되었다.

　→ 향신료는 처음에 (보존과 의료 목적으로 사용되었다). not Ⓑ

④ 고대 로마 시대 사람들에게 후추와 계피는 실용품으로 사
　 용되었다.

　→ 고대 로마 시대 사람들에게 후추와 계피는 (사치품)으로 사용
　　 되었다. not Ⓒ

50.

○ 남자는 향신료를 처음 사용한 목적, 고대 로마 시대에서의 향신료, 오
늘날의 향신료를 차례로 설명한다. 향신료의 가치와 목적이 세월의
흐름에 따라 바뀌고 변해 온 역사를 알려주고 있다. 그러므로 답은 ④
이다.

51.

㉠ : 일 년이 지났습니다 / 일 년이 되었습니다
㉡ : 가려고 합니다 / 방문하려고 합니다

보고 싶은 선생님께

조 선생님께

선생님 올 한 해 동안 잘 지내셨습니까?

작년에 졸업을 했으니까 학교를 졸업한 지 벌써 (㉠일 년이
지났습니다 / 일 년이 되었습니다).

학교에 일이 있어서 다음 주 수요일에 (㉡가려고 합니다 / 방
문하려고 합니다).

선생님, 혹시 시간이 괜찮으시면 함께 점심을 하고 싶습니다.

시간이 어떠신지 답변 부탁드립니다.

김민수 올림

○ ㉠ : '한 해'와 시간의 흐름 '동사+ㄴ/은 지 시간(이) 지나다'의 표현으
　　 로 '일 년이 지났습니다/ 일 년이 되었습니다'가 나와야 합니다.

　㉡ : '명사+에 가다' 학교에 가려고 합니다 / 학교에 방문하려고 합니
　　 다'라는 내용이 나와야 합니다.

실전
모의고사

제1회

실전
모의고사

제2회

실전
모의고사

제3회

실전
모의고사

제4회

52.

㉠ : 실수하는 게 당연하다 /실수하게 된다 / 실수하기 마련이다
㉡ : 실수를 두려워하면 안 된다 / 실수를 두려워하지 말자

> 사람은 누구나 실수를 한다. 특히 어떤 일을 처음 할 때는 (㉠실수하는 게 당연하다 /실수하게 된다 / 실수하기 마련이다). 실수를 두려워한다면 우리는 아무것도 할 수 없다. 우리는 실수를 통해 자신의 잘못을 인정하고 실수로 인한 실패를 인정하고, 그 아픔 속에서 새로운 것을 알게 된다. 이러한 과정을 통해 얻은 교훈과 성장은 개인의 발전과 성공으로 이어질 수 있다. 그러므로 (㉡실수를 두려워하면 안 된다 / 실수를 두려워하지 말자).

➥ ㉠ : '누구나 실수를 한다'는 '누구나 하는 것이 당연하다'의 의미를 내포하고 있습니다.

　㉡ : '실수를 두려워한다면 아무것도 할 수 없다'의 의미와 반대의 뜻인 '실수를 두려워하면 안 된다'의 내용이 나와야 합니다.

53.

	통	계	청	에	서	는		인	주		시	민		1,	00	0	명	을
대	상	으	로		'	반	려	동	물	을		키	우	고		있	는	가	?'
에		대	해		설	문		조	사	를		실	시	하	였	다	.		' 반
려	동	물	이		있	다	'	는		응	답	이		15	%	였	고		'없
다	'	는		응	답	이		85	%	였	다	.		한	편		'	개	와		고
양	이		중	에	서		어	떤		동	물	을		키	우	고		있	는
가	'	라	는		질	문	에		대	해	서	는		개	가		67	%	,
고	양	이	가		33	%	로		약		2	배		차	이	가		났	다	.
개	를		많	이		키	우	는		이	유	로	는		'	감	성		지	능
이		더		높	다	'	와		'	고	양	이	는	눈	이		무	섭	게
생	겼	다	'		그	리	고		'	사	람	과		정	서	적		유	대	감
이		더		높	다	'	는		응	답	이		나	왔	다	.				

276자

➡ **왼쪽 그래프** : 소유 여부에 대한 수치 비교 OOO이/가 OO%이고 OOO은/는 OO%였다.

오른쪽 상단 도표 : ~ 는 응답이 O%이고 ~는 응답이 O%로 약 O로 차이가 났다.

오른쪽 하단 박스 : ~ 는 이유로는 O, O, O 는 응답이 나왔다.

54.

　　경청은　　인간관계에서　　매우　　중요한　　역할을　　한다. 이는　　상대방의　　말을　　주의 깊게　　들음으로써　　그들의　　생각과　　감정을 이해하려는　　의지를　　나타낸다. 경청은　　상호　　존중과　　신뢰를　　구축하는　　데　　필수적이며, 이는　　모든　　건강한　　인간관계의　　기반이다. 경청을　　잘하면　　상대방이　　듣는 이를　　소중하고　　가치　　있는　　존재로　　느끼게　　되어　　관계를　　더욱　　좋아지게　　할　　수 있다. 또한, 경청은　　오해를　　줄이고　　효과적인　　의사소통을　　촉진하여　　갈등을　　예방하고　　해결하는　　데　　도움이　　된다.

　　경청을　　잘　　하면　　여러　　효과가　　있다. 첫째, 서로의　　관계를　　강화하고　　신뢰를　　쌓는　　데　　도움이　　된다. 사람들은　　자신의 의견이　　존중받고　　이해되고　　있다고　　느낄 때　　더　　가까워진다. 둘째, 문제　　해결　　능력이　　개선된다. 상대방의　　이야기를　　주의 깊게　　듣고　　이해하면　　다양한　　관점을　　이해함으로써　　보다　　창의적이고　　효율적인 해결책을　　찾을　　수　　있다. 셋째, 개인적인 성장과　　발전에도　　기여한다. 이는　　다른 사람의 경험과 지식에서 배울 기회가 많아지기 때문이다.

　경청하는 바른 자세는 다음과 같다. 첫째, 상대방과 눈을 맞추며 그들의 말에 집중한다. 이는 관심과 존중의 태도를 보여준다. 둘째, 비판이나 판단을 유보하며 열린 마음으로 들으며 상대방이 말하는 동안 침묵을 지켜야 한다. 상대방이 자신의 생각과 감정을 자유롭게 표현하도록 격려한다. 셋째, 몸짓이나 짧은 말로 반응하여 상대방의 말을 잘 듣고 있음을 나타낸다. 이는 의사소통이 양방향적이라는 것을 보여주며 대화의 흐름을 촉진한다. 결론적으로 경청은 단순한 기술이 아니라 타인에 대한 깊은 존중과 이해를 바탕으로 한 태도이다.

781자

● 서론에서는 경청이 인간관계에서 왜 중요한지 문제를 제기하고 본론에서는 경청을 잘 하면 발생할 여러 가지 긍정적 효과를 제시합니다. 결론에서는 본론에서 제시한 내용을 근거로 좋은 효과를 가져오기 위한 경청의 올바른 자세에 대한 내용으로 마무리를 합니다.

읽기 (1번~50번)

1	②	2	②	3	④	4	④	5	①
6	②	7	③	8	③	9	①	10	③
11	②	12	④	13	②	14	①	15	③
16	④	17	③	18	①	19	④	20	②
21	③	22	③	23	①	24	①	25	④
26	④	27	③	28	④	29	②	30	②
31	③	32	②	33	③	34	③	35	②
36	①	37	①	38	④	39	①	40	④
41	②	42	④	43	③	44	③	45	④
46	②	47	②	48	④	49	③	50	②

읽기 (1번~2번)   p.75

1.

나는 아침마다 음악을 <u>들으면서</u> 운동을 한다.

➡ '-(으)면서'는 둘 이상의 행동이나 상태가 동시에 일어남을 나타내는 표현이다. 그러므로 답은 ②이다.

2.

와! 이 치즈 케이크 정말 <u>맛있어 보여요</u>.

➡ '-아/어 보이다'는 겉으로 봐서 그러하다고 짐작, 추측하여 말하는 표현이다. '-는 것처럼 보이다/는 것 같이 보이다'와 같은 뜻이다. 그러므로 답은 ②이다.

읽기 (3번~4번)   p.75

3.

➡ '-면'은 연결 문장 속에서 조건이나 가정을 나타내는 표현이다. '-거든'은 조건을 나타내는 문법이다. 그러므로 정답은 ④이다.

4.

➡ '-더라도'와 '-아도'는 앞의 내용은 인정하지만, 그 내용이 뒤의 내용과는 상관이 없음을 나타내는 표현이다. 그러므로 답은 ④이다.

읽기 (5번~8번)   p.76

5.

> **뽀송뽀송**
> 세균 걱정 없이 건강하게
> 기다릴 필요 없이 빠르게
> 빨래~ 널지 말고 말리세요~

➡ [핵심어] 뽀송뽀송/널지 말고 말리세요/때문에 답은 ①<u>건조기</u>이다. 뽀송뽀송은 잘 말라서 물기가 없는 것을 의미한다.

6.

> **예술의 전당 개관 36주년 기념 공연**
> **백조의 호수 국립발레단**
> 2025. 5. 5(화)~5. 10(일)
> 단, 6일간의 앙코르공연
> 문의 : 530-5555

➡ [핵심어] 예술의 전당/국립발레단/2025. 5. 5(화)~5. 10(일)/때문에 답은 ②공연 정보이다. 공연을 누가, 언제, 어디서 하는지에 대한 정보를 담고 있으므로 답은 ②이다.

7.

> **무심코 버리는 일회용품**
> **소화시키는 데 100년?**

➡ [핵심어] 일회용품/소화시키는 데 100년?/때문에 답은 ③환경 보호이다. 일회용품은 썩는 데 100년이 걸린다는 의미이므로 답은 ③이다.

8.

> – 안전핀을 뽑는다.
> – 바람을 등지고 '불' 쪽으로 노즐을 잡는다.
> – 손잡이를 세게 잡고 뿌린다.

➡ [핵심어] 안전핀/불/잡고 뿌린다/때문에 답은 ③사용 방법이다. 안전핀을 뽑은 후에 바람을 등지고 '불' 쪽으로 노즐을 잡고 손잡이를 세게 잡고 뿌리는 것은 소화기 사용 방법이므로 답은 ③이다.

9.

> 평생학습실 청소 관련 안내
> 평생학습실의 깨끗한 강의 환경을 위하여
> 1월 30일(목) ⓒ청소를 할 예정입니다.
> 이로 인해 소음이 발생할 수 있으니 양해 바랍니다.
> ※ 기간 : Ⓑ1월 30일 (목) 낮 9시~12시   ※ 문의 : Ⓐ02) 530-1111
> ※ 상기 일정은 작업 상황에 따라 변경될 수 있습니다.

➡ ① 작업 일정은 바뀔 수 있다.
　　→ 정답

② 전화 문의는 가능하지 않다.
　　→ 전화 문의는 (가능하다). not Ⓐ

③ 청소는 1월 30일 오후에 한다.
　　→ 청소는 1월 30일 (오전에) 한다. not Ⓑ

④ 건물이 오래되어 공사를 할 것이다.
　　→ 깨끗한 강의 환경을 위하여 청소를 할 것이다. not ⓒ

10.

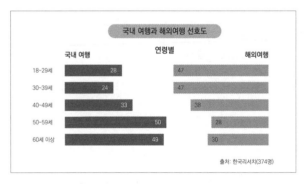

➡ ① 해외여행 선호도는 20·30대가 가장 낮다.
　　→ 해외여행 선호도는 20·30대가 가장 (높다).

② 40대가 50대보다 국내 여행을 더 선호한다.
　　→ (50대가 40대보다) 국내 여행을 더 선호한다.

③ 50대 못지않게 60대도 국내 여행을 선호한다.
　　→ 정답

④ 국내 여행 선호도는 30대가 50대보다 약 2배 높다.
　　→ 국내 여행 선호도는 30대가 50대보다 약 2배 (낮다).

11.

> Ⓐ매년 4월에 아산 지역에서 이순신 축제가 열린다. 이순신을 테마로 시민과 관광객이 함께 참여하여 어울리고 즐기는 거리 퍼레이드 행사가 있으며 그 외에도 축하 공연, 불꽃 쇼 등이 있다. 다양한 문화 행사를 통해 Ⓑ볼거리와 즐길 거리를 제공하며 이순신 장군의 정신을 배우고 이어가고자 열리는 축제이다.

➡ ① 이 축제는 올해 처음으로 열린다.
　　→ 이 축제는 (매년 4월에) 열린다. not Ⓐ

② 이 행사는 시민 참여형 문화 관광 축제이다.
　　→ 정답

③ 축제 기간 동안 이순신 장군 옷을 입어 볼 수 있다.
　　→ 정보 없음

④ 축제 장소에 참석한 시민들에게 먹을거리를 무료로 제공한다.
　　→ 축제 장소에 참석한 시민들에게 (볼거리와 즐길 거리를) 제공한다. not Ⓑ

12.

> 한식 연구원이 해외 현지인 5천명을 대상으로 외국인에게 가장 인기 있는 한식 메뉴와 만족도를 조사했다. ⓒ한식 만족도는 최근 5년 동안 85% 이상의 수준을 유지했다. Ⓐ최근 1년간 자주 먹은 한식은 한국식 치킨(30%), 김치(29%), 라면(28%) 등이 뒤를 이었다. Ⓑ선호하는 한식은 한국식 치킨(30%), 라면(15%), 김치(10%) 순으로 꼽았다.

➡ ① 외국인은 치킨보다 김치를 더 자주 먹었다.
　　→ 외국인은 (김치보다 치킨을) 더 자주 먹었다. not Ⓐ

② 김치가 가장 선호하는 한식으로 인기가 많다.
　　→ (한국식 치킨이) 가장 선호하는 한식으로 인기가 많다. not Ⓑ

③ 한식의 만족도는 5년 사이에 갑자기 증가했다.
　　→ 한식의 만족도는 5년 (동안 85% 이상의 수준을 유지했다). not ⓒ

④ 해외에 거주하는 외국인을 대상으로 조사하였다.
　　→ 정답

13.

➡ 물건의 구입에서 시작하여 환불까지의 내용이 담겨있다. (다)에서 물건을 온라인으로 주문했고, (나)에서 구매한 물건이 늦게 배송되었다. (라)에서 주문한 제품과 다른 제품이 왔고, (가)에서 환불 요청을 하는 내용이다. 그러므로 답은 ②이다.

　(다) 한 달 전에 온라인 쇼핑몰에서 여행용 가방을 주문했다. / (나) 배송 기간이 2일 걸린다고 했는데 상품이 일주일이 지나서야 도착했

다. / (라) 기분이 나쁜 상태에서 제품을 열어 봤는데 내가 주문한 제품과 달랐다. / (가) 그래서 그 쇼핑몰에 전화해서 환불을 요청했다. / 로 내용이 구성된다.

14.

➡ 거친 음식의 장점과 부드러운 음식의 단점에 대한 내용이다. (나)에서 거친 음식의 정의를 제시하고, (라)에서는 거친 음식의 예시를 들었다. 그리고 (가)에서 부드러운 음식의 정의를 제시하고, (다)에서 부드러운 음식이 몸에 끼치는 영향에 대해 설명하였다. 그러므로 답은 ①이다.

(나) 거친 음식이란 가공을 하지 않은 자연 그대로의 음식을 말한다. / (라) 예를 들면 자연에서 난 채소, 감자, 콩류 등이 있다. / (가) 반대로 부드러운 음식은 흰쌀이나 밀가루 같은 부드러운 것만이 아닌 각종 첨가물을 넣어 가공한 음식을 뜻한다. / (다) 이것은 씹기에 편하고 소화도 빨리 되지만 각종 성인병의 원인이 된다. / 로 내용이 구성된다.

15.

➡ 운동하는 순서에 대한 내용이다. (나)에서 초보자에게 운동 요령을 제시한다. (라)에서 체온이 올라가도록 빠른 걷기를 제시하고 (다)에서 근육 운동을 제시한다. (가)에서 가벼운 운동을 하고 마무리한다. 그러므로 답은 ③이다.

(나) 운동을 처음 시작하는 초보자를 위한 운동 요령을 제시하고자 한다. / (라) 우선 10~15분 정도 체온이 약간 상승할 정도로 빠른 걷기를 한다. / (다) 다음은 근육 운동으로 가슴, 등 순서로 기구를 이용해서 운동한다. / (가) 몸의 온도가 내려갈 수 있게 가벼운 운동을 하고 마무리한다. / 로 내용이 구성된다.

읽기 (16번~18번) p.80

16.

➡ 괄호 뒤 '지금도 하루 30만 명이 찾고 있으며 1년 365일 하루도 빠짐없이 낮이나 밤이나 오가는 사람들로 바쁘다.'는 의미는 사람들이 많이 다닌다는 것을 뜻하므로 시장이 생기기에 적합하다. 그러므로 답은 ④이다.

17.

➡ 괄호 앞 '일만 알고 휴식을 모르는 사람은 브레이크 없는 자동차와 같다고 한다.'의 의미는 쉬지 않고 일만 하면 그로 인해 부작용이 생길 수 있다는 것을 뜻하므로 답은 ③이다.

18.

➡ 괄호 앞 '개별 여행은 자율성이 보장되는 배낭여행 형태이다.'는 자신이 원하는 시간에 언제든지 떠난다 즉, 혼자 계획해야 하는 것을 뜻한다. 그러므로 답은 ①이다.

읽기 (19번~20번) p.81

현대인은 잠잘 시간도 없이 바쁘게 생활한다. 그렇다면 도대체 얼마나 자야 할까? 적절한 수면 시간은 개인에 따라 다르다. 일반적으로 성인은 8시간의 수면이 적당하고, 청소년은 9시간, 어린이는 11시간의 수면이 이상적이다. 그러나 아무리 많이 자도 피로가 풀리지 않고 피곤한 경우가 많다. 즉 수면 시간의 길이와 피로 해소 정도가 비례하지는 않는다는 것이다. 그러므로 개인의 생활 습관과 건강 상태를 고려하여 자신에게 맞는 수면 시간을 찾는 것이 중요하다.

19.

➡ '도대체'는 의문을 나타내면서 무엇을 알고자 할 때 사용하는 단어이다. 그러므로 답은 ④이다.

20.

➡ '개인의 생활 습관과 건강 상태를 고려하여 자신에게 맞는 수면 시간을 찾는 것이 중요하다.'는 것은 적정한 수면 시간 확보가 필요하다는 것과 같은 의미이다. 그러므로 답은 ②이다.

읽기 (21번~22번) p.82

1926년 11월 4일은 한글 점자 '훈맹정음'을 발표한 날이다. 2010년 기준으로 ⑧한국의 시각장애인은 약 25만 명이며 매년 1만 명씩 증가하고 있지만 점자책 보급과 낭독 서비스는 부족하다. 시각장애인들은 읽고 싶은 책을 구하기가 하늘의 별따기라고 한다. 한편, ⓐ점자 독자는 전체의 10%에 불과하고 39개 점자 도서관 중 3개가 경영난으로 폐쇄된 실정이다. 이러한 상황으로 보아 점자 ⓒ도서관의 필요성과 재정 문제에 대한 관심이 요구된다.

21.

➡ '한국의 시각장애인은 약 25만 명이며 매년 1만 명씩 증가하고 있지만 점자책 보급과 낭독 서비스는 부족하다.', '점자 독자는 전체의 10%에 불과하고 39개 점자 도서관 중 3개가 경영난으로 폐쇄된 실정이다.'는 책을 구하기가 어렵다는 뜻이므로 답은 ③이다.

22.

➡ ① 점자 도서를 읽는 사람은 50% 이상이다.
　　→ 점자 도서를 읽는 사람은 (10%이다). not ⓐ
② 점자를 읽는 시각 장애인 수가 매년 감소한다.
　　→ 점자를 읽는 시각 장애인 수가 매년 (증가)한다. not ⑧
③ 점자 도서관 수가 재정난으로 인해 줄어들고 있다.
　　→ 정답
④ 점자 도서관의 중요성에 대해 인식이 커지고 있다.

→ 점자 도서관의 (중요성과 재정 문제에 대한 관심이 필요하다).
`not ⓒ`

읽기 (23번~24번) p.83

ⓐ흔히 보지도 못하고 이름도 모르는 그 조그맣고 예쁜 풀꽃이, 도회지에서 자라난 처녀에게는 어떻게 신기하고 귀엽게 보였는지 모릅니다. 더구나 처녀는 어렸을 때부터 화초를 좋아하던 터라, 지금 본 그 어여쁜 꽃을 그냥 그대로 물에 떠내려가게 둘 수는 없었습니다. 그래서, "아이고, 저 꽃을 잡았으면 ….."하고 안타까워하였습니다. 좋아하는 처녀가 꽃을 잡아 가지려고 하는 것을 보고 기사는 그냥 그 꽃을 잡으려고 강물로 텀벙 뛰어 들어갔습니다. ⓑ물속으로 한 걸음 한 걸음 꽃을 잡으려고 들어가서 기어코 그 파란 풀꽃을 잡아들었습니다. 강가에 서 있는 처녀는 그 꽃 잡은 것을 보고 기쁘게 여겼습니다. 그러나 큰일이 생겼습니다. 기사는 그 꽃을 잡기는 잡았으나, 입고 있던 갑옷이 무거워서 물속으로 점점 가라앉았습니다. 얼른 다시 나오려고 돌아서려고 아무리 애를 썼으나, 갑옷에 싸인 무거운 몸을 어찌지 못하고 그대로 물속에 가라앉게 되었습니다. ⓒ물가에서 이 광경을 본 처녀는 놀래서, 소리를 질러 구원을 청하였으나 원래 인적 없는 적적한 곳이라, 어느 누구도 그 소리를 듣고 올 사람이 없었습니다.

23.

ⓒ '생각하지 못했던 상황이 갑자기 생겨 너무 놀라거나 어찌할지 모른다'의 의미가 '당황하다'이다. 그러므로 답은 ①이다.

24.

ⓒ ① 기사는 갑옷이 무거운 탓에 물속에서 나오지 못했다.
　　→ 정답
② 처녀는 도회지에서 자라서 풀꽃을 자주 볼 수 있었다.
　　→ 처녀는 도회지에서 자라서 풀꽃을 자주 볼 수 (없었다). `not ⓐ`
③ 기사는 물속으로 들어가서 풀꽃을 잡으려 했으나 놓쳤다.
　　→ 기사는 물속으로 들어가서 풀꽃을 (잡았다). `not ⓑ`
④ 처녀는 기사가 물속에 가라앉는 광경을 보고 말 한마디 못했다.
　　→ 처녀는 기사가 물속에 가라앉는 광경을 보고 (소리를 질러 구원을 청했다). `not ⓒ`

읽기 (25번~27번) p.84

25.

> 쓰레기 매립지 10만 평 들판이 꽃 만개...
> '가을꽃의 향연'

ⓒ '매립지'는 쓰레기를 묻어 놓은 땅을 의미하고, '꽃 만개'는 꽃이 활짝 피었다는 것을 의미한다. 그리고 '대향연'은 축제 분위기를 의미하기에 답은 ④이다.

26.

> 판매 저조했던 석유난로 매출 폭등.. 캠핑용품이 뜬다

ⓒ '폭등'은 갑자기 크게 올랐다는 것을 의미한다. '캠핑용품이 뜬다'는 캠핑용품이 인기를 끌고 있다는 의미이기에 답은 ③이다.

27.

> ○○ 주가 고공행진 숨은 보물, 나만 왜 몰랐나

ⓒ '○○ 주가가 연일 상승하는 귀한 보물인데 나만 모르고 있었다는 의미로 답은 ③이다.

읽기 (28번~31번) p.85

28.

나비효과란 작은 변화가 큰 결과를 가져올 수 있음을 의미하는 말이다. 건강도 이처럼 가벼운 스트레스와 나쁜 습관이 큰 악영향을 줄 수 있다. 따라서 사소한 생활 습관이라도 건강을 해치는 요소를 피하고 개선해야 한다. 그러면 삶이 건강하고 활기차게 변화하는 것은 물론 행복한 삶을 누릴 수 있을 것이다.

ⓒ 괄호 앞 '가벼운 스트레스와 나쁜 습관'은 사소한 생활 습관을 의미한다. 그러므로 답은 ④이다.

29.

독서 방법은 다양한 분야를 폭넓게 읽는 것과 특정 주제를 깊게 읽는 것으로 나뉜다. 전자는 여러 분야의 책을 두루 읽어 관심 분야를 계속 넓혀 가는 독서 방법이다. 후자는 한 주제와 관련된 책을 여러 권 읽으면서 참신하고 다양한 아이디어를 창출해 내는 방법이다. 독서의 효과를 극대화하기 위해서는 두 가지 방법을 모두 사용하는 것이 좋다.

ⓒ 괄호 앞의 문장은 두 가지 효과를 내기 위한 올바른 독서 방법을 말하고 있으므로 답은 ②이다.

30.

스트레스 관리의 기본은 자신만의 스트레스 해소법을 찾는 데 있다. 스트레스를 받았을 때 즉각 해소할 수 있는 자신만의 방법을 찾는 것이 중요하다. 심호흡하면서 명상하거나 좋아하는 음악을 듣는 것도 좋다. 그렇지만 부정적인 삶의 태도를 긍정적으로 변화시키는 것이 가장 중요하다. 삶을 긍정적으로 보는 태도는 우리 몸의 면역력을 높인다는 연구 결과도 있다.

ⓒ 괄호 앞 문장에 '부정적인 삶의 태도를 긍정적으로 변화시키는 것이 가장 중요하다.'라는 내용이 있으므로 답은 ②이다.

실전
모의고사

제1회

실전
모의고사

제2회

실전
모의고사

제3회

실전
모의고사

제4회

31.

키를 키우기 위해서는 맞춤 운동을 생활화하여야 한다. 즉 단조로운 걷기, 자전거 타기 같은 규칙적인 활동들을 그 사람의 신체 기능에 맞추어 반복적으로 실시하는 것이다. 맞춤 운동은 개인의 건강 상태와 체력 수준에 알맞게 안전한 운동을 하면서도 몸에 무리가 가지 않아야 한다. 왜냐하면 너무 강한 운동은 신체에 무리한 부담을 주고 성장판에도 손상을 일으킬 수 있기 때문이다.

➡ 괄호 뒤 문장에 '왜냐하면 너무 강한 운동은 신체에 무리한 부담을 주고 성장판에도 손상을 일으킬 수 있기 때문이다.'라는 내용이 있으므로 운동을 할 때는 몸에 무리가 가지 않도록 안전한 운동을 해야 함을 의미한다. 그러므로 답은 ③이다.

읽기 (32번~34번) p.87

32.

동물에 관한 잘못된 속설 중의 하나가 ⑧'금붕어의 기억력은 단 3초밖에 되지 않는다.'는 것이다. 과거 연구에 따르면 ⓒ금붕어의 기억력은 5개월까지도 지속될 수 있다고 한다. 예를 들어 ④금붕어는 먹이를 얻기 위해 특정한 행동을 수행하는 방법을 배울 수 있으며 이러한 학습된 행동을 장기간 기억할 수 있다는 것이다.

➡ ① 금붕어는 학습 수행을 위한 훈련이 되지 않는다.
　　→ 금붕어는 학습 수행을 위한 훈련이 (된다). not ④

② 금붕어는 학습된 정보를 오래 인식하고 기억할 수 있다.
　　→ 정답

③ 속설에 의하면 금붕어는 높은 지능을 가지고 있다고 한다.
　　→ 속설에 의하면 금붕어는 (낮은) 지능을 가지고 있다고 한다. not ⑧

④ 속설에서 말하는 것보다 금붕어의 기억력은 훨씬 좋지 않다.
　　→ 속설에서 말하는 것보다 금붕어의 기억력은 훨씬 (좋다). not ⓒ

33.

ⓒ향수는 사람들이 자신을 표현하기 위해 사용된다. ⑧향의 확산은 향수가 피부에 뿌려졌을 때 향기 분자가 공기 중으로 퍼져 나가는 과정을 말한다. 이 현상은 주로 향료 분자의 휘발성과 ④인체에서 발생하는 열에 의해 주도된다. 향수 분자가 피부에 닿으면 인체의 체온에 의해 분자들이 증발하게 된다. 이 증발 과정에서 향료 분자는 공기 중으로 퍼지고 주변 사람들이 향기를 감지할 수 있게 된다.

➡ ① 향은 온도가 낮으면 낮을수록 더 멀리 퍼진다.
　　→ 향은 온도가 (높으면) 더 멀리 퍼진다. not ④

② 향은 병 안에 있을 때 확산 현상이 두드러진다.
　　→ 향은 (피부에 뿌려졌을 때) 확산 현상이 두드러진다. not ⑧

③ 향수는 인체의 열에 의해 더욱더 활발하게 확산된다.
　　→ 정답

④ 향수는 기분 개선과 스트레스 해소를 위해 사용한다.
　　→ 향수는 (자신을 표현하기) 위해 사용된다. not ⓒ

34.

ⓒ신문고는 조선 시대에 백성이 불의나 억울함을 왕이나 정부에 직접 호소할 수 있는 제도였다. 신문고의 뜻은 ⑧'호소를 듣는 북'으로 궁궐이나 관아 앞에 실제로 북을 설치하여 누구나 쉽게 접근할 수 있도록 했다. ④백성이 북을 치면 관리가 호소를 듣고 상급 기관에 전달해 문제 해결을 했다. 이 제도는 백성들의 목소리에 귀 기울여 민원을 해결할 기회를 만들고 정의와 공정성을 실현하기 위한 것이었다.

➡ ① 백성은 신문고를 치면서 본인의 고충을 크게 이야기한다.
　　→ 백성은 신문고를 (치면 관리가 호소를 듣고 상급 기관에 전달한다). not ④

② 신문고는 상급 기관에서 허락 받은 사람만 칠 수 있다.
　　→ 신문고는 (누구나) 칠 수 있다. not ⑧

③ 신문고는 불편함이나 어려운 일을 해결하는 데 이용되었다.
　　→ 정답

④ 신문고는 집안의 경사를 다른 사람에게 전하고 싶을 때 사용한다.
　　→ 신문고는 (불의나 억울함을 호소할) 때 사용한다. not ⓒ

읽기 (35번~38번) p.88

35.

인천국제공항은 서비스 향상과 운영 효율성 증대를 위해 스마트 로봇을 도입하고 있다. 이 로봇들은 정보 제공, 안내, 청소 등 여러 역할을 한다. 이러한 스마트 로봇들은 인공지능(AI), 센서, 카메라 시스템 등을 활용하여 자율주행을 한다. 인천국제공항의 스마트 로봇 도입은 공항이 어떻게 최신 기술을 활용하여 혁신을 추구하고 있는지를 보여주는 좋은 예시 중 하나이다.

➡ '인천국제공항이 어떻게 최신 기술을 활용하여 혁신을 추구하고 있는지를 보여주는 좋은 예시 중 하나이다.'는 혁신 성장 사업의 성공 사례를 의미하므로 답은 ②이다.

36.

한국인에게 밥은 특별하다. '밥이 보약' 등의 속담이 말해 주듯 밥은 몸을 살리는 귀중한 음식이다. 큰 밥그릇에 밥을 가득 퍼 담고 산이 높게 솟아있는 것과 같이 수북하게 쌓은 게 고봉밥이다. 고봉밥은 단순히 많은 양의 밥을 의미하는 것이 아니라 그 속에 더 깊은 뜻을 담고 있다. 이는 가족 구성원이나 손님을 대접하는 넉넉한 마음과 풍요로움을 표현하는 방법 중 하나이다.

◐ '가족 구성원이나 손님을 대접하는 여유 있는 마음과 풍성함을 표현하는 방법 중 하나이다.'는 넉넉한 인심과 따뜻한 정을 의미하므로 답은 ①이다.

37.

밝기가 충분하지 않은 환경에서 책을 읽는 것은 눈의 피로에 큰 영향을 줄 수 있지만 시력 저하로 이어지지는 않는다. 이때 생기는 눈의 피로는 일시적인 현상으로 충분한 휴식을 통해 회복이 가능하다. 반면 어두운 곳에서 스마트폰이나 다른 전자 기기를 장시간 사용하면 망막 세포에 손상을 주기 때문에 시력 저하를 유발할 수 있다. 따라서 전자 기기를 사용할 때는 적절한 밝기 조절과 휴식을 통해 눈을 보호하는 것이 중요하다.

◐ '전자 기기를 사용할 때는 적절한 밝기 조절과 휴식을 통해 눈 건강을 보호하는 것이 중요하다.'는 밝기는 적당하게 조절해야 눈 건강에 좋다는 의미이므로 답은 ①이다.

38.

로마 시대 군인들은 화폐를 대신해서 월급으로 소금을 받았다고 한다. 샐러리맨(salaryman)의 어원은 소금을 뜻하는 'sal'에서 왔는데 월급을 의미하는 라틴어 'salarium'에서 유래했다. 음식을 오랫동안 보관하기 위해서 소금은 백금(white gold)이라 부를 정도로 귀했다. 이렇듯 화폐가 나오기 전이나 금이 귀했던 시절에는 소금이 화폐의 역할을 대신했다.

◐ 소금은 음식을 오랫동안 보관하는 측면에서 백금이라 부를 정도로 귀했고, 소금의 가치가 화폐의 역할을 대신할 정도로 소금의 가치가 컸음을 알 수 있다. 그러므로 답은 ④이다.

39.

혈액은 우리 몸을 순환하며 몸 구석구석까지 영양분과 산소를 운반하는 역할을 한다. (㉠) 혈액은 이 길이를 1분 이내로 돌아서 심장으로 복귀한다. (㉡) 혈관은 파이프와 같은 빈 관인데, 혈관을 제대로 관리하지 않으면 여기에 기름기가 낀다. (㉢) 혈관 속에 흐르는 혈액에 해로운 콜레스테롤이 많아지면 혈관 건강에 나쁜 영향을 미친다. (㉣) 만약 심장으로 가는 혈관에 나쁜 콜레스테롤이 쌓이게 되면 혈관이 좁아져서 큰 문제를 일으킬 수 있다.

보기

혈관의 총길이는 약 10만㎞로 지구 두 바퀴 반이나 돌 만큼 길다.

◐ 보기의 문장은 '혈관의 길이는 약 10만㎞로 지구 두 바퀴 반이나 돌 만큼 길다.'로 혈관의 길이를 설명하고 있다. ㉠의 뒷 문장에는 '이 길이를 1분 이내로 돌아서 심장으로 복귀 한다.'라고 혈관의 길이에 대해 설명을 하고 있으므로 답은 ①이다.

40.

김장 배추는 여름에 파종을 해서 늦가을에 수확한다. (㉠) 이 배추는 썰지 않고 통째로 절여 만들기 때문에 통배추라고 부른다. (㉡) 우리 밥상에서 빼놓을 수 없는 김치와 비슷한 게 삼국시대에도 있었다. (㉢) 처음엔 배추를 그냥 소금에 절여 먹다가 18세기에 이르러 지금처럼 빨갛게 담가 먹기 시작했다고 한다. (㉣) 그렇기 때문에 김치 맛을 겨우내 싱싱하게 보존해야 했고, 그 방법으로 땅속에 항아리를 묻었던 우리 조상들의 지혜를 엿볼 수 있다.

보기

채소가 드문 겨울에 김치는 최고의 먹을거리였다.

◐ '그렇기 때문에 김치 맛을 겨우내 싱싱하게 보존해야 했고, 그 방법으로 땅속에 항아리를 묻었던 우리 조상들의 지혜를 엿볼 수 있다.'는 겨울에 김치가 최고의 먹거리라는 것에 대한 이유이다. 채소가 드문 겨울에 김치를 싱싱하게 먹기 위한 방법을 설명하고 있으므로 답은 ④이다.

41.

'착한 사마리아인의 법'은 위급한 상황에서 타인을 돕다가 발생할 수 있는 법적 책임을 면제해주는 법이다. (㉠) 이 법은 사람들이 위험에 처한 타인을 도울 때 법적 책임을 두려워하지 않고 도움을 줄 수 있도록 고안되었다. (㉡) 예를 들면, 교통사고 현장에서 부상자를 구하려고 할 때나 갑작스럽게 심장이 멈춰서 쓰러진 사람에게 심폐 소생술을 시도할 때 또는 화재 현장에서 다른 사람을 구조하는 경우 등이다. (㉢) 이러한 상황에서 도움을 주려고 하다가 피해를 발생시킬 경우 '착한 사마리아인의 법'은 그들이 선의로 행동했음을 인정하여 법적 책임을 면제해 준다. (㉣)

보기

'착한 사마리아인의 법'은 다양한 상황에서 적용된다.

➡ '착한 사마리아인의 법은 다양한 상황에서 적용된다.' 뒤에는 착한 사마리아인의 법이 어떤 다양한 상황에서 적용하는지에 대한 예시가 나와야 한다. 교통사고 현장, 심폐 소생술, 화재 현장 등의 예시가 ㉡ 뒤에 나와 있으므로 답은 ②이다.

읽기 (42번~43번) p.92

왕자님은, "제비야!"하고, 부르고는 다시, "나는 이렇게 금과 보석에 싸여 있지만…. ⑧저어기 보이는 저 골목 구석에다 쓰러져가는 오막살이가 있는데 그 집들 창문이 열려 있어서, 그 속에 아낙네가 혼자 바느질을 하고 있는 게 보인다. 그리고, 그 옆에는 조그만 여자 아이가 병이 나서 앓아 드러 누웠는데 그 애는 자꾸 과자를 사 달라고 울면서 조르지만, 불쌍한 어머니는 가난하여 돈이 없어서 앓는 애에게 차디찬 냉수밖에 줄 것이 없어서 어머니도 울고 있단다. 그래도 철모르는 어린애는 자꾸 더 조르며 울고…. 아아, 제비야! 대단히 수고롭지만 내 소원이니. **내 칼자루에 있는 보석을 빼어다가 그 불쌍한 모녀에게 좀 갖다 주면 좋겠어. Ⓐ나는 두 발이 돌기둥 위에 꼭 붙어서 가지를 못한다.** 왕자님이 이렇게 청하였으나 제비는 모른 체하고, ⓒ"왕자님! 나는 여기서 또 멀리 남쪽 나라로 가는 길입니다. 제일 추워서 한시도 더 있을 수가 없고, 또 먼저 가 있는 친구들이 몹시 기다리고 있으니까, 곧 가야 합니다. 한시라도 더 지체하다가는 얼어 죽습니다."

42.

➡ '내 칼자루에 있는 보석을 빼어다가 그 불쌍한 모녀에게 좀 갖다 주면 좋겠어. 나는 두 발이 돌기둥 위에 꼭 붙어서 가지를 못한다.'는 가난한 사람들을 불쌍하게 바라보며 돕고 싶지만 도울 수 없는 마음을 표현하였으므로 답은 ④이다.

43.

➡ ① 제비에게 왕자는 자기 몸이 자유롭다고 한다.
→ 제비에게 왕자는 자기 몸이 (자유롭지 못하다고 한다). **not Ⓐ**

② 왕자는 부유한 사람들의 생활을 들여다보고 있다.
→ 왕자는 (가난한) 사람들의 생활을 들여다보고 있다. **not Ⓑ**

③ 왕자는 힘들게 살아가는 사람들을 돕고 싶어 한다.
→ 정답

④ 제비와 왕자는 따뜻한 봄날에 이야기를 나누고 있다.
→ 제비와 왕자는 (추운 날)에 이야기를 나누고 있다. **not ⓒ**

읽기 (44번~45번) p.93

한국 정자(亭子)는 자연을 숭배하는 민족의 심성을 반영한 휴식 및 문화 공간이다. 이 구조물은 전통적인 한국 건축물 중 하나로 주로 공원, 산, 강가 또는 역사적인 장소 등 자연과 어우러진 공간에 위치한다. 정자는 대부분 나무로 만들어지며 개방된 공간으로 사방이 열려 있어 주변 경관을 즐길 수 있는 구조로 되어 있다. 서양의 조경이 인위적이고 기하학적인 것과는 달리 한국의 조경은 자연 형태를 그대로 주변의 조경 요소로 이용하였다. 한국의 전원 풍경은 광활함보다는 인간과 자연이 밀착된 삶을 반영하며 자연에 동화되어 그 아름다움을 즐기는 삶을 중요시한다. 즉 정자는 한국 전통 건축의 아름다움과 함께 자연과 인간의 조화를 추구하는 전통적 가치를 반영하는 공간이다.

44.

➡ 괄호 뒤 '인간과 자연이 밀착된 삶을 반영하며 자연에 동화되어 그 아름다움을 즐기는 삶을 중요시한다.'는 자연과 인간의 조화를 추구한다는 것이므로 답은 ③이다.

45.

➡ '자연과 어우러진 공간에 위치한다. 정자는 대부분 나무로 만들어지며 개방된 공간으로 사방이 열려 있어 주변 경관을 즐길 수 있는 구조로 되어 있다.'에 주제가 드러나 있다. 그러므로 답은 ④이다.

읽기 (46번~47번) p.94

ⓐ오늘날 많은 노인은 단순히 삶이 안정적인 것보다 사회에 기여하며 의미 있는 삶을 살고자 한다. '젊은 노인'이란 활기차고 의미 있는 일에 참여하며 삶의 질을 높이고자 하는 노인들을 가리킨다. 반면 디지털화 및 정보화 시대의 급속한 발전은 일부 노인들에게는 심리적인 큰 부담감을 느끼게 하고 있다. ⓒ정보 통신 기술에 익숙하지 않은 노인들은 사회적으로 고립되거나 일상생활에서 불편함을 겪는 경우가 많다. 이에 따라 ⓑ복지 정책은 단순한 생계 지원에서 나아가 문화, 사회 활동, 다양한 서비스 지원을 포함하는 생활 만족형으로 전환되어야 한다. 노인 교육을 강화하여 사회 적응을 도모하고 노인에 대한 사회적 태도를 개선해야 한다. 이러한 정책적 대책을 통해 모든 노인이 존중받으며 의미 있는 삶을 영위할 수 있는 환경을 조성해야 할 것이다.

46.

➡ '다양한 서비스 지원을 포함하는 생활 만족형으로 전환되어야 한다. 노인 교육을 강화하여 사회 적응을 도모하고 노인에 대한 사회적 태도를 개선해야 한다.'로 보아 다각적인 대책과 개선 방향에 대한 주장이다. 그러므로 답은 ②이다.

47.

➡ ① 노인들은 생활 안정 지원 정책에 큰 의미를 두고 있다.

➡ 노인들은 (사회에 기여하며 의미 있는 삶에 가치를) 두고 있다. not ⓐ

② 오늘날의 노인들은 사회에 공헌하며 사는 삶에 가치를 두고 있다.

➡ 정답

③ 복지 정책은 단순한 생계 지원을 위한 생계 보장형으로 나아가야 한다.

➡ 복지 정책은 (다양한 서비스 지원을 포함하는 생활 만족형)으로 나아가야 한다. not ⓑ

④ 노인들은 정보 통신에 대한 접근이 능숙하여 살아가는 데 불편하지 않다.

➡ 노인들은 정보 통신에 대한 (접근이 능숙하지 않아 살아가는 데 불편하다). not ⓒ

읽기 (48번~50번) p.95

체내에 당이 부족하면 생명에 위험을 초래할 수도 있기 때문에 설탕을 비롯한 당류는 생명 유지에 꼭 필요하다. 그러나 이 설탕을 단순하게 단맛을 내는 조미료라고만 생각하면 오산이다. 과거에는 경제와 문화에도 깊은 영향을 미쳐 권력을 상징하는 의미까지도 지니고 있었기 때문이다. 약 1만 년 전 인류가 처음 ⓑ뉴기니에서 재배한 사탕수수는 인도, 동남아시아로 확산되었고 이슬람 상인들이 아랍 전역으로 전파했다. 유럽에는 십자군 전쟁을 통해 소개되었고 고가의 사치품으로 귀족과 부유층의 지위 상징이 되기도 했다. 카리브해 등의 대규모 상업적 농장에서 ⓐ노예를 활용한 설탕 생산은 환대서양 삼각무역을 형성해서 세계자본주의 시장의 기초를 마련했다. 설탕은 차, 커피, 홍차와 결합하여 식품 문화를 활성화 시키고 세계 경제 발전에 중요한 영향을 미쳤다. 이를 통해 설탕은 단순한 식품을 넘어 문화와 경제의 큰 부분을 차지하게 되었다.

48.

➡ '세계자본주의 시장의 기초를 마련했다.', '세계 경제 발전에 중요한 영향을 미쳤다.'를 보아 답은 ④이다.

49.

➡ 괄호 뒤 '설탕은 단순한 식품을 넘어 문화와 경제의 큰 부분을 차지하게 되었다.'라고 하였으므로 답은 ③이다.

50.

➡ ① 설탕은 유럽에서 이슬람 교역권으로 전파됐다.

➡ 설탕은 (뉴기니▷인도, 동남아시아▷아랍▷유럽으로) 전파됐다. not ⓑ

② 설탕은 오늘날 세계자본주의 시장의 모태가 되었다.

➡ 정답

③ 대규모 농장은 노예와 부유층으로 노동력을 확보했다.

➡ (노예로) 노동력을 확보했다. not ⓐ

④ 불공정한 삼각무역으로 인해 식품 문화의 악순환이 이어졌다.

➡ 삼각무역으로 인해 식품 문화를 활성화했다. not ⓐ

듣기 (1번~50번)

1 ②	2 ③	3 ①	4 ④	5 ④
6 ④	7 ①	8 ③	9 ②	10 ①
11 ④	12 ④	13 ①	14 ①	15 ②
16 ④	17 ④	18 ③	19 ④	20 ④
21 ①	22 ④	23 ③	24 ②	25 ③
26 ①	27 ④	28 ③	29 ①	30 ④
31 ③	32 ④	33 ④	34 ②	35 ③
36 ①	37 ②	38 ③	39 ②	40 ②
41 ④	42 ④	43 ③	44 ②	45 ④
46 ③	47 ③	48 ④	49 ④	50 ②

듣기 (1번~3번)   p.99

1.

여자 : 어서 오세요. 무엇을 도와 드릴까요?

남자 : 제 노트북이 고장이 난 것 같아서요. 화면이 안 나오네요.

여자 : 그럼 여기에 성함과 전화번호를 적으시고 기다려 주세요.

➡ 안내 데스크에 서 있는 여자
➡ 접수대에서 개인정보를 쓰는 남자
답은 ②이다

2.

여자 : 영수야, 다른 채널 좀 틀어 봐. 이 영화는 재미없네.

남자 : 알았어. 그런데 리모컨이 어디에 있지?

여자 : 아까 네가 TV 켜지 않았어? 어디에 두었는지 생각 안 나?

➡ 거실 TV 앞
➡ TV 리모컨을 찾는 여자와 남자
답은 ③이다

2.

남자 : 여행을 가는 사람들에게 좋아하는 여행지를 물어본 결과 제주도가 58%로 절반 이상을 차지했으며 그다음으로 부산 22%, 서울 15%, 기타가 5%로 뒤를 이었습니다. 제주도를 찾는 사람들은 2020년까지 증가하다가 최근에는 감소하는 모습을 보이고 있습니다.

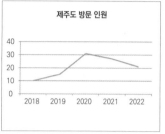

제주도 방문 인원

➡ 변화 그래프로 '제주도 방문 인원'에 해당하는 그래프는 ①이다.

듣기 (4번~8번)   p.100

4.

여자 : 민수 씨, 내일 서울로 출장을 간다고 했었죠?

남자 : 네, 그런데 비가 많이 온다고 해서 걱정이에요.

여자 : <u>그러면 자동차 대신 기차를 타고 가세요.</u>

➡ 남자가 출장을 가는데 비가 많이 올 것을 걱정하는 상황이다. 남자가 '걱정이에요.'라고 하여 다음에 이어질 말은 여자의 대안 제시이다. 여자의 반응으로 알맞은 답은 ④이다.

5.

여자 : 안녕하세요. 어떻게 오셨어요?

남자 : 요즘 통 잠을 못 자고 머리도 아프고, 귀에서 소리가 나서요.

여자 : <u>스트레스가 많은가 봐요. 이 약을 드시고 푹 쉬세요.</u>

➡ 남자가 잠을 못 자고 여러 증세가 있어 약국에 가서 약사에게 약을 사는 상황이다. 여자는 남자의 증세를 듣고 원인을 이야기하며 약을 주는 것이 자연스럽다. 여자의 반응으로 알맞은 답은 ④이다.

6.

남자 : 실례합니다. 혹시 일행이 있으신가요?

여자 : 아니요. 저 혼자예요. 무슨 일이세요?

남자 : <u>그럼 남는 의자 좀 가져갈게요.</u>

➡ 남자가 여자에게 일행이 있냐고 묻는 상황이다. 여자는 혼자라고 대답하므로 일행이 없고 의자가 남는 상황임을 알 수 있다. 남자의 반응으로 알맞은 답은 ④이다.

7.

여자 : 살이 너무 쪄서 조금만 걸어도 숨이 차요.

남자 : 저도 그래요. 너무 운동을 안 했나 봐요.

여자 : <u>그럼 내일부터 조깅을 시작할까요?</u>

➡ 여자가 살이 쪄서 걱정하고 있고, 남자도 운동을 안 한 것에 대해 공감하고 있는 상황이다. 여자는 함께 운동하자고 하는 것이 자연스럽다. 여자의 반응으로 알맞은 답은 ①이다.

8.

남자 : 안녕하세요. 이 사과 5개에 얼마예요?

여자 : 5개에 5만 원이에요. 장마철이라서 많이 올랐어요.

남자 : <u>너무 비싸요. 좀 깎아 주시면 안 될까요?</u>

➡ 남자가 여자에게 사과의 가격을 묻는 상황이다. 여자가 사과의 가격이 많이 올랐다고 답한다. 남자는 여자에게 가격을 깎아 달라고 하는 것이 자연스럽다. 남자의 반응으로 알맞은 답은 ③이다.

듣기 (9번~12번) p.101

9.

남자 : 김 대리, 이번에 뽑은 신입사원 지원 서류에 빠진 내용이 있네요.

여자 : 네? 그럼, 신입사원에게 빠진 내용을 쓰게 하겠습니다.

남자 : 네. 그런데 지금 신입사원이 자리에 없네요. 찾아서 같이 오세요.

여자 : 아. 잠깐 화장실에 갔습니다. **돌아오면 같이 가겠습니다.**

➡ 여자가 '돌아오면 같이 가겠습니다.'라고 하였으므로 여자는 신입사원을 기다리는 것이 자연스럽다. 그러므로 답은 ②이다.

10.

남자 : 무슨 걱정 있어? 뭘 그렇게 생각하고 있어?

여자 : 친한 친구 생일인데 무슨 선물을 사야 할지 고민이야.

남자 : 그 친구 취미가 뭐야? 자신이 좋아하는 것을 선물로 받으면 좋아할 거야.

여자 : 아. **그 친구는 독서가 취미니까 책방에 가야겠다.**

➡ 여자가 '친구는 독서가 취미니까 책방에 가야겠다.'라고 하였으므로 여자는 서점에서 책을 사는 것이 자연스럽다. 그러므로 답은 ①이다.

11.

남자 : 영희 씨, 빨리 나와요. 늦었어요.

여자 : 지금 나가요. 그런데 준비물은 다 챙겼어요?

남자 : 여권, 비행기 표, 지갑, 휴대폰, 가방……. 네, 다 있어요.

여자 : 아! **방 TV를 안 끄고 나온 것 같아요. 잠시만요.**

➡ 여자가 '방 TV를 안 끄고 나온 것 같아요. 잠시만요.'라고 하였으므로 여자는 TV를 끄러 방으로 가는 것이 자연스럽다. 그러므로 답은 ④이다.

12.

여자 : 오늘 저녁에는 김밥을 만들려고 해요.

남자 : 와! 맛있겠네요. 제가 도와줄게요.

여자 : 고마워요. 우선, **제가 밥을 할게요.** 민수 씨는 재료를 준비해 줘요.

남자 : 알겠어요. 마트에 다녀올게요..

➡ 여자가 '제가 밥을 할게요.'라고 하였으므로 밥 지을 준비를 하는 것이 자연스럽다. 그러므로 답은 ④이다.

듣기 (13번~16번) p.102

13.

남자 : ⓑ이번 여름휴가 때 바다로 여행가는 거 어때요?

여자 : ⓑ바다는 작년에도 다녀왔잖아요. 올해에는 산으로 가요.

남자 : 그럼, ⓐ등산도 하고 물놀이도 할 수 있는 계곡으로 가요.

여자 : 좋아요. 기대되네요.

➡ ① 여자는 작년에 바다에 갔다.

　　➡ 정답

② 올 휴가 때에는 바다로 갈 것이다.

　　➡ 올 휴가 때에는 (계곡으로) 갈 것이다. not ⓐ

③ 남자는 등산을 싫어해서 산에 가고 싶지 않다.

　　➡ 남자는 등산도 하고 물놀이도 할 수 있는 계곡으로 간다. not ⓐ

④ 남자는 바다로, 여자는 산으로 여행을 갈 것이다.

　　➡ 남자와 여자는 함께 여행을 간다. not ⓑ

제1회 실전 모의고사 / 제2회 실전 모의고사 / 제3회 실전 모의고사 / 제4회 실전 모의고사

14.

여자 : 인주시 딸기 축제에 오신 여러분, 환영합니다. 우리 축제는 인주시의 맛있는 딸기를 소개하는 축제로 딸기 수확 체험, Ⓐ딸기주스, 딸기잼 만들기, 딸기 그림 그리기 등 여러 ©체험들을 무료로 즐기실 수 있습니다. Ⓑ체험을 원하시는 분들은 지금 접수대로 오셔서 접수해 주시기 바랍니다.

➲ ① 축제에서 딸기를 직접 딸 수 있다.
　　→ 정답
② 축제장에서 딸기주스를 만들어 판다.
　　→ 축제장에서 딸기주스 (만들기 체험을 할 수 있다). not Ⓐ
③ 체험을 하려면 미리 예약을 해야 한다.
　　→ 체험을 하려면 (지금 접수대에서 접수)해야 한다. not Ⓑ
④ 딸기잼을 만들기 위해 돈을 내야 한다.
　　→ 딸기잼 (만들기는 무료이다). not ©

15.

남자 : 교통 상황 안내입니다. Ⓐ오늘 하루 종일 내린 비로 인해 인주시 고속도로에서 오후 7시 30분경 4중 추돌 사고가 났습니다. 이 사고로 현재 상행선 방향 5Km 정도가 Ⓑ정체되고 있는 상황입니다. 이 지역을 지나가시는 분들은 ©다른 방향으로 우회하시기 바랍니다.

➲ ① 어제 하루 종일 비가 내렸다.
　　→ (오늘) 하루 종일 비가 내렸다. not Ⓐ
② 자동차 네 대가 부딪히는 사고가 났다.
　　→ 정답
③ 교통사고가 났지만 길은 막히지 않았다.
　　→ 교통사고가 (나서 길이 막힌다). not Ⓑ
④ 다른 방향의 도로도 사고가 나서 길어 막힌다.
　　→ 다른 방향의 도로(는 막히지 않는다). not ©

16.

여자 : 안녕하십니까? Ⓐ박사님, 많은 사람들이 ©비행기가 하늘을 나는 원리를 궁금해 하는데요.
남자 : Ⓑ비행기가 하늘을 날기 위해서는 엔진에서 발생하는 힘이 필요합니다. 또한 비행기의 날개 형태도 중요합니다. 비행기가 빠르게 달리면 날개는 공기를 위아래로 나누게 되는데요, 비행기 날개 형태로 생기는 공기의 압력 차이로 날개가 위로 뜨게 되는 것입니다.

➲ ① 남자는 비행기 조종사이다.
　　→ 남자는 (박사님)이다. not Ⓐ
② 남자는 비행기에 대해 잘 모른다.
　　→ 남자는 비행기에 대해 잘 (안다). not Ⓑ

③ 남자는 비행기가 나는 방법을 질문하고 있다.
　　→ (여자)는 비행기가 나는 방법을 질문하고 있다. not ©
④ 남자는 비행기가 나는 이유를 설명하고 있다.
　　→ 정답

듣기 (17번~20번) p.103

17.

여자 : 이 옷 좀 봐요. 지금 세일을 해서 싸게 판대요.
남자 : 지난주에도 샀잖아요. 사 놓고 안 입는 옷도 많고, 다음에 꼭 필요할 때 사요.
여자 : 그렇지만 이렇게 쌀 때 사 두면 좋잖아요.

➲ 남자의 중심 생각을 고르는 문제이다. 남자가 '다음에 꼭 필요할 때 사요.'라고 하였으므로 답은 ④이다.

18.

남자 : 이번에 결혼하신다면서요? 축하드려요. 그런데 신혼여행은 어디로 가세요?
여자 : 네, 고마워요. 신혼여행은 저도 남편도 시간이 없어서 못 갈 것 같아요. 그냥 주말에 가까운 곳이나 가려고요.
남자 : 네? 그래도 한 번뿐인 신혼여행인데 기억에 남을 곳을 가야지요.

➲ 남자의 중심 생각을 고르는 문제이다. 남자는 '그래도 한 번뿐인 신혼여행인데 기억에 남을 곳을 가야지요.'라고 하였다. 남자는 신혼여행은 아주 중요하다고 말하고 있으므로 답은 ③이다.

19.

남자 : 수미 씨, 설거지를 할 때 무슨 세제를 그렇게 많이 사용해요?
여자 : 아, 접시에 기름기가 많아서 깨끗하게 닦고 싶은데 세제를 조금만 쓰면 잘 안 닦일 것 같아서요.
남자 : 설거지를 하기 전에 휴지로 기름기를 제거하면 세제를 조금만 사용해도 깨끗하게 닦을 수 있어요.
여자 : 아, 그런 방법이 있었군요. 그렇게 해 볼게요.

➲ 남자의 중심 생각을 고르는 문제이다. 남자가 '설거지를 하기 전에 휴지로 기름기를 제거하면 세제를 조금만 사용해도 깨끗하게 닦을 수 있어요.'라고 하였다. 남자는 설거지를 할 때 기름기를 쉽게 제거하는 방법을 여자에게 알려주고 있다. 그러므로 답은 ④이다.

20.

여자 : 최근 캠핑이 유행하면서 차에서 잠을 자는 '차박'을 하는 사람들도 증가했습니다. 차박을 할 수 있도록 자동차를 개조하는 김 대표님을 모셨습니다.

남자 : 안녕하십니까? 캠핑을 가서 자동차에서 잠을 자는 것은 정말 가슴 뛰는 일입니다. **많은 사람들이 그 즐거움을 알고 행복한 캠핑을 할 수 있도록 노력하고 있습니다.**

⮕ 남자의 중심 생각을 고르는 문제이다. 남자가 '많은 사람들이 그 즐거움을 알고 행복한 캠핑을 할 수 있도록 노력하고 있습니다.'라고 하였다. 남자는 캠핑을 가서 자동차에서 잠을 자는 것이 가슴이 뛰고, 즐겁고, 행복하다고 하며 많은 사람들이 행복한 캠핑을 할 수 있도록 노력하고 있으므로 답은 ④이다.

듣기 (21번~22번) p.104

여자 : 올 추석에는 부모님을 꼭 찾아뵈어야겠어요. 그동안 회사 일이 너무 **바빠서 몇 년 동안 고향에 못 갔거든요.**

남자 : 아무리 바빠도 명절에는 고향에 갔어야지요.

여자 : 네, ⑧저도 그러고 싶었는데 가고 오는 길이 워낙 많이 막혀야지요. 지금 생각해도 몇 시간씩 고속도로에서 버리는 시간이 너무 아까워요.

남자 : Ⓐ그러면 기차표를 예매하는 게 어때요? 기차표를 예매하면 편히 갈 수 있잖아요. 기차는 막히지도 않고요. 이번 추석에는 꼭 부모님을 뵙고 오세요.

21.

⮕ 남자의 중심 생각을 고르는 문제이다. 남자가 '아무리 바빠도 명절에는 고향에 갔어야지요.'라고 하였으므로 답은 ①이다.

22.

⮕ ① 남자는 기차표를 예매했다.
   → 남자는 (여자에게 기차표를 예매하라고 제안한다). not Ⓐ
② 여자는 고속도로로 출퇴근을 한다.
   → 여자는 고속도로로 (고향에 간다). not ⑧
③ 남자는 올 추석에 고향에 갈 것이다.
   → 정보 없음
④ 여자는 오랫동안 부모님을 못 만났다.
   → 정답

듣기 (23번~24번) p.104

남자 : 여보세요? 인주 병원이지요? Ⓐ예약을 하고 싶어서요.

여자 : 네. 어디가 아프세요?

남자 : Ⓒ회사에서 건강검진을 받으라고 해서요. 다음 주 수요일 오후에 괜찮을까요?

여자 : 잠시만요.(키보드 소리) 다음 주 ⑧수요일이면 26일이죠? 죄송합니다. 26일은 예약이 다 찼습니다. 25일 오전이나 27일 오후에는 빈 시간이 있습니다.

23.

⮕ 남자가 '예약을 하고 싶어서요.'라고 하였으므로 남자는 예약이 가능한지 물어보고 있다. 그러므로 답은 ③이다.

24.

⮕ ① 여자는 건강검진을 예약하려고 한다.
   → (남자)는 건강검진을 예약하려고 한다. not Ⓐ
② 남자가 원하는 시간에 예약할 수 없다.
   → 정답
③ 수요일 오후에는 예약한 사람들이 없다.
   → 수요일 오후에는 예약한 사람들이 (많다). not ⑧
④ 남자는 큰 병에 걸렸을까 봐 걱정하고 있다.
   → 남자는 (회사에서 건강검진을 받으라고 했다). not Ⓒ

듣기 (25번~26번) p.105

여자 : 한복은 불편하다는 인식이 많았는데 편한 일상복으로 디자인하신 이유는 무엇입니까?

남자 : 네, 우리는 특별한 날이나 한복을 입는다고 생각하고 있습니다. 그래서 불편해도 하루만 입으면 된다는 생각으로 참고 입는 사람들이 대부분이었죠. 하지만 Ⓐ과거의 우리 조상들은 매일 한복을 입고 생활했습니다. 그래서 저도 매일 편하게 입을 수 있는 한복이 있었으면 좋겠다고 생각을 했습니다. **그렇게 디자인한 한복이 바로 이 한복입니다.**

25.

⮕ 남자의 중심 생각을 고르는 문제이다. 남자가 '매일 편하게 입을 수 있는 한복이 있었으면 좋겠다고 생각을 했습니다. 그렇게 디자인한 한복이 바로 이 한복입니다.'라고 하였다. 한복이 불편하지 않게 디자인이 되면 좋겠다는 것을 의미한다. 그러므로 답은 ③이다.

26.

⊙ ① 남자는 한복 디자이너이다.

→ 정답

② 여자는 매일 한복을 입는다.

→ 정보 없음

③ 우리 조상들은 편한 한복을 디자인해서 입었다.

→ 정보 없음

④ 우리 조상들은 한복을 좋아해서 매일 한복을 입었다.

→ 우리 조상들은 (매일 한복을 입고 생활했다). not Ⓐ

듣기 (27번~28번) p.105

여자 : 지난주에 개봉한 영화 '시계의 나라'가 요즘 인기라는데 봤어요? Ⓐ같이 보러 갈래요?

남자 : 아! 기계에 지배를 당하고 있는 미래 세계에서 특별한 시계를 가진 주인공이 시간을 조작해 기계들과 싸우는 내용의 영화 맞죠? 줄거리는 재미있을 것 같지만 너무 내용이 비현실적이고 어려울 것 같아요.

여자 : 그래도 유명한 배우도 출연하고 감독도 영화제에서 수상을 많이 한 감독이래요.

남자 : Ⓑ저는 좀 잔잔한 영화가 좋아요. 내용도 복잡하지 않고 쉽게 이해할 수 있는 영화는 어때요? 유명한 배우와 훌륭한 감독이 없어도 감동적인 영화는 얼마든지 있어요.

27.

⊙ 말하는 의도는 중심 생각 문제를 푸는 방법으로 답을 선택하면 된다. 남자는 자신이 좋아하는 영화에 대해 설명하면서 여자에게 다른 영화를 보자고 설득하고 있다. 그러므로 답은 ④이다.

28.

⊙ ① 여자는 혼자 영화를 보러 갈 것이다.

→ 여자는 (남자와 함께) 영화를 보러 갈 것이다. not Ⓐ

② 남자는 다른 영화를 보고 싶어 한다.

→ 정답

③ 여자는 극장에서 유명한 배우를 만났다.

→ 정보 없음

④ 남자는 감동적인 영화보다 어려운 영화를 좋아한다.

→ 남자는 (잔잔한) 영화를 좋아한다.

듣기 (29번~30번) p.106

여자 : 기존의 은행들은 일찍 문을 닫아 이용하기에 불편했는데 인주 은행은 6시까지 은행 업무를 볼 수 있다고 들었습니다.

남자 : 네, 보통 은행들은 4시쯤 업무를 종료하는데요. 우리 인주 은행은 Ⓐ고객들의 편의를 위해 퇴근 이후에도 은행 업무를 보실 수 있도록 2시간을 더 연장하기로 했습니다.

여자 : 은행 업무 시간을 연장한 것 외에 고객을 위한 또 다른 편의 서비스로는 무엇이 있나요?

남자 : Ⓑ밤에도 은행 업무를 볼 수 있도록 무인점포를 운영할 계획입니다. Ⓒ무인점포에는 사람이 없지만 온라인 화상 상담을 할 수 있어 예금 가입이나 대출 상담 등의 업무를 볼 수 있습니다. 또한 지하철역이나 아파트 단지에 최신 키오스크를 설치하여 언제 어디서나 은행 업무를 보실 수 있도록 최선을 다하고 있습니다.

29.

⊙ 남자가 새로 생기는, 변경된 은행 서비스에 대해 안내하고 있으므로 남자는 은행 직원이다. 그러므로 답은 ①이다.

30.

⊙ ① 은행 업무 시간이 4시에서 2시간 줄었다.

→ 은행 업무 시간이 4시에서 2시간 (늘었다). not Ⓐ

② 밤에는 은행 문을 닫아서 은행 업무를 볼 수 없다.

→ 밤에는 은행 (업무를 볼 수 있도록 무인점포를 운영할 계획이다). not Ⓑ

③ 무인점포에 은행 직원이 있어 도움을 받을 수 있다.

→ 무인점포에 은행 직원이 (없지만 화상 상담을 할 수 있다). not Ⓒ

④ 은행 업무를 보는 고객을 위해 여러 서비스가 생겼다.

→ 정답

듣기 (31번~32번) p.106

> 여자 : 최근 개인의 집을 여행자들에게 숙소로 제공해 숙박비를 받을 수 있는 공유 숙소 서비스가 유행하면서 그로 인해 발생하는 갈등도 적지 않습니다. 소음이나 기물 파손 등을 그 예로 들 수 있죠.
> 남자 : 물론 갈등이 생길 수 있습니다만 **요즘같이 물가가 높은 시대에 비싼 호텔보다는 조금이라도 저렴한 공유 숙소를 선택하는 것은 좋은 대안이 될 수 있습니다.**
> 여자 : 남에게 피해를 주면서 가격만 싸면 괜찮다는 것은 너무 이기적인 생각 같습니다. 본인의 이익을 위해 남에게 피해를 주는 행위가 정당화될 수는 없습니다.
> 남자 : 네, 맞습니다. 하지만 최근의 설문 조사에 따르면 그런 사람들은 일부에 불과하고 대부분의 이용자들은 아무런 문제없이 공유 숙소를 이용하고 있으며 만족도 또한 높다는 조사 결과도 나와 있습니다.

31.

◆ 남자의 중심 생각을 고르는 문제이다. 남자가 '물가가 높은 시대에 비싼 호텔보다는 조금이라도 저렴한 공유 숙소를 선택하는 것은 좋은 대안이 될 수 있습니다.'라고 말하고 있으므로 여행지에서의 공유 숙소를 선택하는 것은 합리적인 선택이라는 것을 의미한다. 그러므로 답은 ③이다.

32.

◆ 남자는 '최근의 설문 조사에 따르면 그런 사람들은 일부에 불과하고 대부분의 이용자들은 아무런 문제없이 공유 숙소를 이용하고 있으며 만족도 또한 높다는 조사 결과도 나와 있습니다.'라고 하며 설문조사 결과를 근거로 자신의 의견을 주장하고 있으므로 답은 ④이다.

듣기 (33번~34번) p.107

> 여자 : 외국어를 잘하기 위해서는 효과적인 방법이 필요합니다. **첫 번째로,** 외국어를 배우기 시작할 때 목표를 명확히 하는 것이 중요합니다. 목표가 명확하지 않으면 효과적인 학습이 어렵기 때문입니다. **두 번째로** 꾸준한 학습 습관을 만드는 것이 중요합니다. **Ⓐ매일 조금씩이라도 학습을 하고, 학습한 내용을 복습하는 습관을 길러야 합니다. Ⓑ세 번째로는 다양한 학습 자료를 활용하는 것이 도움이 됩니다.** 교과서나 어휘 카드 외에도 영상, 오디오, 스마트폰 앱 등 다양한 자료를 활용하여 학습하면 지루함을 덜 수 있고, 다양한 방식으로 정보를 습득할 수 있습니다. **마지막으로,** 실패를 두려워하지 말고 적극적으로 도전하는 것이 중요합니다. 외국어를 배우는 과정에서 실수하거나 어려움을 겪을 수 있지만 그것이 성장의 기회가 될 수 있습니다.

33.

◆ 내용을 듣기 전 선택지를 보면 '외국어'가 주제이다. 그리고 내용에서는 '외국어를 잘하기 위해서는 효과적인 방법이 필요합니다.'라고 하며 외국어를 효과적으로 배울 수 있는 방법을 설명하고 있으므로 답은 ④이다.

34.

◆ ① 외국어를 잘하려면 단어 공부가 중요하다.
　　→ 정보 없음
② 외국어를 잘하기 위해서는 다양한 방법이 필요하다.
　　→ 정답
③ 매일 조금씩 공부하는 것보다 한 번에 많이 하는 것이 좋다.
　　→ 매일 조금씩 공부하는 것이 좋다. `not Ⓐ`
④ 어휘 카드, 오디오 등의 자료로 외국어를 공부하기는 어렵다.
　　→ 어휘 카드, 오디오 등의 자료로 외국어를 (공부하면 도움이 된다). `not Ⓑ`

듣기 (35번~36번) p.107

> 남자 : Ⓐ사랑하는 가족과 친구 여러분, 이 특별한 날에 여러분께 인사드립니다. Ⓑ오늘은 신랑, 신부 두 사람이 매우 특별한 결합을 맞이하는 날입니다. 신랑과 신부는 서로의 삶을 공유하고 서로를 이해하며 서로를 지지할 것을 맹세합니다. 이 결혼은 오직 사랑과 믿음을 바탕으로 이루어질 것입니다. 가장 아름다운 사랑은 서로를 이해하고 받아들이는 것입니다. 신랑과 신부는 서로의 강점과 약점을 받아들이며, 서로를 향한 사랑을 이어가기로 맹세합니다. 오늘은 새로운 시작이며 새로운 모험이 시작되는 날입니다. 함께 하나가 되어, 서로를 위해 노력하고 사랑으로 가득한 삶을 살아가기를 기원합니다.

35.

◆ 남자가 결혼식에서 주례를 보고 있는 상황이다. 결혼을 하는 남자와 여자에게 앞으로 새로운 시작을 축복하고, 서로 사랑하며 살아가도록 기원하고 있다. 그러므로 답은 ③이다.

36.

◆ ① 오늘은 신랑과 신부가 결혼하는 날이다.
　　→ 정답
② 두 사람이 하나가 되는 것은 어려운 일이다.
　　→ 정보 없음
③ 가족들과 친구들은 결혼식에 참석하지 않았다.
　　→ 가족들과 친구들은 결혼식에 (참석하였다). `not Ⓐ`

실전 모의고사 제1회 / 실전 모의고사 제2회 / 실전 모의고사 제3회 / 실전 모의고사 제4회

④ 신랑과 신부 두 사람은 서로 사랑하는 사람이 있다.

→ 신랑과 신부는 (서로를 사랑한다). not ④

듣기 (37번~38번)　p.108

남자 : ④선생님, 역사 교육이 중요한 이유는 무엇인가요?

여자 : 역사 교육은 과거의 실수와 성취를 배우는 기회를 제공합니다. 과거의 경험을 통해 우리는 비슷한 상황에서 어떻게 행동해야 할지를 배우고, 그에 따라 적절한 결정을 내릴 수 있게 됩니다. 또한 역사는 시대적 관점에서 현재를 이해하는 데 중요합니다. **우리는 과거의 사건들이 현재의 상황과 어떻게 연결되는지를 파악함으로써 현재의 문제에 대한 통찰력을 얻을 수 있습니다.** 마지막으로, 역사는 우리가 미래를 준비하는 데에 필수적인 수단입니다. ⑧과거의 경험을 통해 우리는 미래의 가능성과 위험을 예측할 수 있습니다.

37.

◎ 여자의 중심 생각을 고르는 문제이다. 여자는 '우리는 과거의 사건들이 현재의 상황과 어떻게 연결되는지를 파악함으로써 현재의 문제에 대한 통찰력을 얻을 수 있습니다.'라고 하며 과거의 경험으로 미래를 준비해야 한다고 말하고 있다. 그러므로 답은 ②이다.

38.

◎ ① 남자는 역사 교육 선생님이다.

　　→ (여자)는 역사 교육 선생님이다. not ④

② 과거에 있었던 일은 미래에 꼭 다시 생긴다.

　　→ 정보 없음

③ 역사는 현재를 이해할 때에도 중요한 요소이다.

　　→ 정답

④ 우리는 미래에 대해 알 수 없기 때문에 불안하다.

　　→ 우리는 (과거를 알면 미래를 예측할 수 있다). not ⑧

듣기 (39번~40번)　p.108

여자 : 초기의 공포 영화가 그러한 특징들이 있었다면 현대의 공포 영화의 특징은 무엇을 들 수 있을까요?

남자 : ⑧과거의 공포 영화가 단순히 충격적인 장면만을 보여 줬다면 현대의 공포 영화는 심리적인 긴장감과 공포를 조성하는 데 중점을 둡니다. 또한 카메라의 움직임과 음향 효과를 통해서도 긴장감을 고조시키는 것이 특징입니다. 이 외에도 **현대의 공포 영화는 종종 문화적인 요소나 사회적인 문제를 다루며,** 이를 통해 관객에서 현대 사회의 문제에 대한 생각을 하도록 유도합니다. 마지막으로 ④컴퓨터 그래픽의 발전도 더욱 현실적인 공포와 충격적인 장면을 만드는 데에 큰 역할을 하고 있습니다.

39.

◎ 여자는 '초기의 공포 영화가 그러한 특징들이 있었다면'이라고 하였으므로 대화 전에 남자는 과거의 공포 영화의 특징에 대해 설명했음을 알 수 있다. 그러므로 답은 ②이다.

40.

◎ ① 공포 영화가 최근 많은 인기를 끌고 있다.

　　→ 정보 없음

② 문화적인 내용도 공포 영화의 소재가 될 수 있다.

　　→ 정답

③ 컴퓨터 그래픽의 발전은 영화를 덜 무섭게 만들었다.

　　→ 컴퓨터 그래픽의 발전은 영화를 (더) 무섭게 만들었다. not ④

④ 현대의 공포 영화는 관객을 깜짝 놀라게 하는 방법을 사용한다.

　　→ (과거)의 공포 영화는 관객을 깜짝 놀라게 하는 방법을 사용(했다). not ⑧

듣기 (41번~42번)　p.109

여자 : 영, 일, 이, 삼, 사, 오…… 우리가 흔히 사용하는 이 숫자는 아라비아 숫자입니다. 이름 때문에 ⑧아라비아에서 처음 만든 것으로 알고 있는 사람들이 많은데 사실은 인도에서 만들어졌습니다. 인도에서 만들어진 이 숫자 체계가 중동에 널리 퍼졌고 그것이 다시 유럽으로 전달되었습니다. 만들어진 곳은 인도이지만 널리 퍼뜨린 곳은 이슬람 제국이라 아라비아 숫자라고 부르는 것이지요. 아라비아 숫자 가운데 0(영)은 특별한 의미를 가지고 있는데요. ④공허함, 끝이 없는 무한하고 영원한 것, 죽음과 생명을 동시에 표현하는 원의 모습을 나타내기도 합니다.

41.

여자는 아라비아 숫자가 만들어지는 과정과 이름이 붙게 된 이유를 설명하고 있다. 또한, 아라비아 숫자 중 0의 의미를 설명하고 있으므로 답은 ④이다.

42.

① '영(0)'의 의미는 ~~아라비아~~라는 뜻이다.
→ '영(0)'의 의미는 (공허, 무한, 영원)이라는 뜻이다. not Ⓐ

② 아라비아 숫자는 ~~중동~~에서 만들어졌다.
→ 아라비아 숫자는 (인도)에서 만들어졌다. not Ⓑ

③ 유럽 사람들이 아라비아 숫자를 만들어 유명해졌다.
→ 정보 없음

④ 아라비아 숫자는 만들어진 곳과 퍼뜨린 곳이 다르다.
→ 정답

듣기 (43번~44번) p.109

남자 : 침팬지 사회에서 가장 힘이 세고 영향력이 있는 우두머리 수컷을 '알파 메일'이라고 합니다. 그 알파 메일은 다른 침팬지들을 통제하며 지배하는 역할을 합니다. 알파 메일은 침팬지 그룹을 지키기 위해 질서를 유지시키고, 힘없고 약한 침팬지들을 도와주며, 침팬지들 간의 싸움을 막거나 갈등을 해결하는 등 경찰과 비슷한 '보안관 행동'을 합니다. 이런 행동을 함으로써 알파 메일은 자신의 지배력을 강화하고 무리의 질서를 유지하여 외부의 위험에 대응할 수 있는 힘을 기릅니다. 알파 메일의 보안관 행동은 무리 내의 안정성과 사회적 뼈대를 그대로 이어 나가는 데 중요한 역할을 합니다.

43.

침팬지 사회에서 우두머리에 해당하는 알파 메일이 침팬지들 무리를 유지하기 위해 하는 행동인 보안관 행동에 대해 설명하고 있다. 그러므로 답은 ③이다.

44.

'이런 행동을 함으로써 알파 메일은 자신의 지배력을 강화하고 무리의 질서를 유지하여 외부의 위험에 대응할 수 있는 힘을 기릅니다.'에 의하면 보안관 행동은 침팬지 무리를 유지하고 외부의 위험에 대응할 수 있는 힘을 키운다. 그러므로 답은 ②이다.

듣기 (45번~46번) p.110

여자 : Ⓑ **미래의 도시 교통에 대한 혁신적인 해결책으로 도심항공이 대안으로 떠오르고 있습니다**. 첨단 기술의 발전과 더불어 점차 현실화되고 있는 도심항공은 도시 교통 체증 해소, 교통안전 강화, 대중교통 개선 등을 목표로 하고 있습니다. 특히 Ⓐ수직 이착륙 기술이 중요한데, 도심항공 운송은 제한된 공간에서 이루어지므로 빌딩 꼭대기나 작은 공간에서 안전하게 착륙하고 이륙할 수 있는 비행 기술이 필요합니다. 또한 ⓒ자율 주행 기술이 중요한 역할을 하는데 이를 통해 항공기의 운항 정보를 최적화하고 교통 흐름을 효율적으로 관리할 수 있기 때문입니다.

45.

① 수직 이착륙 기술~~의 중요성은 미미하다~~.
→ 수직 이착륙 기술(은 중요하다). not Ⓐ

② 도심항공은 ~~다른 도시로 여행을 갈 때~~ 필요하다.
→도심항공은 (도시의 미래 교통에) 필요하다. not Ⓑ

③ ~~도로에서 길이 막히면 자율 주행 기술이~~ 효율적이다.
→ (자율 주행 기술은 항공기 운항에 효율적이다). not ⓒ

④ 미래에는 도시를 날아다니는 교통수단이 생길 것이다.
→ 정답

46.

도심항공에 필요한 수직 이착륙 기술과 자율 주행 기능 등에 대해 설명하고 있다. 도심항공에 필요한 기술을 제시하고 있으므로 답은 ③이다.

듣기 (47번~48번) p.110

여자 : 지난 토요일, Ⓑ달이 태양을 가리는 '일식' 현상이 일어났습니다. 이번 일식은 일반 시민들도 쉽게 관측할 수 있었는데요. 교수님, 일식은 왜 일어나는 거죠?

남자: 네, 이번 일식은 달이 태양의 일부를 가리는 '부분일식'이었는데요, 달의 궤도와 태양의 궤도가 겹쳐지면 달이 태양 앞을 지나가면서 태양을 가리는 현상입니다. 그런데 Ⓐ태양은 달보다 400배나 크기가 큰데요, 어떻게 달이 태양을 가릴 수가 있을까요? 그 이유는 바로 태양이 달보다 400배나 멀리 떨어져 있어서 **지구에서 봤을 때 달의 크기와 태양의 크기가 같게 보이기 때문입니다.** ⓒ달이 태양을 완전히 가려서 안 보이면 개기일식이라고 하고 일부만 가리면 부분일식이라고 합니다.

47.

➡ ① 태양이 달보다 400배 가까이 있다.

→ 태양이 달보다 400배 (크기가 크다). not Ⓐ

② 태양이 달을 가리는 현상을 일식이라고 한다.

→ (달이 태양을) 가리는 현상을 일식이라고 한다. not Ⓑ

③ 지구에서 봤을 때 달의 크기와 태양의 크기는 같다.

→ 정답

④ 달이 태양을 완전히 가리는 일식을 부분일식이라고 한다.

→ 달이 태양을 완전히 가리는 일식을 (개기일식)이라고 한다. not Ⓒ

48.

➡ 남자는 일식이 생기는 원인을 질문과 대답을 통하여 쉽고 상세하게 설명하고 있다. 그러므로 답은 ④이다.

듣기 (49번~50번) p.111

남자: 해양 오염은 해양 생태계에 엄청난 피해를 주게 됩니다. 특히 Ⓑ해양에 버려진 플라스틱 쓰레기는 해양 생물의 생존에 위협이 될 뿐만 아니라 해양 생태계의 균형을 파괴할 수 있습니다. Ⓐ선박 사고로 인한 석유 오염 또한 해양 생태계에 치명적인 영향을 미칠 수 있습니다. 석유 오염은 해양 생물의 생존과 번식을 방해하고, 해양 생태계의 안정성을 저해할 수 있습니다. 이러한 해양 오염은 비단 **해양 생물의 건강을 위협할 뿐만 아니라 그것을 섭취하는 우리 인간들의 건강에도 영향을 줄 수 있으므로** 해양 오염 문제의 심각성을 인지하고 해결책을 모색해야 할 것입니다.

49.

➡ ① 석유는 해양 생태계를 깨끗하게 만든다.

→ 석유는 해양 생태계를 (오염시킨다). not Ⓐ

② 바다에 쓰레기를 버리는 행위는 불법이다.

→ 정보 없음

③ 플라스틱은 해양 오염을 막는 요소 중에 하나이다.

→ 플라스틱은 해양 (생태계를 오염시킨다). not Ⓑ

④ 해양 생태계가 오염되면 인간들의 건강도 위험하다.

→ 정답

50.

➡ 남자는 '해양 오염은 해양 생태계에 엄청난 피해를 주게 됩니다.'라고 하며 해양 생태계 오염의 위험성을 이야기하고 있다. 해양 생태계 오염은 인간의 건강에도 피해를 준다고 주장하고 있으므로 답은 ②이다.

쓰기 (51번~52번) p.112

51.

㉠ : 모집하고 있습니다 / 모십니다
㉡ : 참가비를 받지 않으니까

> ### ✨《구강 건강 캠프》에 초대합니다.✨
>
> 인주시 보건소 구강 보건팀에서 시민 여러분의 구강 건강 관리를 위해 《구강 건강 캠프》를 열고 참가자를 (㉠모집하고 있습니다 / 모십니다). 이가 아프시거나 충치가 있으신 분들, 입 냄새가 심하신 분들은 누구든지 신청하세요. 작년에는 참가비가 있었지만, 올해에는 (㉡참가비를 받지 않으니까) 많은 참여 바랍니다.

➡ ㉠ : 제목에 '초대합니다'라는 내용으로 참가자를 모집하는 내용임을 알 수 있습니다.

㉡ : '작년에는 참가비가 있었지만'의 내용을 봐서 올해에는 참가비가 없다는 것을 알 수 있습니다.

52.

㉠ : 후각이 더 예민한 / 후각이 더 발달한
㉡ : 잡아먹히는 경우도 있다

> 스컹크의 지독한 냄새는 곰도 도망갈 정도로 독하며, 냄새가 나는 물질이 눈에 들어가면 눈이 멀 수도 있다고 한다. 후각이 동물보다 덜 예민한 인간도 냄새를 참을 수 없는데 (㉠후각이 더 예민한 / 후각이 더 발달한) 동물들은 그 냄새에 도저히 견딜 수가 없다. 이런 이유로 동물들은 스컹크를 잡아먹으려 하지 않는다. 하지만 후각이 발달되지 않은 조류에게는 (㉡잡아먹히는 경우도 있다).

➡ ㉠ : 앞 문장에서 후각이 약한 인간의 예가 나왔으므로 그와 대비되는 후각이 예민한 동물의 상황을 작성해야 합니다.

㉡ : 앞 문장에서 다른 동물들은 스컹크를 잡아먹지 않는다는 사실을 언급했고, '하지만'이라고 문장을 시작했으니 반대의 결과가 나와야 하므로 잡아먹히는 사실을 기술해야 합니다.

53.

	인	주		시	청	에	서		20	21	년	부	터		20	22	년		동
안	의		인	주	시		프	랜	차	이	즈		현	황	을		조	사	하
였	다	.	자	료	에		따	르	면		가	맹	점	의		상	위		업
종	으	로		편	의	점	이		가	장		많	았	고		한	식	과	
커	피		가	맹	점		순	으	로		나	타	났	다	.	20	22	년	의
가	맹	점		수	는		20	21	년	에		비	해		편	의	점	은	
49	개	에	서		53	개	,		한	식	은		40	개	에	서		45	개	,
커	피	는		24	개	에	서		29	개	로		늘	어	났	으	며	,	
이	들		가	맹	점	에	서		일	을		하	는		종	사	자		수
도		83	4	명	에	서		94	2	명	으	로		12	.9	%	가		증
가	했	다	.	프	랜	차	이	즈		가	맹	점	의		증	가		이	유
로	는		코	로	나	19		이	후		비	대	면		배	달		업	종
의		증	가	와		프	랜	차	이	즈		가	맹		조	건	의		완
화	로		나	타	났	다	.												

291자

➡ **처음** : 제목과 조사 개요를 설명합니다.
　　예) 조사기관에서 OO을/를 대상으로 OO에 대해 설문 조사를 실시하였다.

　중간 : 그래프의 내용을 참고해 정보를 전달합니다.
　　예) OO은 OO%이고 □□은 □□%였다.
　　예) OO은 △△에 OO%(/명/개)였는데 □□에는 □□%로 증가(/감소)하였다.

　끝 : 아래에 있는 정보를 이용해 내용을 작성합니다.
　　예) OO한 이유는 □□와 □□ 때문이다.

왼쪽 그래프 : 가맹점 상위 업종 수의 변화 2021년에는 OO개에서 2022년에는 OO개로 늘어났다.

오른쪽 그래프 : 종사자 수는 2021년 834명에서 2022년 942명으로 12.9% 증가했다.

아래 정보 : ~ 이유로는 ~과 ~ 때문이었다./때문으로 나타났다.

54.

　노키즈존은　　유아나　　어린이의　　입장을
제한하는　　구역을　　말하는데,　공공장소에서
타인에게　피해를　　끼치는　　아이들로　　인해
다른　　손님들이　　방해를　　받고　　그에　　대한
책임을　업주에게　　물린　　이유로　　발생한
현상이다.　게다가　　그런　　아이들을　　무책임
하게　　바라보거나,　더　　나아가　　아이의　　잘
못을　　지적하는　　사람에게는　　　항의하며　　자
신의　　자녀만　　감싸는　　부모가　　늘면서　　업
주는　　노키즈존을　　선택하게　　된다.

　노키즈존은　　아이를　　동반한　　가족　　손님
들을　　배려하지　　않는다고　　비판받을　　수
있다.　또한　　아이들을　　차별하는　　동시에
타인에게　피해를　　주는　　존재라고　　사람들
이　　인식하게　　만드는　　부정적인　　영향도
있다.　이에　　반해,　업장을　　운영하는　　사람
은　　아이들로　　인해　　발생하는　　손해와　　아
동의　　안전　문제로　노키즈존을　　시행하게
되면서　　갈등이　　발생한다.

　이러한　　갈등을　　해결하기　　위해서는　　노
키즈존과　　가족　친화적인　　공간을　　조화롭
게　　운영하는　　것이.　필요하다.　예를　들어,

특정 시간대에는 가족을 위한 이벤트나 활동을 개최하고, 다른 시간대에는 노키즈타임을 적용해 조용한 분위기를 유지할 수 있다. 또한, 아이들을 적극적으로 환영하는 '예스 키즈 존'의 확대도 도움이 된다. 아이들이 마음대로 활동할 수 있는 안전한 공간을 제공하는 업장이 확산되어야 할 것이다.

종합해 보면, 갈등을 해결하고 노키즈존을 보다 포용적으로 운영하기 위해서는 서로의 의견을 수렴하고 협력하는 배려의 자세가 필요하다.

680자

➡ 서론에서는 노키즈존이 생긴 원인을 분석하고 본론에서는 노키즈존으로 발생하는 갈등을 제시합니다. 결론에서는 갈등을 해결할 수 있는 방안들을 예를 들어 설명하고 보다 바람직한 사회를 전망하는 내용으로 마무리를 합니다.

읽기 (1번~50번)

1 ④	2 ③	3 ④	4 ②	5 ②
6 ④	7 ①	8 ③	9 ③	10 ③
11 ③	12 ①	13 ④	14 ①	15 ③
16 ①	17 ①	18 ②	19 ④	20 ④
21 ②	22 ③	23 ①	24 ④	25 ④
26 ③	27 ④	28 ②	29 ③	30 ②
31 ④	32 ②	33 ③	34 ③	35 ②
36 ④	37 ②	38 ④	39 ②	40 ①
41 ④	42 ③	43 ④	44 ②	45 ③
46 ④	47 ④	48 ③	49 ④	50 ③

읽기 (1번~2번) p.117

1.

나는 수업 시간에 웃음을 참느라고 힘들었다.

➡ '-느라고'는 원인과 이유를 나타내는 표현이므로 답은 ④이다.

2.

매일 매진인 걸 보니 이 영화가 정말 재미있나 봐요.

➡ '-나 보다'는 어떤 상황이나 사실에 비추어 볼 때 그런 것 같다고 짐작, 추측하는 표현이므로 답은 ③이다.

읽기 (3번~4번) p.117

3.

➡ '-으려고'는 장차 어떤 행동을 하려는 주어의 의도를 나타낸다. '-는다고'는 근거나 이유, 목적 및 의도를 나타낼 때 쓰는 표현이다. 목적 및 의도를 나타내는 표현인 '-는다고'와 바꾸어 쓸 수 있다. 그러므로 답은 ④이다.

4.

➡ '은/는 편이다'는 대체로 어떤 쪽에 가깝다거나 속한다고 말할 때 쓰는 표현이다. '-은/는 셈이다'는 어떤 형편이나 결과를 나타내는 표현이다. 두 표현 모두 대체로 어떤 쪽에 가깝다거나 속한다고 말할 때 쓰는 표현이다. 그러므로 답은 ②이다.

읽기 (5번~8번) p.118

5.

치카치카 우리 아이 이를 깨끗하게
달콤한 딸기 향이 가득
외출 시에도 휴대가 간편
* 혀, 볼 안쪽도 꼼꼼히 닦아 주세요.
* 맛있다고 삼키지 마세요.

➡ [핵심어] 치카치카/이, 혀, 볼 안쪽도 꼼꼼히 닦아 주세요/때문에 답은 ②치약이다.

6.

누구나 즐기는 환상과 모험이 가득한 곳
여러 가지 신나는 탈 것!
아이, 가족, 연인과 함께

➡ [핵심어] 신나는 탈 것/아이, 가족, 연인/때문에 답은 ④놀이공원이다.

7.

너무 편해서 맨발 같아요!!
충격을 모두 흡수하는 편안함
사계절 내내 쾌적함
세련된 디자인으로 어느 옷에나 어울립니다.

➡ [핵심어] 맨발/충격을 모두 흡수하는 편안함/때문에 답은 ①신발이다.

8.

알아 두세요
- 이름과 주소, 연락처를 꼭 쓰세요.
- 무게에 따라 가격이 달라집니다.
- 상하기 쉬운 음식물이나 살아있는 동물은 안 돼요!!

➡ [핵심어] 이름과 주소, 연락처/무게/음식물이나 살아있는 동물은 안 돼요/때문에 답은 ③택배 안내이다.

9.

> 나만의 라면, 맛있게 끓이기 대회
>
> 다른 사람과 다르게, 특별하게 끓이는 나만의 라면!
> 나만이 알고 있는 라면 끓이는 방법이 있다면 참가하세요!
>
> • 참가 자격: 라면을 사랑하는 사람은 누구나
> • 대회 일시 및 장소: 2024년 6월 16일(일) 10시,
>   인주시 중앙공원 잔디밭
> • 참가비: 무료
> • 준비물: Ⓐ냄비 등 조리 도구(라면, 물은 제공)
> ※ Ⓑ비가 오면 행사가 취소될 수 있습니다.
> ※ 강아지 등 반려동물은 집에 두고 오세요.

➡ ① 라면은 특별하게 끓여야 맛있다.

　　➡ 정보 없음

② 라면과 냄비 등을 준비해서 가야 한다.

　　➡ (냄비와 조리도구를) 준비해서 가야 한다. not Ⓐ

③ 강아지와 같이 대회에 참석할 수 없다.

　　➡ 정답

④ 비가 오면 다음 날에 대회를 계속 한다.

　　➡ 비가 오면 (행사가 취소될 수 있다). not Ⓑ

10.

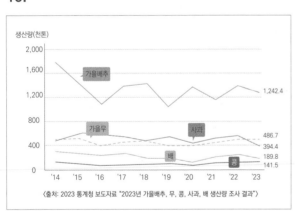

(출처: 2023 통계청 보도자료 "2023년 가을배추, 무, 콩, 사과, 배 생산량 조사 결과")

➡ ① 배의 생산량은 매년 증가하고 있다.

　　➡ 배의 생산량은 매년 (증가하고 있지 않다).

② 가을배추의 생산량이 매해 가장 적다.

　　➡ 가을배추의 생산량이 매해 가장 (많다).

③ 2018년에는 가을무와 사과의 생산량이 같았다.

　　➡ 정답

④ 2023년 가을무와 사과의 생산량을 합친 것이 가을배추보다 더 많다.

　　➡ 2023년 가을무와 사과의 생산량을 합친 것이 가을배추보다
　　더 (적다).

11.

> 인주시는 Ⓐ최근 축제장에서 비싼 요금으로 이용
> 손님들의 불만이 심해지자 착한 요금 축제를 실시하
> 겠다고 했다. 이에 따라 시는 축제장 안에 물가 상황
> 실을 운영하고 먹거리 가격표를 홈페이지에서 확인
> 할 수 있게 했다. 불만이 발생할 경우 신속하게 불만
> 을 해결할 예정이다. 시는 오는 4월부터 진행되는 시
> 내 모든 축제를 대상으로 요금 관련 평가를 할 예정
> 이다.

➡ ① 인주시는 착한 요금 축제를 매년 해 왔다.

　　➡ 인주시는 착한 요금 축제를 (최근에 실시하겠다고 했다). not Ⓐ

② 축제장에서 비싼 요금을 받는 것은 당연하다.

　　➡ 정보 없음

③ 축제의 음식 가격을 홈페이지에서 확인할 수 있다.

　　➡ 정답

④ 음식 가격에 불만이 있으면 4월부터 상황실에 말해야 한다.

　　➡ 정보 없음

12.

> 코로나19 이후 극장에서 영화를 보는 관객 수는 코
> 로나19 이전에 비해 42% 수준에 미치지 못했다. 국
> 민 1명당 극장을 찾은 횟수는 2.21회로 4년 만에 절
> 반 가까이 감소했다. 이는 Ⓐ2019년 5.3회에 비해
> 41%가량 감소한 것이다. Ⓑ2019년 우리나라의 국
> 민 1인당 극장 방문 횟수는 미국, 프랑스, 영국 등의
> 나라보다 앞선 1위였지만 지난해에는 10위로 떨어
> 졌다.

➡ ① 코로나19로 인해 사람들이 극장을 멀리하게 됐다.

　　➡ 정답

② 코로나19 이후 극장을 찾는 사람들이 55% 늘어났다.

　　➡ 코로나19 이후 극장을 찾는 사람들이 (41% 감소했다). not Ⓐ

③ 2019년에는 한 사람이 1년에 다섯 번 이상 극장을 갔다.

　　➡ 정보 없음

④ 2019년에는 홍콩, 미국, 프랑스 국민들이 극장을 가장 많이 갔다.

　　➡ 2019년에는 (한국) 국민들이 극장을 가장 많이 갔다. not Ⓑ

읽기 (13번~15번) p.121

13.

⊙ 떡국을 소개하고 떡국을 만드는 방법에 대해 이야기하고 있다. (다)
로 시작해서 '우선' 떡을 준비하는 (나)를 거쳐 (라)에서 끓인 육수에
떡을 넣고 (가)에서 3분 정도 익힌 후에 그릇에 담는 과정이 이어져야
하므로 답은 ④이다.

(다) 설날에는 떡국을 먹으면서 새해를 맞이하는데 만드는 방법은 아
주 간단하다. / (나) 우선 물에 떡을 불린다. / (라) 사골 육수에 마늘
을 넣고 끓이다가 불린 떡을 넣고 익힌다. / (가) 센 불로 3분 정도 익
힌 후에 그릇에 담고 계란 등을 올려 떡국을 완성한다. / 로 내용이
구성된다.

14.

⊙ 바른 바세로 앉는 것의 중요성과 바른 자세로 앉는 방법을 소개하
는 내용이다. (나)에서 바른 자세로 앉는 것의 중요성을 이야기한 후,
(라)에서 바르게 앉기 위한 방법을 소개하고, (다)에서 바르게 앉았을
때의 허리 모양을 알려준 뒤, (가)에서 또 다리의 모양도 설명하므로
답은 ①이다.

(나) 바른 자세로 앉는 것은 우리 몸의 건강을 위해 아주 중요하다. /
(라) 바르게 앉기 위해서는 우선 허리를 바로 세우고 엉덩이를 의자
끝까지 붙여야 한다. / (다) 의자 등받이에 허리와 엉덩이가 닿으면
허리가 C자 모양으로 된다. / (가) 또 무릎을 벌리지 않고 붙여서 90
도로 바르게 세워서 앉아야 한다. / 로 내용이 구성된다.

15.

⊙ 개에 대한 간략한 설명과 시각장애인 안내견의 역할에 대한 내용이
다. (라)에서 개를 먼저 소개하고, (가)에서 개가 하는 여러 역할 중에
사람을 도와주는 역할에 대해 이야기한 후, (나)에서 시각장애인 안내
견에 대해 설명하고, (다)에서 시각장애인 안내견이 하는 역할을 자세
하게 설명하므로 답은 ③이다.

(라) 개는 사람과 가장 가까운 동물로 아주 오래전부터 사람들과 같이
살아왔다. / (가) 개는 여러 곳에서 다양한 역할을 하지만 사람들을
도와주는 역할도 하고 있다. / (나) 특히 시각장애인 안내견은 시각장
애인에게 큰 도움을 주는 개다. (다) 안내견은 시각 장애인의 눈을 대
신하며 장애물을 피해 가도록 미리 알려주는 역할을 하기 때문이다.
/ 로 내용이 구성된다.

읽기 (16번~18번) p.122

16.

⊙ 괄호 앞 '여름은 너무 덥고 겨울은 너무 추워서'라는 내용 때문에 괄
호에는 겨울이 너무 춥기 때문에 난방을 꼭 해야 한다는 내용이 들어
가야 한다. 그러므로 답은 ①이다.

17.

⊙ 숲이 파괴되면서 지구 온난화 현상과 사막화 현상이 더욱 증가하게
되므로 답은 ①이다.

18.

⊙ 괄호 앞 문장에서 '똑똑한 개미와 그렇지 않은 개미가 있다.'라고 했
고, 괄호 뒤의 문장에서 '차별을 두지 않고 섞여서 지낸다고 했으므로
답은 ②이다.

읽기 (19번~20번) p.123

토마토는 안 익은 것보다 잘 익은 빨간 토마토를 먹는 것
이 더 건강에 효과적이다. 빨간 토마토에는 라이코펜이라는
몸에 좋은 성분이 많이 들어 있는데 토마토를 요리하지 않고
먹는 것보다 조리해서 먹는 것이 좋다. 토마토가 뜨거워지면
라이코펜 성분이 토마토 세포 밖으로 빠져나와 우리 몸에 더
잘 흡수되기 때문이다. 예를 들면, 조리해서 만든 토마토소
스는 생토마토에 비해 5배 정도 라이코펜의 흡수율이 높다.

19.

⊙ 괄호 앞에서는 라이코펜의 흡수율에 대해 설명했고, 괄호 뒤에서는
토마토소스를 예로 들었으므로 답은 ④이다.

20.

⊙ 빨간 토마토, 생토마토를 먹는 것보다 익힌 토마토가 건강에 더 좋다
는 내용이므로 답은 ④이다.

읽기 (21번~22번) p.124

요즘 중고생들은 성인들보다 바쁜 일상을 보내고 있다. 특
히 시간이 많을 것 같은 Ⓐ방학 기간에는 오히려 더 눈코 뜰
사이 없이 바쁘다. Ⓑ학업 및 입시 준비를 위해 학원에 가거
나 개인 과외를 받는 것은 기본이고, 특기 개발이나 취미 활
동을 위해 방학 동안 집중적으로 연습을 한다. 또한 대학 입
시나 진로 탐색을 위해 봉사 활동이나 인턴십에 참여하는 학
생들도 많다. 일부 학생들은 외국어 학습, 코딩 등 자기 계발
을 위하여 노력하는가 하면, Ⓒ방학을 이용해 가족이나 친
구들과 여행을 가거나 다양한 문화 체험을 즐기는 학생들도
있다.

21.

⊙ 아주 많이 바쁘다는 것을 강조하므로 답은 ②이다.

22.

○ ① 중고생들은 방학 때 쉬는 시간이 많다.
  → 중고생들은 방학 때 (더 바쁘다). not ⓐ

② 어떤 학생들은 취미 활동으로 개인 과외를 한다.
  → 어떤 학생들은 (학업 및 입시 준비를 위해 개인 과외를 받는다). not ⓑ

③ 일부 학생들은 외국어 학습을 하면서 자기 계발을 한다.
  → 정답

④ 다양한 문화 체험을 즐기려면 가족과 여행을 가야 한다.
  → 다양한 문화 체험을 (즐기는 학생들도 있다). not ©

읽기 (23번~24번)   p.125

여행지에서의 지갑 분실은 작은 실수가 큰 모험으로 변하는 순간이었다. ⓑ그날은 태양이 뜨는 아름다운 아침으로 시작되었고, ©나는 새로운 도시의 길을 걸어가며 햇살 속에서 희망과 기대로 가득 차 있었다. 처음 보는 가게에 들어가 예쁜 옷도 구경하고, 다른 사람이 먹는 신기한 음식도 구경하면서 거리 여기 저기를 돌아 다녔다. 그러다가 어느 예쁜 가게에서 마음에 드는 가방을 발견했다. 그 가방을 사려고 지갑을 찾는 순간, 어딘가에 지갑을 놓고 온 것을 깨닫고 나서, 내 심장은 무섭게 빠른 속도로 뛰기 시작했다. 여기저기 주변을 둘러보았지만, ⓐ소중한 물건은 사라졌고, 마음 한구석에는 안 좋은 생각이 자리했다. 돈과 카드는 물론이고, 여행 일정과 숙소 예약 정보도 모두 그 속에 있었다. 하지만 곧 나는 지갑 속에 담긴 것들보다 더 중요한 것을 깨달았다.

23.

○ 지갑을 잃어버린 것을 알았을 때의 심정이므로 답은 ①이다.

24.

○ ① 지갑 속에 있던 돈은 찾을 수 있었다.
  → 지갑 속에 있던 돈은 찾을 수 (없었다). not ⓐ

② 나는 비가 오는 날 지갑을 잃어버렸다.
  → 나는 (날씨가 좋은 날) 지갑을 잃어버렸다. not ⓑ

③ 지갑을 잃어버리기 전부터 기분이 좋지 않았다.
  → 지갑을 잃어버리기 전(에 기분이 좋았다). not ©

④ 나는 여행지에서 지갑을 잃어버리는 경험을 했다.
  → 정답

읽기 (25번~27번)   p.126

25.

> 청년주택희망통장 첫날 인기 '와글와글'

○ '와글와글'은 사람이 한 곳에 많이 모여 떠들거나 움직이는 모양을 의미한다. 통장에 가입할 수 있는 첫 날부터 청년주택희망통장에 대한 인기가 많음을 의미하므로 답은 ④이다.

26

> 아이들 초코과자까지...카카오 가격 상승에 초콜릿 제품도 '금값'

○ '금값'은 금의 값이나 금에 맞먹을 만큼 비싼 값을 의미한다. 초코과자의 원료인 카카오의 가격이 오르자 초코과자와 초콜릿의 가격도 많이 올라 금값이 되었다는 내용이므로 답은 ③이다.

27.

> 국내 신생 항공사, 해외여행 고객 모시기 '진땀'

○ '진땀'은 몹시 애쓰거나 힘들 때 흐르는 땀을 의미한다. 우리나라에서 새로 생긴 항공사가 해외여행을 가는 손님들을 모으기 위해 몹시 애를 쓴다는 의미이므로 답은 ④이다.

읽기 (28번~31번)   p.127

28.

썩지 않는 식품 중에는 우리가 흔히 볼 수 있는 꿀이 있다. 햇빛을 보지 않고 공기와 열 등을 차단해서 시원한 곳에 보관을 잘한다면 아무리 시간이 오래 지나도, 심지어는 수확한 지 몇천 년이나 지난 꿀도 문제없이 먹을 수 있다고 한다. 그 예로 이집트의 피라미드에서 발견된 지 오래된 꿀을 실제로 먹을 수 있었다는 기사가 있을 정도다.

○ 괄호 앞의 문장에는 꿀이 썩지 않는다는 내용이 있고, 괄호 뒤의 문장에는 오래된 꿀을 먹었다는 내용을 보아 답은 ②이다.

29.

잠과 행복은 무슨 관계가 있을까? 잠을 아무런 문제 없이 잘 자는 사람들은 잠을 잘 못 자는 사람에 비해 행복하다고 한다. 그 이유는 잠을 자는 과정에서 기억이 긍정적으로 바뀌기 때문에 행복하다고 느끼는 것이다. 실제 연구를 진행해 본 결과 잠을 많이 잔 사람은 잠을 잘 자지 못한 사람에 비해 상대적으로 부정적인 기억보다 긍정적인 기억을 더 잘 하는 것으로 나타났다.

○ 잠을 충분히 잔 사람과 충분히 자지 못한 사람을 비교하는 내용이다. 잠을 자면서 기억이 긍정적으로 바뀌기 때문에 잠을 잘 잔 사람은 그렇지 못한 사람보다 긍정적인 기억을 더 잘한다는 내용이 와야 한다. 그러므로 답은 ③이다.

실전
모의고사
제1회

실전
모의고사
제2회

실전
모의고사
제3회

실전
모의고사
제4회

30.

오이는 많은 사람들이 먹는 대중적인 식재료지만 사람에 따라서 먹지 못할 수도 있다. 그런 사람들은 오이의 쓴맛을 민감하게 느끼는 세포로 인해 오이가 가지고 있는 특유의 향과 맛을 견디지 못하는 것이다. 우리가 흔히 쉽게 먹을 수 있는 이런 식재료인 오이를 왜 못 먹을까 의문이 들기도 하지만 그 사람들은 편식을 하는 게 아니라 정말로 오이의 맛을 몸이 거부하는 것이다.

➡ 오이를 먹지 못하는 사람도 있다는 것을 설명하고 있다. 이들이 오이를 먹지 못하는 이유는 오이가 싫어서가 아니라 몸이 받아들이지 못하는 것이므로 답은 ②이다.

31.

사람뿐만 아니라 동물들도 술과 비슷한 것을 마신다. 예를 들어 원숭이 술이라는 것이 있는데, 원숭이가 나무 열매를 나무의 속에 숨겨 두었다가 그 사실을 잊고 오랜 시간이 지나면 자연적으로 발효가 일어나 알코올이 생성된다. 이런 열매를 다른 동물들이 먹다 보면 취해 버리는 경우가 생기기도 한다. 미국에서는 발효된 열매를 먹은 새들이 술에 취해 길거리에서 그대로 쓰러지는 일도 있었다.

➡ 원숭이가 나무 열매를 나무 속에 숨겨 두어 술이 되는 과정을 설명하고 있다. 나무 열매가 알코올이 되려면 오랜 시간 발효되어야 하므로 답은 ②이다.

읽기 (32번~34번) p.129

32.

도로 표면이 흔들리거나 손상되면서 생긴 균열로 물이 스며들어 움푹 파인 구멍을 포트홀이라고 한다. Ⓐ주로 비가 많이 내리는 장마철에 자주 나타나지만, 다른 계절에도 발생할 수 있다. 겨울에 내리는 Ⓑ눈이 균열을 유발할 수 있으며, 초봄에는 날씨가 따뜻해지면서 얼음이 녹아 포트홀이 생길 가능성이 높아진다. Ⓒ버스나 대형트럭과 같이 무거운 차량들의 통행으로도 포트홀이 더욱 심해질 수 있다.

➡ ① 여름에는 포트홀이 잘 생기지 않는다.
　　➔ 여름에는 포트홀이 잘 (생긴다). not Ⓐ
　② 포트홀은 계절에 상관없이 생길 수 있다.
　　➔ 정답
　③ 물은 아스팔트 포장을 더 단단하게 만든다.
　　➔ 물은 아스팔트 포장에 (균열을 유발한다). not Ⓑ
　④ 버스나 대형트럭은 포트홀 발생과 관계가 없다.
　　➔ 버스나 대형트럭은 포트홀 발생과 관계가 (있다). not Ⓒ

33.

일반적으로 공항 이름은 해당 도시나 장소의 이름으로 지어진다. 그러나 서양에서는 Ⓐ때때로 유명한 인물의 이름을 사용하기도 한다. 정치인, 기업가, 항공업자, Ⓑ예술가 등의 이름이 공항 이름으로 선택되는 경우가 많다. 그러나 Ⓒ논란이 되는 인물의 이름을 사용하는 경우, 문제가 발생할 수 있어서 신중하게 결정을 하는 편이다. 한편 동양에서는 이러한 사례가 많이 나타나지 않는다.

➡ ① 공항의 이름은 유명한 사람이 짓는다.
　　➔ 공항의 이름을 유명한 사람(의 이름을 따서 짓는다). not Ⓐ
　② 서양의 예술가들은 자신의 이름을 공항 이름으로 짓는다.
　　➔ 서양의 예술가들의 (이름으로 공항 이름을 짓는 경우가 있다). not Ⓑ
　③ 동양에서는 사람의 이름으로 공항 이름을 짓는 경우가 거의 없다.
　　➔ 정답
　④ 보통 정치인, 기업인의 이름을 공항 이름으로 사용하면 문제가 생긴다.
　　➔ (논란이 되는 인물)의 이름을 공항 이름으로 사용하면 문제가 생긴다. not Ⓒ

34.

의사와 수의사는 엄격히 정해진 진료 범위가 있다. Ⓐ의사는 주로 사람을 대상으로 진료를 하며, Ⓑ수의사는 인간을 제외한 동물을 진료하는 것이 원칙이다. 수의사는 의사의 영역에 개입할 수 없으며, 의사도 동물을 치료하지 않는다. 기술적으로는 간단한 시술 정도는 의사가 동물을 치료하거나 수의사가 사람을 치료하는 것이 가능할 수 있지만, 의료법과 수의사법에 의해 처벌을 받을 수 있다.

➡ ① 의사와 수의사는 응급 상황에서 서로 도울 수 있다.
　　➔ 정보 없음
　② 사람을 치료하는 직업으로는 의사와 수의사가 있다.
　　➔ 사람을 치료하는 직업으로는 의사(가) 있다. not Ⓐ
　③ 의사가 동물을 치료하는 것은 법으로 금지하고 있다.
　　➔ 정답
　④ 수의사는 인간을 포함한 모든 동물을 치료할 수 있다.
　　➔ 수의사는 인간을 (제외한) 모든 동물을 치료할 수 있다. not Ⓑ

35.

> 국내 최대 농산물 시장인 인주시장에서 주 5일제 운영을 실시하겠다고 하여 이용객과 상인의 불만이 커지고 있다. 우리 사회가 주 5일제 근무를 실시한 지 오래됐지만 시장까지 주 5일제를 적용하면 문을 닫는 이틀 동안 신선 채소류의 저장이 문제가 될 수 있으며, 판매처가 줄어 농가의 피해도 불 보듯 뻔하다. 따라서 시장 문을 닫는 것만 고집해서는 안 되고 다른 방법을 찾아야 할 것이다.

➡ 시장이 주 5일제로 운영하면서 생기는 문제들을 설명하고 있다. 채소의 저장 문제와 농가의 피해 등을 언급하므로 답은 ②이다.

36.

> 귤은 새콤달콤한 맛과 상큼한 향기까지 골고루 갖춘 데다 껍질만 까면 쉽게 먹을 수 있어 많은 사랑을 받는 과일이다. 제주도에서 많이 재배하기 때문에 겨울이면 싼 값에 많이 먹을 수 있다. 귤은 비타민 C가 풍부해 피로 해소 및 감기 예방 효과가 뛰어난 것으로 알려져 있다. 또 귤껍질을 말려 달여 먹으면 스트레스가 풀리고 기침을 멈추게 하는 효과도 있다.

➡ 귤을 먹었을 때의 효능에 대한 정보를 전달하는 글이다. 귤의 비타민 C는 피로 해소, 감기 예방에 효과가 있고, 귤껍질은 스트레스 해소, 기침에 효과가 있음을 설명하므로 답은 ②이다.

37.

> 부모와 아이 사이에 갈등이 생기지 않는 것은 거의 불가능하다. 어떤 부모는 아이에게 화 한 번 내지 않고, 거친 말 한 번도 꺼내지 않는다고 말할 수 있겠지만, 이러한 방식은 아이에게 도움이 되지 않는다. 아이가 잘못을 저질렀을 때는 때로는 비판을 해야 하며, 아이가 옳고 그른 것을 알게 해야 한다. 또한, 부모는 아이의 불편한 감정을 들어 줄 수 있어야 한다. 부모는 안전한 환경에서 아이의 불편한 감정을 표현하도록 도와주는 역할을 해야 하기 때문이다. 이런 경험을 통해 아이는 소통의 중요성을 배우게 되며, 이는 향후 다른 사람들과의 관계에서도 중요한 역할을 한다.

➡ 부모와 아이의 갈등 상황에서 그 갈등을 해결하는 방법을 제시하고 있다. 그 과정을 통해 아이가 성장하는 계기가 되고 소통의 중요성을 배운다는 내용이므로 답은 ②이다.

38.

> 봄이 되면 우리나라에서는 비슷한 내용의 100개가 넘는 벚꽃 축제가 열린다. 축제의 내용도 비슷할 뿐만 아니라, 프로그램도 어디선가 본 것만 같고, 운영도 미숙하다. 이런 결과로 실패한 축제는 해당 지역에 오히려 좋지 않은 영향을 미칠 수 있다. 불필요한 낭비를 막고 다른 축제와는 차별된 내용과 시민들의 협력을 바탕으로 작은 성공을 만들어 내는 경험이 지역의 축제 경쟁력을 높이는 길이다. 지역을 살리고 지역 경제에 에너지를 불어넣는 축제가 더 많이 생겨날 수 있도록 더 큰 관심과 노력이 필요한 때이다.

➡ 매년 봄이 되면 100개가 넘는 비슷한 지역 축제가 반복되는 문제를 지적하는 글이다. 불필요한 낭비를 막고 다른 축제와 차별화되는 좋은 축제를 만들기 위한 방법을 제시하고 있으므로 답은 ④이다.

39.

> 우리가 매일 보는 달력에는 년, 월, 일이 표기되어 있다. (㉠) 1년은 365일이고, 1달은 대부분 30일이나 31일이고, 하루는 24시간이다. (㉡) 지구가 스스로 한 바퀴 도는 것을 '자전'이라고 한다. (㉢) 지구의 자전 주기를 24 부분으로 나누어 한 시간으로 정한 것이다. (㉣)

보기

> 하루는 지구가 스스로 한 바퀴를 도는데 걸리는 시간이다.

➡ 지구가 스스로 한 바퀴를 도는(자전하는) 시간을 하루라고 정의한 문장이 들어가야 하기 때문에, '하루'라는 단어가 있는 문장 뒤로 들어가야 한다. 그러므로 답은 ②이다.

40.

> 개구리는 항상 물이 있는 곳에서 살아야 한다. (㉠) 이들은 비가 올 때까지 몇 년이고 땅속에서 잠을 잔다. (㉡) 그러다가 폭우로 땅에 물이 고이면 그때서야 올라와 활동한다. (㉢) 이 개구리들은 빗물이 고인 물웅덩이에 알을 낳는다. (㉣) 비가 지나간 후 물이 다 마르도록 개구리가 되지 못한 올챙이는 죽고, 개구리가 된 것들은 땅을 파고 들어가 긴 잠을 자다가 비가 돌아오면 땅속에서 나와 번식하는 일을 계속 반복한다.

보기

> 하지만 어떤 개구리들은 물이 없는 사막에서 살아가기도 한다.

➡ 개구리가 사는 장소에 대해 설명하는 글이다. 보기 문장 앞 부분에는 개구리가 사막이 아닌 물이 있는 곳에 사는 내용이 나와야 한다. 그러므로 답은 ①이다.

41.

성격이 급한 사람이 엘리베이터를 탔을 때 닫힘 버튼을 마구 누르는 경우가 있다. (㉠) 그래서인지 닫힘 버튼이 심하게 닳거나 파인 모습이 자주 보인다. (㉡) 닫힘 버튼은 소모성 부품으로, 일반적으로 다른 층 버튼이나 열림 버튼보다 사용 횟수가 많다. (㉢) 닫힘 버튼은 누른 뒤 몇 초 후에 작동하기 때문에 사람들은 반복해서 누르거나 더 세게 누르곤 한다. (㉣)

보기

그래서 버튼의 고장이나 내부 스위치 분리 등의 고장이 자주 일어나게 된다.

➡ 괄호에 들어가야 할 문장은 엘리베이터 버튼이 자주 고장 나는 이유를 설명하는 문장이다. 그러므로 보기의 문장 앞에는 엘리베이터 버튼이 고장 나는 원인이 와야 하므로 답은 ④이다.

읽기 (42번~43번) p.134

나는 ⓒ어쩌다 한번 마주치는 오빠의 친구를 좋아했다. 그러나 쑥스러워 말도 못 걸고 잘 쳐다보지도 못했다. 그러던 ⓑ어느 날 오빠에게 보내온 편지를 보고 그가 생활하는 대학 기숙사의 주소를 알게 되었다.

나는 친구들에게 연애편지를 잘 쓰는 방법을 알아내고, 몇 권의 시집과 편지지를 준비했다. 편지를 쓰기 위한 만반의 준비를 다 갖춘 셈이 되었다.

며칠을 고심한 끝에 드디어 내가 생각해서 완벽하다고 여겨지는 완성된 연애편지를 들고 빨간 우체통 앞으로 갔다. 하지만 나는 그 편지를 차마 우체통에 넣지 못하고 얼굴이 빨개진 채 그냥 돌아서고 말았다.

며칠 동안 고민만 하다가 오늘은 꼭 편지를 부치겠다는 다짐을 하며 당당하게 우체통 앞으로 걸어갔다. 그리고 아무 망설임 없이 우체통 안에 편지를 골인시키고 뒤돌아섰는데 순간 '아차'하는 마음이 들었다.

"푸하하하, 히히히……"

아이고, ⓐ나는 그 편지에 우표를 붙이지 않았던 것이다.

42.

➡ '그러나 쑥스러워 말도 못 걸고 잘 쳐다보지도 못했다.' → 부끄럽다는 의미, 좋아하는 오빠에게 쓴 편지를 보내지 못하고 얼굴이 빨개졌다는 것은 '부끄럽다'는 의미이므로 답은 ③이다.

43.

➡ ① 편지는 잘 보내졌을 것이다.
   → 편지는 잘 (보내지지 않을 것이다). not ⓐ
   ② 그도 나를 좋아해서 나에게 편지를 썼다.
   → 그는 나의 오빠에게 편지를 썼다. not ⓑ

③ 나는 오빠의 친구와 자주 만나는 사이이다.
   → 나는 오빠의 친구와 (어쩌다 한번 만난) 사이이다. not ⓒ
④ 나는 연애편지 쓰는 것에 익숙하지 않았다.
   → 정답

읽기 (44번~45번) p.135

피아노는 음악을 연주하는 방법을 배우기에 아주 쉬운 악기이다. 건반을 누르면 음이 나오며, 왼쪽에 있는 건반은 낮은 음을, 오른쪽에 위치한 건반은 높은 음을 내는 구조로 되어 있다. 이 구조는 다른 악기보다 이해하기 쉽기 때문에, 어린아이들도 쉽게 피아노를 배울 수 있다. 다른 악기들은 소리를 내기 위한 연습이 필요한 경우가 많다. 특히 관악기는 소리를 내는 방법과 코드를 익히는 데 많은 노력이 필요하다. 예를 들어, 단소를 연주하기 위해서는 오랜 연습이 필요한 반면, 피아노는 단순히 건반을 누르기만 해도 음악을 연주할 수 있다. 어린 아이들도 단순한 음악 정도는 피아노를 통해 쉽게 연주할 수 있다.

44.

➡ 괄호의 앞 부분에는 소리를 내기까지 어려운 악기들을 설명했다. 피아노는 건반을 누르면 음이 나온다고 했으므로 답은 ②이다.

45.

➡ 전체적으로 다른 악기들은 소리 내기가 어려운 데 반해 피아노는 건반을 누르기만 하면 소리가 나니 연주하는 것도 쉽다는 내용이므로 답은 ③이다.

읽기 (46번~47번) p.136

기부 문화를 확산시키기 위해서는 어떤 노력이 필요할까? 여러 연구에 따르면 기부 행위는 학습과 반복을 통해 습관화될 수 있다고 한다. ⓐ가정에서 부모의 기부 활동을 모방하는 것이 자녀에게 기부 습관을 심어주는 데 도움이 된다는 것이다. 그러므로 어린 시절부터 가정이나 학교에서 지속적으로 나눔에 관한 교육을 하는 것이 중요하다. 또한, 민간 기부 단체들은 투명성과 책임감을 강화하는 것이 필요하다. 최근에 ⓑ우리나라 부유층 162명을 대상으로 조사한 결과, 기부 단체에 대한 불신으로 인해 기부를 꺼리는 경우가 많다는 결과가 나왔다. 마지막으로, 기부를 한 사람에 대한 세제 혜택도 더욱 확대되어야 한다. ⓒ국내에서는 법정 기부금은 모두 소득 공제 혜택을 받지만, 지정 기부금은 소득금액의 일정 비율 안에서만 공제를 받을 수 있다. 이에 비해 미국은 50%의 공제율을 제공하고 있으며, 일본은 25%의 공제율을 제공하고 있다.

따라서, 기부를 늘리기 위해서는 가정과 학교에서의 꾸준한 교육, 민간 비영리 단체들의 투명성을 높이는 활동과 함께, 기부와 관련된 제도적 지원도 더욱 강화되어야 한다.

46.

◆ 우리나라에 기부 문화가 정착되지 않은 이유를 기부 단체의 불투명성과 기부자에 대한 세제 혜택의 미비 등의 근거를 들어 주장하고 있다. 이를 해결하기 위한 방법을 제시하고 있으므로 답은 ④이다.

47.

◆ ① 부모가 기부를 자주 하면 자녀는 안 하게 된다.
   → 부모가 기부를 자주 하면 (자녀도 기부를 자주 하게 된다). not ⓐ
② 부유층들은 민간 기부 단체들을 신뢰하고 있다.
   → 부유층들은 민간 기부 단체를 신뢰하고 (있지 않다). not ⓑ
③ 우리나라의 기부자에 대한 세제 혜택은 선진국과 비슷하다.
   → 우리나라의 기부자에 대한 세제 혜택은 선진국(에 비해 뒤떨어진다). not ⓒ
④ 기부 문화는 가정과 학교에서 자연스럽게 습관처럼 형성되어야 한다.
   → 정답

읽기 (48번~50번)   p.137

상대방이 우리의 주장을 받아들이도록 만들기 위해서는 때로는 더 불합리한 반대 주장을 함께 제시하여 선택하도록 유도해야 한다. ⓑ이때 불합리한 반대 주장을 큰 소리로 강조하는 것이 중요하다. 이렇게 하면 **상대방은 스스로 논리적 모순에 빠지지 않기 위해, 더 타당한 우리의 주장을 받아들이게 될 것이다.** 예를 들어, '부모님의 말에 순종해야 한다.'라는 우리의 주장을 상대방이 시인할 수밖에 없게 만들려면, 상대방에게 '모든 일에 있어서 부모님의 말씀에 순종해야 합니까, 아니면 따르지 말아야 합니까?'와 같이 질문할 수 있다. 또, 상대방이 두 가지 뜻을 가지고 있는 단어를 사용한다면, 애매모호한 단어의 뜻을 정확하게 이해하기 위해 질문을 해야 한다. 그 예로, 상대방이 '종종'이라는 말을 사용한다면, '종종'이라는 단어를 '적은 경우'로 이해해야 하는지 아니면 '많은 경우'로 이해해야 하는지 물어보는 것이 효과적이다. 이는 ⓐ검은색이 회색 옆에 있으면 회색이 희다고 말하고, 회색이 흰색 옆에 있으면 회색을 검다고 말하는 것과 같은 원리이다.

48.

◆ 첫 문장 '상대방이 우리의 주장을 받아들이도록 만들기 위해서는 때로는 더 불합리한 반대 주장을 함께 제시하여 선택하도록 유도해야 한다.'를 보면 이 글의 목적을 알 수 있다. '상대가 우리 주장을 받아들이기 위해서~'로 알 수 있듯이 다른 사람을 설득하는 방법을 설명하고 있으므로 답은 ③이다.

49.

◆ 우리의 주장을 상대방이 인정하게 하는 방법을 제시하고 있다. 상대방이 우리의 주장을 받아들인다는 뜻의 '시인하다'를 선택해야 하므로 답은 ④이다.

50.

◆ ① 검은색 옆에 있는 회색은 검은색에 가깝다.
   → 검은색 옆에 있는 회색은 (흰색)에 가깝다. not ⓐ
② 나의 주장을 받아들이게 하기 위해서 작은 소리로 말해야 한다.
   → 나의 주장을 받아들이게 하기 위해 (불합리한 반대 주장을 큰 소리로 강조하는 것이 중요하다). not ⓑ
③ 불합리한 주장을 받아들이는 것은 논리적 모순에 빠지는 일이다.
   → 정답
④ 타당성 있는 주장을 하기에 앞서서 상대방의 주장을 듣는 척한다.
   → 정보 없음

실전 모의고사

제1회

실전 모의고사

제2회

실전 모의고사

제3회

실전 모의고사

제4회

듣기 (1번~50번)

1 ②	2 ①	3 ④	4 ③	5 ③
6 ②	7 ④	8 ③	9 ①	10 ③
11 ②	12 ①	13 ④	14 ①	15 ①
16 ②	17 ①	18 ④	19 ③	20 ③
21 ③	22 ④	23 ③	24 ④	25 ③
26 ③	27 ①	28 ①	29 ④	30 ②
31 ③	32 ①	33 ③	34 ②	35 ③
36 ④	37 ④	38 ③	39 ④	40 ③
41 ①	42 ③	43 ④	44 ③	45 ①
46 ②	47 ④	48 ①	49 ④	50 ②

듣기 (1번~3번) p.141

1.

여자 : 실례합니다. 신발 가게는 몇 층에 있어요?
남자 : 저 엘리베이터를 타고 5층으로 가세요.
여자 : 네, 감사합니다.

➥ 안내데스크
➥ 질문하는 여자
➥ 질문에 대답을 하는 남자
답은 ②이다

2.

여자 : 어서 오세요. 뭘 드릴까요?
남자 : 이가 아파서 왔는데요.
여자 : 네, 이 약을 하루에 3번, 3일 동안 드세요.

➥ 약국 안
➥ 질문을 하는 여자 약사
➥ 이가 아픈 남자 환자
답은 ①이다

2.

남자 : 노인복지회관에 다니는 노인들을 대상으로 여가 활동에 대해 조사한 결과, 1위가 취미 활동, 2위가 건강관리 활동, 3위가 종교 활동으로 나타났습니다. 여가 활동으로 느끼는 안정감은 연령에 따라 차이를 보였는데 60대가 80%, 70대가 69%, 80대 이상은 57%로 나타났습니다.

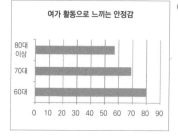

➥ 순위 그래프로 '여가 활동으로 느끼는 안정감은 60대가 80%, 70대가 69%, 80대 이상은 57%로 나타났습니다.'에 해당하는 그래프는 ④이다.

듣기 (4번~8번) p.142

4.

여자 : 이번 주말에 이사한다면서?
남자 : 응, 그런데 혼자 이사를 해야 해서 걱정이야. 혹시 주말에 시간 있어?
여자 : <u>그래, 내가 가서 도와줄게.</u>

➥ 남자가 혼자 이사를 해서 여자에게 도움을 요청하는 상황이다. 남자가 '혹시 주말에 시간 있어?'라고 하여 다음에 이어질 말은 요청에 대한 수락 혹은 거절이다. 여자의 반응으로 알맞은 답은 ③이다.

5.

여자 : 7시가 넘었는데 아직도 퇴근을 안 했어요?
남자 : 네, 일이 너무 많아서 점심도 못 먹고 지금까지 하고 있어요.
여자 : <u>이 간식이라도 드시면서 하세요.</u>

➥ 남자가 일이 많아서 점심도 못 먹고 일을 하고 있는 상황이다. 여자는 남자에게 간식을 먹으면서 일을 하라고 권유하는 것이 자연스럽다. 여자의 반응으로 알맞은 답은 ③이다.

6.

남자 : 휴대폰으로 요가를 예약하고 싶은데 안 되네.
여자 : 요가 학원 사이트에서 회원 신청을 먼저 해 줘야 해.
남자 : <u>아, 그럼 회원 가입을 해야겠구나.</u>

➥ 남자가 휴대폰으로 요가 수업 예약을 어려워하고 있는 상황이다. 여자가 남자에게 요가 수업 예약 방법을 알려 준 후 남자의 반응으로 알맞은 답은 ②이다.

7.

여자 : 어제 산 운동화 말이야. 신어 보니 작은데…. 교
환이 될까?

남자 : 아마 일주일까지는 교환이 될 거야. 매장에 직
접 가서 확인해 봐.

여자 : <u>그래, 운동화 가지고 가 봐야겠다.</u>

➡ 여자가 운동화 교환에 대해 남자에게 질문을 하는 상황이다. 남자가
'매장에 직접 가서 확인해 봐.'라고 하여 다음에 이어질 여자의 반응
으로 알맞은 답은 ④이다.

8.

남자 : 고객 센터죠? 일주일 전에 가스 점검을 요청했
는데 아직 안 와서요.

여자 : 불편을 드려 죄송합니다. 기사님과 연결이 잘
안 된 것 같습니다.

남자 : <u>최대한 빨리 확인 좀 해 주세요.</u>

➡ 남자가 여자에게 가스 점검 요청에 대해 문제를 제기하는 상황이다.
여자가 남자에게 문제점을 설명한다. 다음에 이어질 남자의 반응으로
알맞은 답은 ③이다.

듣기 (9번~12번)   p.143

9.

남자 : 냉장고는 이쪽에 놓았고 이제 세탁기만 옮기만
됩니다.

여자 : 네, 저는 세탁기 놓을 자리를 확인할게요.

남자 : 그럼 세탁기를 안으로 가져올 테니 **세탁실 문이
열려 있는지 확인해 주시겠어요?**

여자 : 네, 잠깐만요.

➡ 남자가 '세탁실 문이 열려 있는지 확인해 주시겠어요?'라고 하였으므
로 여자는 세탁실로 가는 것이 자연스럽다. 그러므로 답은 ①이다.

10.

남자 : 손님, 에버월드 관람하실 거죠? 그러면 저쪽에
서 기다리시면 됩니다.

여자 : 네, 입장권을 지금 내야 해요?

남자 : 아니요, **저쪽 입구에서 내시면 됩니다.**

여자 : 네, 알겠습니다.

➡ 남자가 '저쪽 입구에서 내시면 됩니다.'라고 하였으므로 여자는 입구
쪽으로 가는 것이 자연스럽다. 그러므로 답은 ③이다.

11.

남자 : 코인 노래방은 처음인데 먼저 노래부터 선택하
면 되나?

여자 : 아니, 돈을 먼저 넣어야 노래를 선택할 수 있대.

남자 : 아, 카드밖에 없는데 어떻게 하지?

여자 : 그럼, **직원에게 카드도 되는지 물어보자!**

➡ 여자가 '직원에게 카드도 되는지 물어보자!'라고 하였으므로 여자는
직원을 찾는 것이 자연스럽다. 그러므로 답은 ②이다.

12.

여자 : 부장님, 내일 회의 준비를 마쳤는데 이렇게 하
면 될까요?

남자 : 아, 이 명단의 참석자들이 모두 참석할 수 있는
지 물어봤어요?

여자 : 회사 게시판에 안내만 했는데, **이메일로도 확인
을 할까요?**

남자 : **네, 그렇게 해 주세요.**

➡ 여자가 '이메일로도 확인을 할까요?'라고 하였고, 남자가 '네, 그렇게
해 주세요.'라고 대답하였으므로 여자는 이메일을 작성하는 것이 자
연스럽다. 그러므로 답은 ①이다.

듣기 (13번~16번)   p.144

13.

남자 : 와! 이 냉면이랑 갈비탕 진짜 맛있다. ⑧**너, 여
기 와 봤어?**

여자 : ⑧**아니**, 인터넷으로 검색해서 찾았어. 주말에
는 사람이 더 많대.

남자 : ④**그럼 우리는 오래 기다린 것도 아니네.**

여자 : 맞아, **보통 한 시간 넘게 기다려야 먹을 수 있대.**

➡ ① 두 사람은 두 시간을 기다렸다.
  → 두 사람은 (오래 기다리지 않았다). not ④
② 여자는 이 식당에 와 본 적이 있다.
  → 여자는 이 식당에 와 본 적이 (없다). not ⑧
③ 여자는 이 가게의 음식을 자주 먹어 봤다.
  → 여자는 이 가게의 음식(이 처음이다). not ⑧
④ 이 식당은 손님이 많아서 줄을 서야 한다.
  → 정답

실전
모의고사

제1회

실전
모의고사

제2회

실전
모의고사

제3회

실전
모의고사

제4회

14.

여자 : 오늘도 '한국열차'를 이용해 주셔서 감사합니다. 승객 여러분께 안내 말씀드립니다. 다음 역인, ⓐ인주역의 전기 문제로 **열차 출발이 잠시 지연되고 있습니다.** ⓑ잠시 후에 열차가 출발할 예정이오니 ⓒ열차 내에서 기다려 주시기 바랍니다. 쾌적하고 편안한 여행이 되도록 최선을 다하겠습니다.

➡ ① 운행 예정 시간보다 늦어지고 있다.
   → 정답
② 열차에 문제가 생겨 출발을 못 했다.
   → 인주역에 전기 문제가 생겼다. not ⓐ
③ 열차 운행 중에 안내 방송이 나왔다.
   → (운행을 멈춘 열차에서) 안내 방송이 나왔다. not ⓑ
④ 승객들은 열차 밖에서 기다리고 있다.
   → 승객들은 열차 (안)에서 기다리고 있다. not ⓒ

15.

남자 : 인주시 경찰청은 연말연시를 맞아 집중 음주 단속을 실시한다고 밝혔습니다. 경찰청에 따르면 ⓑ이번달 30일 야간부터 새벽까지 주요 지점 8개소를 선정해 교통 순찰차를 배치했다고 했습니다. 또한, ⓒ안전한 일상을 위해 단계적으로 ⓐ순찰 활동을 강화할 예정이라고 합니다.

➡ ① 주요 장소에 순찰차가 있을 것이다.
   → 정답
② 순찰 활동은 점차 감소할 것이다.
   → 순찰 활동(을 점차 강화)할 것이다. not ⓐ
③ 30일 하루 동안 음주 단속을 한다.
   → (30일 야간부터 새벽까지) 음주 단속을 한다. not ⓑ
④ 올해 인주시의 연말연시는 위험하다.
   → 올해 인주시의 연말연시는 (안전할 것이다). not ⓒ

16.

여자 : 이번에 어려운 경기를 이긴 소감이 어떻습니까?
남자 : 승리를 했지만 정말 어려운 경기였습니다. 하지만 이번 경기는 정말 중요한 경기였기에 최상의 몸 상태를 갖추려고 노력했습니다. 1년 전 패배의 아픔을 극복하고 ⓐ팬들에게 승리를 안겨 주게 되어서 정말로 기쁩니다.

➡ ① 남자는 작년에 몸이 안 좋았다.
   → 정보 없음
② 남자의 팬들은 경기에서 승리했다.
   → 남자는 팬들에게 승리를 안겨 주었다. not ⓐ
③ 남자의 팀은 좋은 성과를 거두었다.
   → 정답

④ 남자의 팀은 이번 경기가 어려워서 졌다.
   → 남자의 팀은 경기에서 이겼다. not ⓐ

듣기 (17번~20번) p.145

17.

남자 : 우리 이번 여행은 자유 여행으로 가자.
여자 : 외국에 가면 말도 안 통하고, 어디가 좋은지도 모르니까 패키지 여행 상품이 더 낫지 않아?
남자 : 패키지는 시간도 자유롭게 쓰지 못하고 여러 가지로 할 수 없는 게 많아.

➡ 남자의 중심 생각을 고르는 문제이다. 남자가 패키지는 시간도 자유롭게 쓰지 못하고 여러 가지로 할 수 없는 게 많아.'라고 하였다. 남자는 패키지 여행은 불편하다고 하고 있으므로 답은 ①이다.

18.

여자 : 요즘은 누구나 휴대폰을 하루 종일 들고 있는 것 같아요.
남자 : 네, 휴대폰을 손에서 놓지 못하는 사람들이 많죠. 하루에 일정 시간을 정해서 휴대폰을 멀리해 보는 것도 좋더라고요.
여자 : 그래요? 저도 한번 해 봐야겠어요.

➡ 남자의 중심 생각을 고르는 문제이다. 남자는 '하루에 일정 시간을 정해서 휴대폰을 멀리해 보는 것도 좋더라고요.'라고 하였다. 남자는 하루에 일정 시간 휴대폰을 안 보는 것이 좋다고 하고 있으므로 답은 ④이다.

19.

남자 : 요즘 우리 동네에는 무인점포가 많아졌어.
여자 : 그래? 그럼 사람이 직접 하루 종일 일을 안 해도 되니까 편하겠다.
남자 : 그런데 가끔 돈을 빼 가거나 물건을 훔쳐 가는 사람도 있어서 점포 주인들이 속상할 것 같아. **감시용 카메라가 좀 더 있으면 좋겠어.**
여자 : 아! 그런 일도 있구나.

➡ 남자의 중심 생각을 고르는 문제이다. 남자가 '감시용 카메라가 좀 더 있으면 좋겠어.'라고 하였다. 남자는 CCTV가 더 필요하다고 하고 있으므로 답은 ③이다.

20.

여자 : 이번에 인주시에서 평생 학습 교육을 하게 된 계기가 무엇인지 궁금합니다.

남자 : **시민들이 성장하는 도시의 기본은 평생 교육입니다. 인주시는 전국 최초로 평생 학습 정책을 통해 시민들의 행복을 추구하고자 합니다.** 방콕시는 인주시의 이러한 정책을 벤치마킹하여 시민들의 평생 교육을 지원하기 위해 협력하기로 했습니다.

➲ 남자의 중심 생각을 고르는 문제이다. 남자가 '시민들이 성장하는 도시의 기본은 평생 교육입니다. 인주시는 전국 최초로 평생 학습 정책을 통해 시민들의 행복을 추구하고자 합니다.'라고 하였다. 남자는 평생 교육으로 시민들의 행복을 추구한다고 하였으므로 답은 ③이다.

듣기 (21번~22번) p.146

여자 : 선생님, Ⓐ매주 등산도 하고 열심히 운동했는데 허리가 더 아픈 것 같아요.

남자 : Ⓑ등산은 좋은 유산소 운동이지만 환자분께는 아직 무리입니다.

여자 : 그럼 어떤 운동을 하는 게 좋을까요?

남자 : Ⓒ환자분처럼 허리 디스크 수술을 하신 분들은 처음에는 가벼운 걷기 운동부터 시작해서 허리 근육을 회복한 후에 조깅이나 등산을 시도해 보는 것이 좋습니다. 등산은 가만히 누워 있을 때보다 허리에 8배의 압력이 가해져서 무리하게 하다가는 오히려 역효과를 가져올 수 있습니다.

21.

➲ 남자의 중심 생각을 고르는 문제이다. 남자가 '가벼운 걷기 운동부터 시작해서 허리 근육을 회복한 후에 조깅이나 등산을 시도해 보는 것이 좋습니다.'라고 하였다. 남자는 운동을 단계적으로 해야 한다는 말을 하고 있으므로 답은 ③이다.

22.

➲ ① 여자는 유산소 운동을 하고 싶다.

   → 여자는 유산소 운동을 하고 (있다). not Ⓐ

② 여자는 근력이 점차 좋아지고 있다.

   → 여자는 (허리 근육이 아직 회복되지 않았다). not Ⓑ

③ 여자는 운동을 바꿔야 한다고 생각한다.

   → (남자)는 운동을 바꿔야 한다고 생각한다. not Ⓒ

④ 여자는 본인에게 적합한 운동을 잘 모른다.

   → 정답

듣기 (23번~24번) p.146

여자 : 안녕하세요? 신입사원 워크숍을 위한 공간이 필요해서 강당 사용 신청을 하려고 하는데요.

남자 : 네, 먼저 홈페이지에서 예약을 하시면 됩니다. Ⓒ예약을 하실 때 날짜와 사용 시간, 모임 인원 등을 적어 주시면 되고요. Ⓐ결제는 카드나 현금 모두 가능합니다.

여자 : 예약은 보통 며칠 전에 해야 하나요?

남자 : 보통 1주일 전쯤에 하시면 되는데, **요즘은 연초라 일찍 마감이 되니** Ⓑ한 10일 전에는 예약을 하시는 게 좋습니다.

23.

➲ 남자가 '홈페이지에서 예약을 하시면 됩니다. 예약을 하실 때 날짜와 사용 시간, 모임 인원 등을 적어 주시면 되고요. 결제는 카드나 현금 모두 가능합니다.'라고 하였으므로 남자는 강당 사용 신청 방법에 대해 설명하고 있다. 그러므로 답은 ③이다.

24.

➲ ① 돈 내는 방법은 한 가지이다.

   → 돈을 내는 방법은 (두) 가지이다. not Ⓐ

② 예약은 1주일 전에만 가능하다.

   → 예약은 (10일 전에도) 가능하다. not Ⓑ

③ 예약할 때 참석자 이름을 써야 한다.

   → 예약할 때 (모임 인원)을 써야 한다. not Ⓒ

④ 예약 신청은 조기 마감이 될 수 있다.

   → 정답

듣기 (25번~26번) p.147

여자 : 이번에 인주시 우체국에서 치매 환자를 위한 '복지 등기 우편서비스'를 실시한다고 들었는데 어떤 의도로 이런 서비스를 계획하신 건가요?

남자 : 네, Ⓐ국가가 소외 계층을 위한 복지 서비스를 제공하는 것은 매우 중요한 역할입니다. 그런 점에서 저희는 치매 환자와 같은 취약 계층을 보다 세심하게 보살필 수 있는 방안을 고민해왔습니다. Ⓑ이번 서비스는 인주시 우체국에서 전국 최초로 시행하는 것으로, 집배원이 등기를 전달하며 직접 수신인의 서명을 받는 방식에서 착안했습니다. Ⓒ동네 곳곳을 방문하는 집배원 네트워크를 활용하면 복지의 사각지대에 놓인 분들을 돌보는 데 효과적일 것이라고 판단했습니다.

실전
모의고사
제1회

실전
모의고사
제2회

실전
모의고사
제3회

**실전
모의고사**

제4회

25.

⊙ 남자의 중심 생각을 고르는 문제이다. 남자가 '소외 계층에 대한 복지 서비스는 국가의 중요한 역할이니까요.'라고 하였다. 남자는 소외계층을 돌보는 것은 국가가 해야 할 일이라고 하고 있으므로 답은 ③이다.

26.

⊙ ① 치매 환자는 집배원의 도움을 받을 수 있다.
　　→ 정답
② 국가는 집배원의 복지 서비스를 늘려야 한다.
　　→ 국가는 (소외 계층)의 복지 서비스를 늘려야 한다. `not Ⓐ`
③ 복지 사각지대를 위한 네트워크가 필요하다.
　　→ 복지 사각지대를 (위해 집배원 네트워크를 활용한다). `not Ⓑ`
④ 인주시 우체국은 전국 최초로 우편 서비스를 시작했다.
　　→ 복지 등기 우편 서비스를 전국 최초로 실시한다. `not Ⓒ`

듣기 (27번~28번)　p.147

> 여자 : 민수야, Ⓑ이번에 인주시에서 '시민건강달리기' 대회를 한다는데 너도 참여할 거야?
>
> 남자 : 아, 그거 신청했어. Ⓐ이번 대회는 특히 반려견도 함께 참여할 수 있다고 해서 얼른 신청했지.
>
> 여자 : 그래? 반려견과 함께 신청한 사람들이 많아?
>
> 남자 : 꽤 많은 거 같아. 반려동물 양육 인구가 계속 늘고 있는데 실제로 Ⓒ반려견과 함께 할 수 있는 행사가 별로 없으니까. 이번 대회를 계기로 많아지면 좋을 것 같아.

27.

⊙ 말하는 의도는 중심 생각 문제를 푸는 방법으로 답을 선택하면 된다. 남자는 '반려동물 양육 인구가 계속 늘고 있는데 실제로 반려견과 함께 할 수 있는 행사가 별로 없으니까. 이번 대회를 계기로 많아지면 좋을 것 같아.'라고 했다. 남자는 반려견과 함께할 수 있는 행사가 필요하다고 생각한다. 그러므로 답은 ④이다.

28.

⊙ ① 남자는 반려견과 동반 참여를 신청했다.
　　→ 정답
② 여자는 남자와 같이 대회에 참여할 것이다.
　　→ (남자는 반려견과) 같이 대회에 참여할 것이다. `not Ⓐ`
③ 인주시에서 시민건강달리기 대회가 열렸다.
　　→ 인주시에서 시민건강달리기 대회가 (열릴 것이다). `not Ⓑ`
④ 반려견과 함께 하는 스포츠 행사가 많아졌다.
　　→ 반려견과 함께 하는 스포츠 행사가 (별로 없다). `not Ⓒ`

듣기 (29번~30번)　p.148

> 여자 : Ⓐ최근 미세먼지 등 대기 오염이 꿀벌의 활동에도 영향을 미치고 있다고 들었습니다.
>
> 남자 : 네, 대기 중 미세먼지 농도가 짙어지면 꿀벌의 비행 거리에 영향을 줍니다. Ⓑ꿀벌이 멀리 비행할 수 없으면 먼 곳에 있는 식물과의 수분도 어렵게 됩니다. 그렇게 되면 식물의 번식에도 영향을 끼치게 됩니다.
>
> 여자 : 그럼 이런 생물들의 위기에 어떻게 대응을 해야 할까요?
>
> 남자 : 이번에 저희 연구팀에서는 꿀벌의 데이터를 수집하고 대기질의 악화가 꿀벌에게 미치는 잠재적인 영향에 대해 계속 연구하고 있습니다. 이러한 기초적인 연구 조사부터 문제 해결을 위한 Ⓒ전문가들의 지속적인 노력이 필요합니다.

29.

⊙ 남자는 대기 오염이 꿀벌에 미치는 영향을 탐색하고 있다고 하였으므로 남자는 대기와 꿀벌의 관련성을 조사하는 사람이다. 그러므로 답은 ④이다.

30.

⊙ ① 여자는 꿀벌의 활동을 연구하려고 한다.
　　→ 여자는 꿀벌 활동(에 대해 질문한다). `not Ⓐ`
② 남자는 꿀벌의 비행 거리를 측정하고 있다.
　　→ 정답
③ 대기 오염은 식물의 성장에는 관련이 없었다.
　　→ 대기 오염은 식물의 성장에 관련이 (있다). `not Ⓑ`
④ 전문가들은 환경 위기 대처 방법을 제시했다.
　　→ 환경 위기에 대한 전문가들의 지속적인 노력이 필요하다. `not Ⓒ`

실전
모의고사
제1회

실전
모의고사
제2회

실전
모의고사
제3회

실전
모의고사
제4회

듣기 (31번~32번)   p.148

> 여자 : 최근 드라마 소재로 개인적인 복수를 하는 것이 인기를 끌고 있나요?
>
> 남자 : 네, 요즘 TV 드라마나 웹툰 등에서 개인적인 복수를 소재로 하는 콘텐츠들이 흥행을 얻고 있는 것이 사실입니다.
>
> 여자 : 이런 소재들이 시청자들의 관심을 끌기에는 좋지만 사법 체계를 불신하게 되는 문제로 이어지지 않을까요?
>
> 남자 : 글쎄요. 제 생각에는 TV 드라마나 웹툰의 소재는 점점 다양해지고 있고 시청자들의 눈높이도 올라가고 있는 상황 속에 나타난 일부 현상이라고 생각합니다. 콘텐츠 소재가 사법 체계의 불신을 가지고 온다는 것은 지나친 걱정이라고 생각합니다.

31.

○ 남자의 중심 생각을 고르는 문제이다. 남자가 '콘텐츠 소재가 사법 체계의 불신을 가지고 온다는 것은 지나친 걱정이라고 생각합니다.'라고 했다. 남자는 콘텐츠 소재에 대해 걱정할 필요는 없다고 생각하고 있으므로 답은 ③이다.

32.

○ 남자는 'TV 드라마나 웹툰의 소재는 점점 다양해지고 있고 시청자들의 눈높이도 올라가고 있는 상황 속에 나타난 일부 현상이라고 생각합니다.'라고 하며 현재 상황을 개인적으로 분석하였고, '글쎄요. 제 생각에는', '지나친 걱정이라고 생각합니다.'라고 하며 본인의 의견을 주장하고 있다. 그러므로 답은 ④이다.

듣기 (33번~34번)   p.149

> 여자 : ⒜미세 플라스틱은 물과 공기, 토양 등 어디에서나 존재하는 것으로 알려져 있습니다. 이러한 ⒝미세 플라스틱으로 인한 상수도 오염이 심각해지면서 우려의 목소리가 높아지고 있습니다. 그런데 건강에 안 좋은 미세 플라스틱은 단지 끓이는 것만으로도 최대 90%까지 제거할 수 있다는 연구 결과가 나왔습니다. 연구팀은 미세 플라스틱을 물에 넣고 섞어 5분간 끓이고 식힌 다음, 미세 플라스틱의 양을 측정하였습니다. 그 결과, 물을 끓이는 간단한 방법이 우리가 마시는 물속의 미세 플라스틱을 제거해 섭취 위험을 줄일 수 있다는 사실이 밝혀졌습니다.

33.

○ 내용을 듣기 전 선택지를 보면 미세 플라스틱이 주제이다. 그리고 내용에서는 '건강에 안 좋은 미세 플라스틱은 단지 끓이는 것만으로도 최대 90%까지 제거할 수 있다는 연구 결과가 나왔습니다.'라고 하며 미세 플라스틱의 제거 방법을 설명하고 있으므로 답은 ③이다.

34.

○ ① 미세 플라스틱은 상수도에만 존재한다.
>   → 미세 플라스틱은 (물과 공기, 토양 어디에서나) 존재한다. not ⒜

② 물속의 미세플라스틱은 끓이면 없어진다.
>   → 정답

③ 물을 마실 때 미세 플라스틱을 걸러내야만 한다.
>   → 정보 없음

④ 연구팀은 환경오염의 심각성에 대해 걱정하고 있다.
>   → 미세 플라스틱으로 인한 상수도 오염이 심각해지면서 우려의 목소리가 높아지고 있다. not ⒝

듣기 (35번~36번)   p.149

> 남자 : 인주 자동차 고등학교 학생 여러분 반갑습니다. 우리 학교는 미래 자동차 산업을 이끌어 갈 인재 양성을 위해 끊임없는 노력을 해 왔습니다. 자동차에 대한 지식과 실무능력을 갖춘 인재를 배출하여 앞으로도 손꼽히는 자동차 특성화고등학교가 되겠습니다. 특히 올해부터는 미래 자동차 디자이너를 꿈꾸는 학생들을 위한 특별 교육과정을 신설할 예정입니다. 우리 인주 자동차 고등학교는 자동차 분야의 맞춤형 기술 인재를 양성하는 학교로 성장하기 위해 최선을 다하겠습니다.

35.

○ 남자는 미래 자동차 디자이너를 꿈꾸는 학생들을 위한 특별 교육 과정을 신설할 예정이라고 했으므로 남자는 새로운 교육 과정의 도입을 선언하고 있다. 그러므로 답은 ③이다.

36.

○ ① 이 학교는 자동차 인재 양성을 한다.
>   → 정답

② 이 학교는 디자인과가 제일 유명하다.
>   → 정보 없음

③ 이 학교는 자동차 이론 교육으로만 손꼽힌다.
>   → 이 학교는 자동차 (전문 지식과 실무 교육을 모두 한다. not ⒜

④ 이 학교는 미래 자동차 홍보와 판매를 하고 있다.
>   → 정보 없음

듣기 (37번~38번) p.150

> 남자 : 요즘 식당가에서는 음식 주문용 기계인, '주문-태블릿'
> 이 인기라고 합니다.
> 여자 : 네, 최근 차세대 디자인을 적용한 음식 주문용 태블릿
> 이 출시되었습니다. 이 태블릿은 Ⓑ단말기와 보조배터
> 리에 대해 1년간 무상 수리 서비스를 제공하며, 세련된
> 디자인으로 식당 자영업자들 사이에서 큰 인기를 끌고
> 있습니다. 또한, Ⓐ월 2만 원이라는 저렴한 이용료 덕
> 분에 앞으로 소상공인들에게 실질적인 도움이 될 것입
> 니다.

37.

➡ 여자의 중심 생각을 고르는 문제이다. 여자는 새로 나온 음식 주문용 태블릿에 대한 장점을 나열하고 소상공인에게 실질적인 도움이 될 것이라고 하였으므로 답은 ④이다.

38.

➡ ① 이용료는 1년 동안 2만 원이다.
    → 이용료는 (1달) 동안 2만 원이다. not Ⓐ
② 음식 주문은 태블릿으로만 해야 한다.
    → 정보 없음
③ 개인 영업을 하는 식당 사장님들이 좋아한다.
    → 정답
④ 태블릿 도입을 하면 1년 동안 무료 사용이 가능하다.
    → 태블릿 도입을 하면 1년 동안 (무상으로 수리 서비스를 제공받을 수 있다). not Ⓑ

듣기 (39번~40번) p.150

> 여자 : 아! 그런 이유로 Ⓐ숲 재생 사업을 계획 중이군요. 다
> 시 숲을 조성한다는 것은 꼭 필요한 일이니까요.
> 남자 : 네, 작년에 대형 산불이 발생한 5개 시군의 산불 피해
> 복구를 위해 다방면으로 애를 써 왔습니다. 특히 망가
> 진 숲을 재건하기 위해 30억 원의 사업 예산을 책정하
> 기로 했습니다. Ⓑ숲 재생 사업은 산림의 경제적, 공익
> 적 가치를 높이기 위한 목적도 있지만 미래 세대를 위
> 한 것이기도 합니다. 건강하고 아름다운 산림을 조성해
> 야 우리의 후손들이 풍요로운 산림의 혜택을 누릴 수
> 있기 때문입니다.

39.

➡ 여자는 '아! 그런 이유로 숲 재생 사업을 계획 중이군요.'라고 말했고, 남자는 작년의 산불 피해의 복구에 대해 부연 설명을 하고 있다. 작년에 산불로 숲이 피해를 입었다는 것을 알 수 있으므로 답은 ④이다.

40.

➡ ① 산불로 인명 피해가 꽤 많았다.
    → 정보 없음
② 작년부터 숲 재생 사업을 진행하고 있다.
    → 숲 재생 사업을 진행(할 예정이다). not Ⓐ
③ 숲 재생 사업은 미래 세대를 위한 일이다.
    → 정답
④ 숲 재생 사업은 공적인 목적을 위해서만 실시한다.
    → 숲 재생 사업은 (경제적, 공익적, 미래 세대를 위해서도) 실시한다. not Ⓑ

듣기 (41번~42번) p.150

> 여자 : 여기는 반 고흐의 전시가 열리는 곳입니다. 여기 보이
> 는 이곳은 천재 화가 Ⓐ반 고흐의 삶과 그림을 오감으
> 로 느낄 수 있게 만든 '최고의 몰입형 체험관'입니다.
> Ⓑ이 전시회는 화가의 원래 그림 300점을 볼 수 있고
> 작품을 360도 비디오 매핑과 가상현실로 체험도 할 수
> 있게 구성이 되었습니다. 초대형 규모의 전시 공간은
> 관람객이 최고의 몰입감을 느끼고 반 고흐의 작품과 삶
> 을 생생하게 체험하기에 충분하다고 할 수 있습니다.
> Ⓒ이번 전시를 맡은 미술 감독은 기존의 미디어아트들
> 과 차별화된 독특함과 동시에 깊은 감동도 선사할 수
> 있도록 기획했다고 합니다.

41.

➡ 여자는 '이 전시회는 화가의 원래 그림 300점을 볼 수 있고 작품을 360도 비디오 매핑과 가상 현실로 체험도 할 수 있게 구성이 되었습니다.'라고 하였으므로 이 전시는 참신하고 차별성이 있다는 것을 알 수 있다. 그러므로 답은 ①이다.

42.

➡ ① 그림을 통해서 오감이 발달될 수 있다.
    → 그림을 오감으로 (느낄) 수 있다. not Ⓐ
② 가상 게임을 체험할 수 있는 전시회이다.
    → (그림을 가상으로) 체험할 수 있는 전시회이다. not Ⓑ
③ 전시회에서 반 고흐의 삶과 그림을 감상할 수 있다.
    → 정답
④ 미술 감독은 기존의 미디어아트와 유사하게 기획했다.
    → 미술 감독은 기존의 미디어아트와 (차별성을 두고) 기획했다. not Ⓒ

듣기 (43번~44번) p.151

> 남자 : 만성적 근심에 대한 연구 결과를 살펴보면 뇌의 두려움 회로가 지나치게 예민한 사람이 있다고 합니다. 그런 사람들은 특별한 이유가 없어도 뭔가 잘못될 것 같은 불안감을 계속 생성합니다. 또한 이 회로의 과도한 활동으로 불안감에 시달리는 사람은 불안감의 정확한 이유를 알아내기 위해 다시 또 걱정을 시작한다는 것이죠. 제 연구에서는 이러한 불안감을 제거할 가장 좋은 방법은 운동이라는 것을 알아냈습니다. 약간의 신체 활동만으로도 불안감이 감소하고 머릿속을 맴돌던 걱정도 멈추게 됩니다. 특히 규칙적인 근력 운동은 더욱 더 효과가 있습니다. 즉 신체 활동은 불안에 대한 효과적인 치료 방법이라는 것입니다.

43.

◐ 남자가 '제 연구에서는 이러한 불안감을 제거할 가장 좋은 방법은 운동이라는 것을 알아냈습니다.'라고 했다. 불안감이 신체 활동 즉, 운동으로 줄어들 수 있다는 운동의 효과에 대한 연구이다. 그러므로 답은 ④이다.

44.

◐ 남자는 '불안감에 시달리는 사람은 불안감의 정확한 이유를 알아내기 위해 다시 또 걱정을 시작한다는 것이죠.'라고 하였다. 불안감의 확실한 원인을 찾으려는 것으로 또 불안감을 가진다는 것이다. 그러므로 답은 ③이다.

듣기 (45번~46번) p.152

> 여자 : 고인돌은 대표적인 **청동기 시대**의 Ⓐ무덤이자 기념물입니다. 고인돌은 거석문화의 대표적인 문화유산이며 한국을 중심으로 동북아시아 지역에 밀집되어 있습니다. Ⓒ특히 전라북도 고창을 비롯한 전라남도 전역에 약 2만 2천여 개 이상이 분포되어 가장 조밀하게 분포된 것으로 알려져 있습니다. Ⓑ고인돌의 기원설은 여러 가지가 있는데 그 중 한반도에서 고인돌이 자체적으로 발생했다는 설도 있어서 연구해 볼 만한 가치가 있습니다.

45.

◐ ① 고인돌은 청동기 시대에 생겨났다.
   → 정답
② 고인돌은 단순한 돌 문화일 뿐이다.
   → 고인돌은 (돌을 이용한 무덤 문화이다). `not Ⓐ`
③ 고인돌은 자체 한반도 발생설이 유일하다.
   → 고인돌의 기원설은 여러 가지가 있다. `not Ⓑ`
④ 고인돌은 한국 외에 동북아시아에 밀집되어 있다.
   → 고인돌은 (한국을 중심으로 동북아시아에) 밀집되어 있다. `not Ⓒ`

46.

◐ 여자는 '한반도에서 고인돌이 자체적으로 발생했다는 설도 있어서 연구해 볼 만한 가치가 있습니다.'라고 했다. 고인돌의 연구에 기대를 하고 있음을 알 수 있다. 그러므로 답은 ②이다.

듣기 (47번~48번) p.152

> 여자 : 최근 전 세계 취업 시장의 문이 점점 더 좁아지고 여러 분야에서 정리 해고 사례도 많다고 하던데요. 그럼 이런 상황이 지속된다면 신입 사원 채용은 점점 더 어렵게 되겠지요?
>
> 남자 : 네, 경제 상황이 어려워지면서 신입 사원 공채를 실시하지 않고 수시 채용과 경력자 채용이 증가하는 추세입니다. 이러한 현상은 온라인이나 디지털 기술의 상용화 때문이기도 하고요. 또 신입 사원을 채용해서 그 직원이 회사에 적응할 때까지 재교육을 하는데 평균 5개월이 소요된다고 합니다. 게다가 신입 사원 한 명을 재교육하는 데에는 4천~6천만 원의 예산이 소요된다고 합니다. **빠르게 변화하는 시장 경제 속에서 시간과 돈을 낭비할 기업이 얼마나 되겠습니까?**

47.

◐ ① 실직을 하는 신입 사원들이 늘고 있다.
   → 정보 없음
② 경력자들은 회사 적응 기간이 오래 걸린다.
   → 정보 없음
③ 디지털 역량이 있어야 경력자로 입사할 수 있다.
   → 정보 없음
④ 회사는 신입 사원 재교육의 시간과 비용을 아깝게 여긴다.
   → 정답

48.

◐ 남자는 온라인이나 디지털 기술의 상용화, 신입 사원 재교육에 드는 시간과 예산 등으로 신입 사원 공채 대신 수시 채용과 경력자 채용을 한다고 설명한다. 남자는 취업 시장의 변화의 원인을 설명하고 있으므로 답은 ①이다.

남자: Ⓐ사회 보장 제도란 국가 및 지방 자치단체가 사회 구성원들을 어려움이나 사회적 위험으로부터 보호하고 삶의 수준을 향상시키기 위해 만든 복지 제도입니다. 그 중 첫 번째, 4대 보험이라는 것은 국민연금, 국민 건강보험, 고용보험, 산업재해보상보험을 말하며, 5대 사회보험은 '노인장기요양보험'을 포함합니다. 다음으로 ©생활이 어려운 국민에게 최저 생활을 할 수 있게 지원하는 제도를 '공공부조'라고 합니다. 마지막으로 국민에게 인간다운 생활을 보장하고 삶의 질이 향상될 수 있게 지원하는 각종 사회 서비스가 있습니다. Ⓑ사회 보장 제도의 배경은 국민이 직면하고 있는 어려움이나 위험의 책임이 개인에게 있는 것이 아니라 국가나 사회가 그 책임을 부담해야 된다는 것에서 출발합니다.

49.

❖ ① 이 제도는 지방 자치 단체에서만 실시한다.

  → 이 제도는 (국가와 지방 자치 단체가) 실시한다. not Ⓐ

② 이 제도는 특정 개인에게만 제한적으로 적용된다.

  → 이 제도는 (모든 국민에게) 적용된다. not Ⓑ

③ 이 제도는 각 개인에게 최고의 생활을 보장해 준다.

  → 이 제도는 각 개인에게 (최저의) 생활을 보장해 준다. not ©

④ 이 제도는 삶의 수준을 향상시키기 위해 만들어졌다.

  → 정답

50.

❖ 남자는 '사회 보장 제도란 국가 및 지방 자치 단체가 사회 구성원들을 어려움이나 사회적 위험으로부터 보호하고 삶을 향상시키기 위해 만든 복지 제도입니다.', '사회 보장 제도의 배경은 국민이 직면하고 있는 어려움이나 위험의 책임이 개인에게 있는 것이 아니라 국가나 사회가 그 책임을 부담해야 된다는 것에서 출발합니다.'라고 하며 사회 보장 제도의 개념과 목적을 설명하고 있다. 그러므로 답은 ②이다.

51.

㉠ : 참석할 수 없을 것 같습니다./ 참석하기 어렵습니다.

㉡ : 제출해도 되는지 / 내도 되는지

받는 사람: ○○○ 교수님

보내는 사람: 마이클

○○○ 교수님께

교수님, 안녕하세요? 24학번 한국어학과 마이클입니다.

이번 주 금요일에 있는 세미나와 관련해 부탁드릴 말씀이 있습니다.

제가 이번 주 금요일에 제주도로 문화 체험을 갑니다.

그래서 세미나에 (㉠참석할 수 없을 것 같습니다./ 참석하기 어려울 것 같습니다.)

세미나 참석 대신 과제를 (㉡제출해도 되는지/ 내도 되는지) 알고 싶습니다.

그럼 답장 기다리겠습니다.

안녕히 계십시오.

-마이클 올림-

❖ ㉠ : 세미나가 금요일에 있는데 금요일에 제주도로 문화 체험을 간다고 했으므로 이 사람은 세미나에 참석할 수 없다. 따라서 '참석할 수 없을 것 같습니다./참석하기 어렵습니다.'가 나와야 합니다.

㉡ : 세미나에 참석할 수 없어서 '세미나 참석 대신 과제를'이라고 했으므로 '과제'와 연결할 수 있는 '제출하다/내다' 등이 나와야 하고, 뒤에 '알고 싶습니다'라고 했으므로 '제출해도 되는지/ 내도 되는지' 등이 나와야 합니다.

52.

㉠ : 좋을 수도 있고/ 좋은 식품이 되기도 하고

㉡ : 과일을 먹으면/ 과일을 먹게 되면/ 디저트로 먹게 되면

> 과일은 현대인들에게 건강한 식품으로 알려져 있어 식후에 디저트로 많이 먹습니다. 그러나 과일은 먹는 시점에 따라 건강에 (㉠좋을 수도 있고/ 좋은 식품이 되기도 하고) 그렇지 않을 수도 있습니다. 과일은 90%의 수분과 약간의 과당으로 이루어져 있습니다. 그래서 식사 후에 바로 (㉡과일을 먹으면/ 과일을 먹게 되면/ 디저트로 먹게 되면) 당이 지방으로 바뀌어 당뇨병에 걸리거나 위장 장애를 일으킬 수도 있습니다. 따라서 과일은 식사 후 2시간 이후에 먹는 것이 가장 이상적입니다.

➡ ㉠ : '과일은 먹는 시점에 따라'라고 했고 괄호 뒤에 '그렇지 않을 수도 있습니다.'라고 했습니다. 그러므로 괄호 안에는 반대되는 내용인 건강에 좋다는 내용이 와야 합니다. 따라서 '좋을 수도 있고/ 좋은 식품이 되기도 하고' 등이 나와야 합니다.

㉡ : 첫 문장에서 과일은 식후 디저트로 먹는다는 내용이 있습니다. 그리고 마지막 문장에 '과일은 식사 후 2시간 이후에 먹는 것이 가장 이상적입니다.'라고 했습니다. 괄호가 있는 문장은 마지막 문장의 결론과 달리 문제점에 대해 이야기하고 있으므로 '식사 후 2시간 이후'와 대조되는 식사 후에 바로 '(과일을) 먹으면'이라는 말이 언급되어야 합니다. 따라서 '과일을 먹으면/ 과일을 먹게 되면/ 디저트로 먹게 되면'등이 나와야 합니다.

실전
모의고사

제1회

실전
모의고사

제2회

실전
모의고사

제3회

실전
모의고사

제4회

53.

	자	동	차		기	술		연	구	소	에	서		전	기	차		수	요
변	화	에		대	한		시	장		조	사	를		실	시	하	였	다	.
조	사		결	과	에		따	르	면		최	근		3	년	간		전	기
차		재	정	은		20	21	년	에		1	조		30	00	억		원	에
서		20	22	년	에	는		2	조		18	00	억		원	,		20	23	년
에	는		2	조		70	00	억		원	까	지		꾸	준	히		증	가
하	였	다	.		반	면	에		전	기	차		판	매	량	의		변	화	율
은		20	21	년		11	0	%	에	서		20	22	년	에		는		58	%,
20	23	년	에	는		4	%	로		급	격	히		감	소	하	였	다	.
이	러	한		변	화	의		원	인	은		충	전		시	설	의		부
족	으	로		인	한		불	편	함	이		증	가	하	였	고		짧	은
베	터	리		수	명		및		긴		충	전		시	간	으	로		인
해		이	용	자	들	의		만	족	도	가		하	락	했	기		때	문
이	다	.																	

293자

➡ **처음** : 제목과 조사 개요를 설명합니다.
　　　예) 조사기관에서 OO을/를 대상으로 OO에 대해 시장 조사를 실시하였다.

중간 : 그래프의 내용을 참고해 정보를 전달합니다.
　　　예) OO은 OO%이고 □□은 □□%였다.
　　　예) OO은 △△에 OO%(/명/개)였는데 □□에는 □□%로 증가(/감소)하였다.

끝 : 아래에 있는 정보를 이용해 내용을 작성합니다.
　　　예) OO한 이유는/원인은 □□와/고 □□ (기)때문이다.

오른쪽 그래프 : 연도별 전기차 재정은 2021년에는 OO원에서 2023년에는 OO원로 늘어났다.

왼쪽 그래프 : 전기차 판매량은 2021년 OOO%에서 2022년 OOO%으로 OOO% 감소했다.

아래 정보 : 이러한 변화의 원인은 ~고 ~ 기 때문이다.

54.

　배려는　다른　사람의　입장을　생각하여
도움을　주거나　보호하려는　행동이나　마
음을　말한다.　사회　구성원이　함께　사는
사회에서　매우　소중한　것이다.　경쟁이
심하고　바쁜　현대　사회에서　타인을　배
려하는　것은　쉬운　일이　아니지만　배려
의　필요성은　다양한　측면에서　나타난다.
　우선　배려는　상대방을　존중하고　이해
하기　때문에　상호작용과　소통에　도움을
준다.　둘째,　배려는　나보다　타인을　더
생각하는　것이므로　사회적　윤리와　도덕
성을　높일　수　있다.　셋째,　타인에　대한
배려는　자기　성장에도　도움을　줄　수
있다.
　이러한　이유로　배려했을　때　사회　구
성원들은　서로　긍정적인　분위기와　행복
한　사회적　환경을　만들　수　있다.　또한
다른　사람의　어려움과　기쁨을　공감하는
능력으로　대인　관계에도　도움을　주어
사회　구성원　간에　서로　돕고　지지하는
문화를　만들　수　있다.
　그러면　배려심을　기를　수　있는　실천

적인 노력에는 어떤 것이 있을까? 일상에서의 작은 실천들로 시작할 수 있다. 예를 들면 교통질서를 지키거나 노약자나 임산부에게 자리를 양보하는 일, 학교 앞이나 횡단보도에서 보행자를 기다려 주는 일 등 우리 주변에는 나보다 타인을 배려할 수 있는 일들이 아주 많다.

　바쁜 현대 사회이지만 우리는 혼자 살 수 없고 더불어 살아가야 한다. 배려는 함께 성장하고 발전하여 좀 더 나은 세상을 만들게 하는 좋은 덕목이다.

689자

○ 서론: '배려'에 대한 정의를 쓰면 됩니다.
　본론: 배려가 필요한 이유를 쓰면 됩니다. 배려했을 때 사회 구성원이 얻는 것을 쓰면 됩니다. 배려심을 기르기 위한 실천적인 노력을 쓰면 됩니다.
　결론: 배려의 중요성 강조하는 내용으로 마무리를 하면 됩니다.

읽기 (1번~50번)

1	①	2	①	3	①	4	③	5	④
6	①	7	②	8	③	9	④	10	④
11	①	12	①	13	④	14	②	15	③
16	④	17	①	18	③	19	②	20	④
21	②	22	④	23	①	24	②	25	④
26	④	27	④	28	①	29	①	30	①
31	②	32	③	33	③	34	③	35	④
36	④	37	③	38	④	39	③	40	②
41	①	42	②	43	③	44	④	45	④
46	③	47	④	48	③	49	②	50	④

읽기 (1번~2번) p.159

1.

선생님께서 오늘은 숙제를 꼭 <u>하라고</u> 하셨어요.

➡ '-라고'는 다른 사람의 말을 그 사람이 말한 그대로 인용(직접 인용)할 때 쓰는 표현이므로 답은 ①이다.

2.

철수야, 시험을 잘 보려면 이 표현을 열심히 <u>공부해 둬</u>.

➡ '-아/어 두다'는 다른 일에 대한 준비로 어떤 일을 먼저 함을 나타낸다. 그러므로 답은 ①이다.

읽기 (3번~4번) p.159

3.

➡ '-는 길에'는 어떤 일을 하는 도중이나 기회를 나타내는 문법이다. '-다가'는 어떠한 행위가 진행되어 가는 도중에 그 행위를 그치고 다른 행위로 옮겨감을 나타내는 문법이다. 선택지 중에 진행을 나타내는 문법이 없지만, 의미가 가장 비슷한 문법은 행동의 전환을 나타내는 '-다가'이다. 그러므로 답은 ①이다.

4.

➡ '-(으)ㄴ/는 것 같다'는 어떤 현재의 사실을 나타내는 문법이다. 추측의 문법인 '-(으)ㄴ/는 모양이다'와 바꾸어 쓸 수 있다. 그러므로 답은 ③이다.

읽기 (5번~8번) p.160

5.

> 하루의 피곤함을 싹~
> 좋은 잠이 건강한 나를 만듭니다!

➡ [핵심어] 피곤함/잠/때문에 답은 ④<u>침대</u>이다.

6.

> **건강하고 자신 있게!**
> **다이어트**에 계속 실패하셨나요?
> 전문가와 함께 3주의 기적에 도전해 보세요!

➡ [핵심어] 건강/다이어트/때문에 답은 ①<u>헬스장</u>이다.

7.

> 우리 모두를 위해 함께 지켜요!
> 종이컵 대신 '**개인 컵**' 사용하기!
> **가까운 거리는 걷기!** 자가용 대신 **대중교통 이용하기!**
> 안 쓰는 플러그는 빼 놓기!

➡ [핵심어] 개인컵 사용/가까운 거리는 걷기/대중교통 이용하기/플러그는 빼 놓기/때문에 답은 ②<u>환경 보호</u>이다.

8.

> - **구매 후 7일 이내**에 가능합니다.
> - 고객 부주의나 **훼손된 제품은 불가**합니다.
> - **고객센터나 홈페이지에 먼저 신청**해야 합니다.

➡ [핵심어] 구매 후 7일 이내/훼손된 제품은 불가/고객센터나 홈페이지에 먼저 신청/때문에 답은 ③<u>교환 안내</u>이다. '구매 후'라는 내용 때문에 ①상품 홍보는 답이 아니다.

9.

> 제주 바다 자원 봉사 모집
> 아름다운 ©제주 바다의 쓰레기를 치워 주세요.
>
> ◆ 신청 기간: Ⓐ2025년 5월 1일~5월 7일
> ◆ 모집 대상: Ⓑ제주 거주자
> ◆ 활동 내용: ©제주 해안가 쓰레기 수거 (일정 추후 공지)
> ◆ 문의 전화: 제주 해양보호센터 ☎ 064) 4321-1010
>
> ▶ 활동 참여 시 봉사 시간 인증과
> 활동 물품을 지원해 드립니다.

➡ ① 활동은 일주일 동안 진행된다.
→ (신청)은 일주일 동안 진행된다. `not Ⓐ`

② 누구나 봉사에 참여할 수 있다.
→ (제주 거주자는) 봉사에 참여할 수 있다. `not Ⓑ`

③ 제주도에 물품을 지원하는 행사이다.
→ 제주도 (해안가 쓰레기 수거) 행사이다. `not ©`

④ 이 활동에 참여하면 봉사 시간이 인정된다.
→ 정답

10.

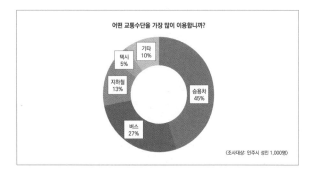

➡ ① 카타라고 응답한 사람들의 비율이 제일 높다.
→ (승용차)라고 응답한 사람들의 비율이 제일 높다.

② 승용차를 이용한다고 응답한 사람들이 전체의 반을 넘는다.
→ 승용차를 이용한다고 응답한 사람들이 전체의 반을 (넘지 않는다).

③ 버스를 이용한다고 응답한 사람들의 비율이 두 번째로 낮다.
→ (기타)라고 응답한 사람들의 비율이 두 번 째로 낮다.

④ 지하철 이용자보다 승용차 이용자의 비율이 세 배 이상 많다.
→ 정답

11.

> 최근에 인주시에서는 AI 아나운서를 채용해 화제를 모으고 있다. 이 아나운서는 대본이나 음성, 몸짓까지 미리 Ⓐ입력된 프로그램대로 진행을 할 수 있다. AI 가상 인간은 Ⓑ아나운서뿐만 아니라 모델, 방송인, 가수 등 다양한 방면에서 활용되고 있다. 이러한 추세에 맞춰 앞으로 **AI 산업은 새롭고 혁신적인 산업으로 발전해 나갈 것**이라는 전망이 나오고 있다.

➡ ① AI는 미래 산업으로 성장할 것이다.
→ 정답

② AI 아나운서는 대본을 직접 작성한다.
→ AI 아나운서는 (입력된 프로그램대로 진행한다). `not Ⓐ`

③ AI 가상 인간을 고용해야 프로그램이 진행된다.
→ 정보 없음

④ AI 활용은 아나운서나 가수 등 방송에서만 할 수 있다.
→ AI 활용은 (아나운서뿐만 아니라 모델, 방송, 가수 등 다양한 방면에서 활용된다). `not Ⓑ`

12.

> 최근 Ⓐ유명인을 이용한 가짜 뉴스나 허위 광고가 증가하고 있어 SNS 사용자들의 주의가 요구된다. 이러한 가짜 뉴스나 허위 광고는 사람들로 하여금 Ⓑ링크를 클릭하고 개인 정보를 입력하도록 유도한다. 이를 통해 개인 정보 유출과 심하면 금전적 피해까지 입을 수 있기에 ©사이버 수사대에서는 이러한 피싱 범죄를 방지하기 위해 적극적으로 조사에 임할 예정이다.

➡ ① SNS를 이용한 사이버 범죄가 늘고 있다.
→ 정답

② 유명한 사람들이 SNS를 많이 이용하고 있다.
→ 유명인을 이용한 가짜 뉴스나 허위 광고가 증가하고 있다. `not Ⓐ`

③ SNS를 이용하려면 개인 정보를 입력해야 한다.
→ 링크를 클릭하면 개인 정보를 입력하라고 유도한다. `not Ⓑ`

④ 사이버 수사대는 SNS 사용자들을 모두 조사할 것이다.
→ 사이버 수사대는 (피싱 범죄를 방지하기 위해 적극적으로) 조사할 것이다). `not ©`

13.

➡ '또한'이나 '이러한'과 같은 접속사, 지시어는 첫 번째로 올 수 없다. (라)에서 드라이아이스는 이산화탄소라고 설명하였고 이산화탄소의 불을 끄는 성질을 말한 (가)와 연결이 된다. 그리고 (나)에서 기체로 변하는 성질이 (다)의 안개와 같은 효과로 이어지므로 답은 ②이다.

(라) 냉동식품을 보관할 때 사용하는 드라이아이스는 고체로 된 이산화탄소이다. / (가) 이산화탄소는 불을 끄는 특성을 가지고 있다. / (나) 또한 이 흰색의 고체는 공기 중에서 바로 기체로 변한다. / (다) 이러한 성질로 인해 드라이아이스는 안개와 같은 효과를 나타낸다. / 로 내용이 구성된다.

14.

➡ 사건에 대한 시간의 흐름으로 순서를 파악해야 한다. (다)에서 아주머니가 쓰러졌고, (라)에서 남자가 쓰러진 아주머니에게 심폐소생술을 한다. 그 후 (가)에서 아주머니가 깨어나서 (나)에서 구해 준 남자에게 감사의 인사를 한다는 내용이다. 그러므로 답은 ②이다.

(다) 점심시간에 옆에서 식사를 하던 아주머니가 갑자기 쓰러졌다. / (라) 그때 뒤쪽에 있던 남자 손님이 아주머니에게 심폐소생술을 실시했다. / (가) 응급조치를 한 후 아주머니는 바로 의식이 돌아왔다. / (나) 아주머니는 그 남자에게 몇 번이나 감사의 인사를 했다. / 로 내용이 구성된다.

15.

➡ 잠수병의 원인과 잠수병을 피하는 방법에 대한 내용이다. (가)에서 잠수병을 (다)에서 잠수병의 원인을 말했다. (다)의 문장 끝 '나타나는 것이다'는 (라)의 '이때 나타나는 증상은'과 이어진다. (나)의 접속사 '그러므로'는 문장의 결론을 나타낼 때 쓰이므로 답은 ③이다.

(가) 다이빙을 할 때 종종 생길 수 있는 병이 잠수병이다. / (다) 잠수병은 깊은 물속에 들어갔다가 너무 빨리 올라와서 나타나는 것이다. / (라) 이때 나타나는 증상은 두통이나 청력 이상 또는 어지럼증 등이다. / (나) 그러므로 물 밖으로 올라올 때는 압력을 천천히 낮춰야 한다. / 로 내용이 구성된다.

읽기 (16번~18번) p.164

16.

➡ 괄호 뒤 '가장 처음에 넣는다'라고 하였으므로 설탕 이외의 다른 양념은 아직 넣지 않았다. 따라서 ①, ②, ③은 답이 될 수 없다. 그러므로 다른 양념이 음식에 잘 스며들게 도와주는 것이 내용에 적합하여 답은 ④이다.

17.

➡ 괄호 뒤 '여러 가지 위조 방지 장치'는 위조된 화폐를 구별하여 찾아내려는 방법들이므로 답은 ①이다.

18.

➡ 첫 문장에서 '산업화는 다양한 방법으로 에너지를 생산'한다고 하였고, 그중 하나가 '화력 발전소'이다. 괄호 앞 '에너지 생산의 많은'이라는 내용과 함께 뒤에 '화력 발전소'가 나오므로 답은 ③이다.

읽기 (19번~20번) p.165

식품위생법에는 소비자에게 식품을 판매, 즉 유통할 수 있는 기한을 정한 '유통 기한'이 있다. 제조업자나 판매업자가 유통 기한을 지키지 않으면 과태료가 부과될 수도 있다. 그러나 식품에 아무 문제가 없는데도 단지 유통기한이 지났기 때문에 식품을 폐기 처분하는 것은 낭비라는 인식이 최근에 나타났다. 이를 보완하기 위해 나온 것이 바로 '소비 기한'이다. 소비 기한은 소비자들이 식품을 섭취해도 건강이나 안전에 이상이 없는 기한으로 유통 기한보다 더 길다.

19.

➡ 괄호 앞뒤에 있는 것을 보고 답을 유추할 수 있다. '아무 문제가 없는데도'와 '유통 기한이 지났기 때문에'라는 단 한 가지 이유라는 내용이 있으므로 답은 ②이다.

20.

➡ '유통 기한이 지났기 때문에 식품을 폐기 처분하는 것은 낭비라는 인식이 최근에 나타났다. 이를 보완하기 위해 나온 것이 '소비 기한'이다.'와 같은 의미를 선택지에서 고르면 된다. 그러므로 답은 ④이다.

읽기 (21번~22번) p.166

최근 환경 보호를 위해 일회용 컵 대신 다회용으로 사용할 수 있는 ⓐ텀블러를 사용하는 사람들이 늘고 있다. 이런 분위기에 맞춰 ⓑ대형 커피숍에서도 텀블러 이벤트를 활용한 행사들을 하고 있어 사람들의 눈길을 끌고 있다. 그러나 소비자들의 관심과 홍보를 위한 이런 이벤트로 인해 텀블러가 남용되고 있어 환경 보호라는 취지와 맞지 않고 있다. 이에 〈환경보호협회〉는 기업들이 텀블러를 홍보 수단으로 이용하는 것을 자제해야 한다고 지적했으며 이러한 문제점을 해결하기 위해 대책을 찾고 있다.

21.

➡ '눈길을 끌다'는 '여러 사람의 시선을 집중시킨다'는 의미이다. 그러므로 답은 ②이다.

22.

➡ ① 텀블러 사용이 요즘 기업의 유행이다.
  → 텀블러 사용이 요즘 (소비자)의 유행이다. not ⓐ

② 환경 보호를 위해 텀블러 생산을 늘려야 한다.
  → 정보 없음

③ 환경보호협회에서 텀블러 이벤트를 하고 있다.
  → (대형 커피숍)에서 텀블러 이벤트를 하고 있다. not ⓑ

실전 모의고사 제1회 / 제2회 / 제3회 / 제4회

④ 텀블러가 기업의 홍보용으로 사용되고 있어 대책이 필요하다.

→ 정답

읽기 (23번~24번) p.167

ⓑ며칠 전 부모님 댁에 다녀왔다. ⓐ아버지는 몇 년 전에 겪은 뇌경색으로 거동이 불편하셔서 자주 누워계신다. 그날도 나는 여느 때와 같이 돌아누워 계신 아버지를 불렀다. '아버지, 저 왔어요.' 아버지는 내 목소리를 듣고는 눈을 뜨시고 두 손을 내밀어 내 두 손을 꼭 맞잡으셨다. '왜 이렇게 차?'라며 온기가 있는 손으로 내 손을 녹여 주시려고 애를 쓰셨다. 아버지는 내가 어릴 때부터 학교에서 돌아오면 항상 꽁꽁 언 내 손을 붙잡고 녹여 주셨다. 예전의 넓은 바다 같던 아버지가 어린아이처럼 변하셨는데도 내 손이 차가운 건 잊어버리지 않으셨나 보다. 집으로 돌아오는 길에 옛 생각이 나서 가슴이 먹먹했다. 이제 나도 나이를 먹었고 더 이상 어린아이가 아니고 아버지도 다시 정정한 그때로 돌아갈 수 없다. 아버지가 내 손을 잡아 주실 때마다 늙어 버린 아버지의 큰 사랑이 시간 속에 점점 사라져 가는 것 같아서 한없이 서글퍼진다.

23.

➡ '가슴이 먹먹하다'는 슬픔이나 감동이 마음에 가득 차 있는 것을 의미한다. 또한 마지막 문장에 '서글퍼진다'라는 말이 있으므로 답은 ①이다.

24.

➡ ① 아버지는 잠이 많으셔서 항상 주무신다.

→ 아버지는 (뇌경색으로 자주 누워계신다). not ⓐ

② 나는 어렸을 때부터 손에 온기가 없었다.

→ 정답

③ 아버지께서는 나를 언제나 마중 나오셨다.

→ 아버지께서는 (자주 누워 계신다). not ⓐ

④ 나는 아버지와 같이 살면서 돌봐 드리고 있다.

→나는 아버지와 같이 (살지 않는다). not ⓑ

읽기 (25번~27번) p.168

25.

직장인들 시차출근제 도입, 교통 분산으로
도로 건설 효과

➡ '시차출근제'는 출퇴근 시간을 유연하게 하는 제도이다. 이를 통해 출퇴근 시간에 교통이 몰리는 현상이 분산되어 새로운 도로를 건설하는 것과 같은 효과를 얻을 수 있다는 보도이다. 그러므로 답은 ④이다.

26

연이은 장바구니 물가 상승, 주부들 땅이 꺼지게 '한숨'

➡ '연이은'은 어떤 일이나 상태가 끊이지 않고 계속된다는 뜻이고, '장바구니 물가'는 음식이나 생활 필수품의 물가를 말한다. '한숨'은 걱정이 있음을 나타내고 '땅이 꺼지게'는 걱정이 깊고 크다는 것을 강조하고 있다. 장바구니 물가가 올라서 실제로 장을 보는 주부들이 걱정을 많이 하고 있다고 보도하고 있다. 그러므로 답은 ④이다.

27.

K 드라마 열풍 전 세계 '들썩', 국내 미디어 콘텐츠
개발사 '웃음꽃 활짝'

➡ '들썩'은 시끄럽고 부산하게 움직이는 모양을 의미한다. 한국 드라마의 인기가 높아 전 세계에서 관심을 가지게 되었다는 보도이다. 드라마를 만든 국내 개발사들이 즐거워하고 있다는 내용이므로 답은 ④이다.

읽기 (28번~31번) p.169

28.

장기간 보존할 수 있는 가공식품인 레토르트 음식이 국내뿐만 아니라 해외에서도 인기를 얻고 있다. 찌개, 탕, 만두 등 다양한 음식이 팔리고 있는데 이번에 모회사에서는 삼계탕을 출시하여 주목을 받고 있다. 집에서 요리해 먹으려면 번거롭고 시간도 많이 걸리는 데 반해 간편 조리 방식으로 만든 삼계탕은 짧은 시간 안에 쉽게 먹을 수 있다는 장점이 있다.

➡ 괄호에 들어가는 말의 힌트는 보통 앞뒤 문장에 있다. 괄호 뒤에 '반해'라는 말이 있으므로 괄호 앞과 뒤에는 반대되는 내용이 와야 한다. 괄호 앞의 '번거롭고', 괄호 뒤의 '쉽게'가 서로 반대의 의미임을 생각한다면 괄호 뒤의 '짧은 시간 안에'와 반대의 내용이 나와야 한다. 그러므로 답은 ①이다.

29.

오늘날 많은 사람들은 고대 한국의 국가인 '백제' 하면 충청도나 전라도 지역을 떠올린다. 하지만 현재 대한민국의 수도인 서울이 바로 백제의 최초 수도였다는 사실은 잘 알려져 있지 않다. 조선 시대에 한성으로 불렸던 서울은 백제가 수도를 여러 번 옮기기 전, 초기 수도로서 백제의 전성기를 이끈 중심지였다. 백제는 한강 북쪽에 성을 세운 후, 한강 남쪽으로 수도를 옮겨 약 500년간 유지했다. 이러한 역사적 배경 때문에 과거 서울의 지명을 따와서 백제를 '한성백제'라고도 한다.

➡ 두 번째 문장의 '조선시대에 한성으로 불렸던 서울' 이라고 했으므로 과거 서울의 지명인 한성을 인용하여 한성백제라고 부른 것이다. 그러므로 답은 ①이다.

30.

인체의 신비로운 점 중 하나로 아침과 저녁의 키 차이를 들 수 있다. 저녁에 측정한 키는 아침에 키를 측정했을 때보다 보통 1~2cm 정도 작게 나온다. 이러한 차이의 원인은 척추뼈 사이의 연골 속에 있는 Ⓐ수분이 낮 동안 활동을 하면서 중력에 의해 빠져나가기 때문이다. Ⓑ그리고 밤에 누워서 잠을 자는 동안은 중력을 덜 받게 되어 수분이 채워지므로 Ⓒ아침에는 키가 다시 커지게 된다.

○ Ⓐ 낮 시간 동안 활동을 하면서 중력에 의해 수분이 빠져나가게 되는데, Ⓑ 누워서 자는 동안은 중력을 덜 받게 된다. 그리고 Ⓒ 아침에는 키가 다시 커진다고 한다. 괄호 앞뒤 문장의 내용을 비교해 보면 수분이 빠져나가는 것과 반대되는 것은 수분이 채워지는 것이다. 그러므로 답은 ①이다.

31.

현대인들이 건강을 중요시하면서 관심이 증가하고 있는 것이 바로 '비건' 식품이다. '비건'이란 채소, 과일 등 식물성 음식만을 먹는 채식을 뜻하는 말이다. 그런데 이러한 비건 식품 시장이 확대되는 또 하나의 이유는 동물 복지와 환경 문제에 대한 인식의 전환 때문이다. 가축을 키우는 과정에서 많은 동물 학대와 자원 소모, 환경 오염 등이 발생하기 때문에 이를 방지하기 위해 친환경적인 비건 식품의 소비가 늘어나고 있는 것이다.

○ 괄호 뒤 문장에 '동물 학대와 자원 소모, 환경 오염 등' 동물 복지와 환경 문제에 대한 내용이 있으므로 답은 ②이다.

읽기 (32번~34번) p.171

32.

우리가 흔히 듣는 Ⓐ대중음악의 노래 길이는 대부분 3분 정도이고 5분을 넘지 않는다. 이것은 '표준 시간 음반'이라고 불리는 초기 레코드판의 영향 때문이다. 초기 레코드판은 충격에 약해서 깨지기 쉽고 4분 정도의 음악만 한 면에 녹음할 수 있다는 단점이 있었다. 그러나 레코드판의 대량 생산으로 대중들에게 널리 보급되고 익숙해지게 되었다. 그 이후 짧은 녹음 시간의 단점을 보완한 'LP'(장시간 연주 레코드)와 기술의 발전으로 CD, MP3, 스트리밍 등 음악을 듣는 다양한 방식들이 나타났지만 이미 대중들에게 익숙해진 음악의 길이는 변하지 않고 있다.

○ ① 음악은 장르에 따라 길이가 달랐다.
   → 대중음악의 길이가 3분에서 5분 이내이다. not Ⓐ
② 대중들에게 인기 있는 음악의 길이는 3분이었다.
   → 대중음악의 노래 길이는 대부분 3분 정도이다. not Ⓐ
③ 대중음악은 레코드판의 보급으로 널리 알려지게 되었다.
   → 정답
④ 레코드판에 음악을 녹음하는 것은 획기적인 기술이었다.

→ 정보 없음

33.

의복은 그 지역의 기후와 관계가 깊다. 대부분이 사막으로 이루어져 건조한 기후를 가진 이집트의 의복은 이러한 날씨의 영향으로 대체로 바람이 잘 통하거나 뜨거운 태양으로부터 피부를 보호하기에 좋은, 단순하고 개방적인 형태로 발전되어 왔다. 고대 이집트인들의 Ⓐ의복은 기후와의 관계뿐만 아니라 신앙과 권력을 상징적으로 나타내기도 했다. 그래서 Ⓑ화려한 화장 기술과 장신구, 가발 등도 같이 사용되었다. 이러한 Ⓒ고대 이집트인들의 의복의 특징은 현대의 의복에도 다양하게 활용되고 있다.

○ ① 신분에 상관없이 옷의 구조가 비슷했다.
   → 옷의 구조는 신분에 따라 달랐다. not Ⓐ
② 요란한 장식보다 자연스러운 스타일이 많았다.
   → 화려한 화장 기술과 장신구가 같이 사용되었다. not Ⓑ
③ 덥고 건조한 기후가 의복의 형태에 반영되었다.
   → 정답
④ 현대의 의복 스타일은 모두 고대 이집트 형식이다.
   → 현대의 의복 스타일은 모두 고대 이집트 (형식은 아니다). not Ⓒ

34.

Ⓐ최근 세계 여러 나라에서는 출산을 장려하기 위한 다양한 정책과 복지 제도를 실시하고 있다. 출산을 장려하는 이유는 인구란 노동력을 의미하고 노동력이 국가의 경쟁력이 될 수 있기 때문이다. 출산 장려 정책은 조선 시대 세종부터 인조 시대에도 존재했었다. '세종실록'에는 현대 국가들이 도입한 남성의 출산 휴가를 지시한 내용이 기록되어 있으며, 다자녀를 낳으면 Ⓒ임금이 곡식을 하사하기도 하였다. 또한 '인조실록'에는 세쌍둥이를 낳은 집에 필요한 Ⓒ물품을 조사하여 하사한 내용도 나온다. 그러나 Ⓑ출산 장려 정책은 조선 시대 후기에 인구의 증가로 사라지게 되었다.

○ ① 남자의 출산 휴가는 조선 시대에만 있었다.
   → 남자의 출산 휴가는 (현대에도 있다). not Ⓐ
② 조선 시대에는 출산 장려 정책이 지속되었다.
   → 조선 (후기)에는 출산 장려 정책이 (사라졌다). not Ⓑ
③ 출산으로 인한 인구의 증가는 국력으로 이어진다.
   → 정답
④ 최근 출산 장려 정책으로 곡식과 물품이 제공된다.
   → (조선 시대에) 출산 장려 정책으로 곡식과 물품이 제공되었다. not Ⓒ

실전 모의고사 제1회
실전 모의고사 제2회
실전 모의고사 제3회
실전 모의고사 제4회

35.

대나무를 먹으며 귀여운 외모로 사람들에게 인기가 많은 판다는 유순하고 사람을 잘 따르는 것 같지만 사실은 육식을 하던 맹수였다. 판다가 하루 종일 먹고 잠만 자기 때문에 게으르다고 여길 수도 있다. 학자들은 판다가 초식 동물로 진화한 것은 기후 변화와 서식지의 감소로 인한 멸종 위기에 따른 것으로 보고 있다. 육식 동물의 신체 구조를 가졌음에도 대나무가 주식인 판다는 섬유질을 잘 소화하지 못해 매일 30kg의 대나무를 하루 종일 먹는다. 일상의 대부분을 먹고 자는 데 할애하고 활동을 최소화하는 것은 판다가 생존에 필요한 에너지를 비축하기 위한 방법인 것이다.

➡ 판다는 육식을 하던 동물이었는데 기후 변화와 서식지 감소로 초식 동물로 진화하였다. 또한, 마지막 문장에 '일상의 대부분을 먹고 자는 데 할애하고 활동을 최소화하는 것은 판다가 생존에 필요한 에너지를 비축하기 위한 방법'이라고 하였으므로 답은 ④이다.

36.

우리는 현대인들의 필수 아이템인 무선 이어폰을 끼고 있는 사람들을 주위에서 흔히 볼 수 있다. 무선 이어폰은 편리함과 즐거움을 주는 동시에 귀 건강에 해로울 수 있다는 사실을 한 번쯤은 들어봤을 것이다. 귀는 신체 부위 중 민감한 부분으로 세균이 번식할 수 있는데 '외이도 진균증'은 귀에 곰팡이가 생기는 질환이다. 무선 이어폰의 착용으로 귓속이 환기가 제대로 되지 않고 습기가 생기면 이 병에 걸리게 된다. 따라서 귀의 염증을 예방하기 위해서는 귓구멍을 막는 이어폰을 오랫동안 착용하지 않는 것이 좋다.

➡ 주제나 중심이 되는 문장은 주로 마지막에 있다. 특히 '따라서, 그러므로'와 같은 접속사가 있는 문장은 주제문이나 중심 문장이다. 무선 이어폰으로 인한 외이도 진균증에 대한 내용이 나오고 마지막 문장에 '귀의 염증을 예방하기 위해서는 귓구멍을 막는 이어폰을 오랫동안 착용하지 않는 것이 좋다'라고 하였으므로 정답은 ④이다.

37.

최근 문화재청은 문화재로 지정된 고궁 담벼락 낙서의 복구 작업 비용이 최소 1억 원 이상 든다고 밝혔다. 이러한 문화재 훼손에 대한 문제는 최근 세계 곳곳에서 발생하고 있는데 이것은 문화재의 가치에 대한 무지와 무관심에서 비롯되는 경우가 많다. 귀중한 문화유산을 보존하기 위해서는 문화유산에 대한 교육과 캠페인 등을 통해 사회적인 관심을 우선적으로 높여야 한다. 더불어 문화재 보호와 훼손에 대한 법령의 강화 또한 이루어져야 할 것이다.

➡ 글의 앞 부분에서는 문화재 훼손에 대한 문제점을 이야기하였다. 그리고 뒷부분에 귀중한 문화유산을 보존하기 위해서는 어떤 일들이 필요한지에 대한 방안을 제시했으므로 답은 ③이다.

38.

요즘 사람들은 건강에 대한 관심이 아주 높다. 이와 더불어 건강 기능 식품에 대한 허위·과대 광고 피해를 입는 경우들이 늘고 있다. 허위·과대 광고로 소비자들을 현혹하며 모호한 표현을 사용해 건강기능 식품으로 오인하게 한다. 건강 기능 식품은 질병을 치료하는 의약품이 아니므로 질병 치료 효과나 체험 후기 등을 지나치게 강조하는 것은 피해야 한다. 이러한 피해를 줄이기 위해서는 '식품의약품 안전처'의 건강 기능 식품 규정과 같은 올바른 정보를 꼭 확인할 필요가 있다.

➡ 건강 기능 식품의 피해에 대한 내용이다. '이러한 피해를 줄이기 위해서는 '식품의약품 안전처'의 건강 기능 식품 규정과 같은 올바른 정보를 꼭 확인할 필요가 있다.'는 글에서 주장하는 내용과 글을 쓴 목적이 들어 있다. 그러므로 답은 ④이다.

39.

『엄마의 역사』는 과거 어머니들의 임신, 출산, 육아의 과정들과 같은 조각조각 남겨진 기록들을 모아서 기록한 책이다. (㉠) 그리고 책의 저자 자신의 임신과 출산의 경험들도 에세이 형식으로 함께 기술되어 있다. (㉡) 힘을 가진 남성 위주의 역사들에 비해 과거 수 세기 동안 엄마의 역할과 모성의 변천사는 분할되어 있고 단편적인 조각들만이 존재하였다. (㉢) 글쓴이는 이 책을 통해 그동안 관심을 못 받은 어머니들의 일상을 소개하고자 하였다. (㉣)

> **보기**
>
> 그래서 저자가 선택한 방법은 과거의 어머니들이 남긴 일기나 편지, 메모 등의 일화를 제시하는 것이었다.

➡ '그래서' 뒤에는 이유를 나타내는 내용이 나와야 한다. 저자가 선택한 방법은 일기나 편지, 메모 등을 제시하는 것이었다. 이러한 것들은 '분할되어 있고 단편적인 조각들만'과 연결되므로 답은 ③이다.

40.

건강이나 다이어트를 위해 하는 운동이 뇌 기능을 향상시킨다는 연구 결과가 나왔다. (㉠) 연구에 따르면 규칙적인 운동은 인지 능력을 향상시켜 기억력과 학습을 돕고 신경퇴행성 질환을 감소시킨다고 하였다. (㉡) 특히 유산소 운동은 뇌 혈액의 원활한 순환을 도와주고 혈류를 증가시켜 뇌에 산소와 영양소를 더 많이 공급하도록 도와준다. (㉢) 따라서 일상생활 속에서 할 수 있는 간단한 유산소 운동을 꾸준히 하는 것이 좋다. (㉣)

보기

실제로 경도인지장애 환자가 꾸준히 운동을 한 후 치매 진행 가능성이 낮아졌다는 보고도 있다.

*경도인지장애 : 치매가 되기 바로 직전 단계

➡ 앞의 문장에서 '신경 퇴행성 질환을 감소시킨다'라는 내용이 있다. 신경퇴행성 질환은 보기의 문장 '경도인지장애'와 '치매'와 연결이 되며, '치매 진행 가능성이 낮아졌다'라고 했으므로 답은 ②이다.

41.

책거리는 책이나 학습에 필요한 물건들을 그린 조선 시대 민화이다. (㉠) 주전자, 시계, 촛대, 안경 이외에도 점차 다양한 계층으로 확대가 되면서 소재 또한 다양해졌다. (㉡) 학문을 중시하던 당시에 책을 구하기가 어려웠기에 그림으로라도 즐기고 싶었던 의미를 지닌다. (㉢) 또한 자녀의 밝은 미래를 소망하는 부모들이 갓 태어난 아이 방에 걸기도 했다. (㉣)

보기

책과 함께 당시 문인들의 풍류를 보여주는 다양한 물건을 볼 수 있다.

➡ 첫 문장에서 책거리가 무엇인지에 대한 내용이 있다. ㉠ 앞 문장에서는 '학습에 필요한 물건'이라고 했고 ㉠ 뒷 문장에서는 '주전자, 시계, 촛대, 안경' 등 그림 속 소재를 말하고 있다. 책과 함께 필요했던 물건을 볼 수 있다는 보기의 문장은 ㉠에 들어가야 한다. 그러므로 정답은 ①이다.

읽기 (42번~43번) p.176

어제 교직원 회의에서 결정이 나기 전까지는 대수롭지 않게 생각되었다. 하지만 막상 이런 여학생들을 정면으로 딱 대하고 보니까 통 입이 떨어지지 않았다. 수업료를 못 가지고 왔다고 책가방을 챙겨서 당장 집으로 돌아가라는 말을 하는 것이…. 점점 혀가 굳어졌다. 더욱이 서무실에서 지적하여 준 ⑧미납자 명단을 보면 거의 절반이 성적이 좋은 모범생들뿐이었다. 이 학생들을 다 보내면 백번 가르쳐도 알아듣지 못하고 장난만 치는 말괄량이들만 남을 텐데…. (중략)

수업료 이야기는 차마 나오지 않고 선생은 어리둥절 학생들의 얼굴만 멍하니 바라보고 있었다. 그때 한 학생이 "선생님, 이 시간은 말이죠. 어제 배운 것을 다시 한번 해석해 주세요. 모르는 어휘가 엄청 많아서 여간 어렵지 않았어요."라고 했다. 이 학생의 제의를 또한 들은 척 만 척 그대로 무시할 수는 없는 일이어서 우선 그것은 뒤로 미룬다는 뜻으로, "그런데…" 하고 (중략)

다시 "그런데…" 하고 선생은 더듬으며 "⑧수업료를 못 가져온 학생들은 에, 에, 오늘부터 집으로 돌아가 자습을 하기로 됐어." "킹!"하고 설움이 터지는 것 같은 눈물 어린 소리가 들리더니 한 아이가 머리를 숙인 채 책가방을 들고 뛰쳐나갔다.

42.

➡ "그런데…" 하고 선생은 더듬으며 → 난처한 모습을 의미
통 입이 떨어지지 않았다. → 난처한 모습을 의미
'수업료를 못 가지고 왔다고 책가방을 챙겨서 당장 집으로 돌아가라는 말' → 학생들에게 하기 난처한 말
'점점 혀가 굳어졌다' → 난처한 모습을 의미
선생님은 학생들에게 어려운 말을 전해야 해서 난처한 모습임을 알 수 있다. 그러므로 답은 ②이다.

43.

➡ ① 수업료를 안 낸 학생들도 수업을 받을 수 있다.
　　→ 수업료를 안 낸 학생들은 수업을 받을 수 (없다). not ⓐ
　② 수업을 열심히 듣는 학생들은 수업료를 완납했다.
　　→ 수업료를 안 낸 학생들 중 절반이 성적이 좋은 모범생이었다. not ⓑ
　③ 선생님은 수업료를 안 낸 학생들이 누구인지 안다.
　　→ 정답
　④ 모든 학생들은 집으로 가서 공부하는 것으로 결정됐다.
　　→ (수업료를 못 낸 학생)들은 집에 가서 공부하는 것으로 결정됐다. not ⓐ

한국에서는 삼겹살을 먹을 때 상추나 깻잎에 싸서 먹는 독특한 식문화가 있다. 쌈 속에는 주로 된장이 들어가며, 때로는 소금과 참기름을 섞은 기름장이 들어가기도 한다. 이 기름장에 들어가는 중요한 재료 중 하나가 후추이다.

흥미롭게도 후추는 한 때 금이나 은처럼 화폐로 사용될 정도로 귀한 향신료였다. 과거 귀족만이 후추를 소유하거나 사용할 수 있었으며, 중요한 손님을 대접할 때 후추를 내놓는 것이 관례였다. 불과 700년 전만 해도 <u>후추는 아주 값비싼 향신료로 여겨졌으며</u>, 중세에는 비싼 물건을 비유할 때 '후추처럼 비싸다'는 표현이 사용되었다. 중세 유럽에서는 전염병으로 인해 인구가 크게 줄었지만, 오히려 사람들의 생활 수준이 향상되는 기현상이 나타났다. 이를 계기로 육식 문화가 더욱 확산되었고 <u>14세기 말부터 후추는 고기 노린내를 제거하고 방부제 역할을 하며 약효까지 있는 향신료로 주목받게 되었다. 이로 인해 후추에 대한 수요는 더욱 증가하게 되었다.</u>

44.

⊃ 괄호 앞에 '고가'라는 표현과 '화폐처럼 사용되었던', '귀족이나 만질 수 있는 것'이라는 내용이 있다. 즉, 괄호에는 '비싸다'는 내용이 와야 한다. 그러므로 답은 ④이다.

45.

⊃ 마지막 문장 '육식 문화도 더 넓게 퍼져나갔는데 14세기 말부터는 고기 노린내를 제거하면서도 방부제 기능에 약효까지 있는 후추가 각광을 받게 되어 더욱 수요가 증가한 것이다.'라는 내용이 있으므로 답은 ④이다.

Ⓐ'세계화'는 국제 사회에서 상호 의존성이 증가하며 세계가 하나의 단일 체제로 나아가는 과정을 뜻한다. Ⓑ세계화가 가속화된 주된 원인으로는 교통의 발달과 인터넷을 통한 컴퓨터 통신망의 발전을 꼽을 수 있다. 이로 인해 세계는 경제적, 기술적, 문화적으로 상호 의존성이 점차 높아지고 있다.

세계화의 장점 중 하나는 외국 과자나 휴대전화와 같은 다양한 해외 제품을 자국에서 쉽게 구매할 수 있다는 점이다. 이러한 변화는 우리의 삶을 더욱 풍요롭게 만들어 준다. 가격 경쟁에 밀려 많은 기업이 값싼 노동력을 찾아 공장을 해외로 이전하면서 국내 실업률이 상승하는 문제가 발생한다. 또한, 외국 문화의 유입으로 저개발국가의 고유한 문화가 점차 사라질 위기에 처하고 있다. **특별한 대책이 마련되지 않는다면 세계화는 빈익빈 부익부 현상을 더욱 심화시킬 가능성이 크다.**

46.

⊃ 세계화의 의미와 세계화의 가속 원인 그리고 장점을 이야기했다. 이어서 단점을 이야기하는데, 공장을 이전한 나라의 실업률 증가, 저개발국의 문화 침탈에 대해 우려하고 있다. 그러므로 답은 ③이다.

47.

⊃ ① 서로 의존의 강도가 느슨해지는 것을 세계화라고 한다.
　　→ (상호 의존성이 높아지는) 것을 세계화라고 한다. `not Ⓐ`

② 교통과 통신 기술의 발달은 세계화 가속 현상과 무관하다.
　　→교통과 통신 기술의 발달은 세계화 가속 현상(의 원인이다). `not Ⓑ`

③ 세계화는 긍정적인 측면이 크기에 부정적인 측면은 간과해도 된다.
　　→정보 없음

④ 세계화는 많이 가진 자와 못 가진 자로 사람들을 양극화할 수도 있다.
　　→ 정답

중세 국어의 Ⓑ'어리다'의 뜻은 '어리석다'였는데 '나이가 적음'으로 변화하게 되었다. 방정환은 '어리다'의 관형사형 '어린'에 원래 없던 높임의 뜻을 더하는 의존명사 '이'를 합쳐 '어린이'라는 단어를 새롭게 쓰기 시작했다. Ⓐ당시 사람들에게 어린 사람들은 무시를 해도 당연한 존재였는데 이것을 계기로 어린이에 대한 존중의 의식이 생겨나게 된 것이다. 하지만 요즘 SNS를 도배하고 있는 수많은 '○린이'라는 단어를 우리는 자주 접할 수 있다. 정겹고 귀엽다는 의견이 있는 반면에 곱지 않게 보는 사람들도 많다. 골프에 입문한 사람은 '골린이', 테니스 입문자는 '테린이', 헬스장에 갓 들어온 신입 회원은 '헬린이', 주식 투자를 처음 시작한 사람은 '주린이'라고 한다. 앞에서 말한 '○린이'에 대해 곱지 않은 시선을 가진 사람들은 그 말이 지닌 '불완전하고 어눌한 느낌'이 어린이의 특성으로 고착화되는 것을 우려하는 것으로 보인다. 각자의 상황과 입장에서 언어 문제를 바라보는 것이 맞겠지만 SNS에 작성된 '○린이'는 타인을 가리키기보다는 작성자 본인이 **입문자임을 밝힐 때 주로 사용된다.** 어린이가 가진 가능성이라는 측면에 주목해 본다면 해당 신조어가 그리 불편하게 들리지는 않을 것이다.

48.

⊃ '어린이'라는 단어는 아이들을 존중하기 위한 목적으로 만들었고, 예전에는 아이들은 무시당하기만 하는 존재라고 하였다. 최근에는 '○린이'라는 신조어를 불편하다고 느끼는 사람들은 불완전하고 어눌한 느낌이 어린이의 특성으로 고착화되는 것을 우려하기 때문에 '○린이'라는 신조어를 다른 입장에서 봐야 한다고 결론을 내리고 있다. 그러므로 답은 ③이다.

49.

◎ ○린이라는 단어는 '정겹고 귀엽다는' 의견이 있다고 한다. 괄호 앞 '반면에'라는 표현이 있으므로 괄호에는 부정적인 의견이 나와야 한다. 괄호 뒤 "'○린이'에 대해 곱지 않은 시선'은 괄호에 쓰일 표현에 대한 힌트이다. 그러므로 답은 ②이다.

50.

◎ ① 예전에는 어린아이들이 어른들을 많이 무시했다.
   → 예전에는 (어른)들이 (어린이)들을 많이 무시했다. not Ⓐ

② '어리다'는 똑똑하거나 지혜롭다는 뜻이 있었다.
   → '어리다'는 (어리석다라는) 뜻이 있었다. not Ⓑ

③ 처음 입문한 이들은 다른 사람들의 도움이 많이 필요하다.
   → 정보 없음

④ '○린이'라는 신조어는 주로 자기 자신이 초보자임을 지칭할 때 쓴다.
   → 정답

Memo